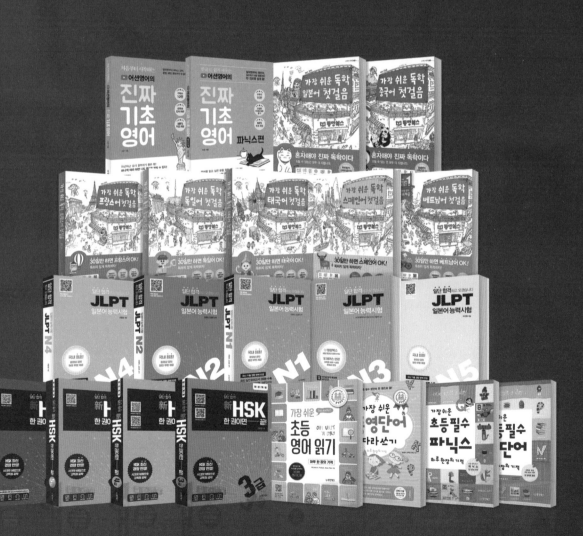

새로운 도서,
다양한 자료
동양북스
홈페이지에서
만나보세요!

www.dongyangbooks.com
m.dongyangbooks.com

※ 학습자료 및 MP3 제공 여부는 도서마다 상이하므로 확인 후 이용 바랍니다.

홈페이지 도서 자료실에서 학습자료 및 MP3 무료 다운로드

PC

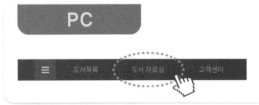

❶ 홈페이지 접속 후 도서 자료실 클릭
❷ 하단 검색 창에 검색어 입력
❸ MP3, 정답과 해설, 부가자료 등 첨부파일 다운로드
 * 원하는 자료가 없는 경우 '요청하기' 클릭!

MOBILE

* 반드시 '인터넷, Safari, Chrome' App을 이용하여 홈페이지에 접속해주세요. (네이버, 다음 App 이용 시 첨부파일의 확장자명이 변경되어 저장되는 오류가 발생할 수 있습니다.)

❶ 홈페이지 접속 후 ☰ 터치

❷ 도서 자료실 터치

❸ 하단 검색창에 검색어 입력
❹ MP3, 정답과 해설, 부가자료 등 첨부파일 다운로드
 * 압축 해제 방법은 '다운로드 Tip' 참고

독 파이널 합격 체크북

A1

일단 합격하고 오겠습니다
ZERTIFIKAT DEUTSCH
독일어 능력시험

시나공독

체크노트

일단 합격하고 오겠습니다
ZERTIFIKAT DEUTSCH
A1
독일어 능력시험

일단 합격하고 오겠습니다

ZERTIFIKAT DEUTSCH

독일어 능력시험

A1

파이널 합격

체크북

동양북스

MEMO

der Hut

A Hängen Sie bitte den Hut an die Wand!

B Ja, das ist eine gute Idee.

das Fahrrad

A Verkaufen Sie mir Ihr Fahrrad!

B Nein, das verkaufe ich nicht.

예시 단안 B

Verkehrsschild

A Hier darf man nicht abbiegen!

B Vielen dank für die Information.

der Hund

A Gehen Sie mit Ihrem Hund spazieren!

B Das mache ich jeden Abend.

die Schuhe

A Tragen Sie die Schuhe!

B Nein, sie sind zu groß für mich.

die Zeitung

A Lesen Sie bitte jeden Tag die Zeitung!

B Hmmm. Aber die Zeitung ist langweilig.

das Wörterbuch

A Bringen Sie bitte das Wörterbuch mit!

B Ja, ich bringe es mit.

das Wörterbuch

A Bringen Sie bitte das Wörterbuch mit!

B Ja, ich bringe es mit.

Lektion 1
인격사항

① heißen V. ~라고 하다, 불리우다
du heißt, er heißt
heißen - hieß - geheißen
Wie heißen Sie? 성함이 무엇입니까?
Ich heiße Karl Börge. 나의 이름은 Karl Börge입니다.
Wie heißt du? 네 이름이 뭐니?
Ich bin Elena. 나는 Elena야.

② wohnen in V. ~에 거주하다 *leben in n. ~에 살다, 거주하다
du wohnst, er wohnt
wohnen - wohnte - gewohnt
Wo wohnen Sie? 당신은 어디에서 살고 계십니까?
Ich wohne in Berlin. 나는 Berlin에 살고 있습니다.

③ sich vorstellen V. 소개하다, 상상하다
du stellst vor, er stellt vor
vorstellen - stellte vor - vorgestellt
Ich stelle mich vor. 나의 소개를 하겠습니다.

④ kommen aus V. 출신이다
du kommst, er kommt
kommen - kam - gekommen

Frühstück
A Was kaufen Sie fürs Frühstück ein?
B Normalerweise kaufe ich Brot, Käse und Obst ein.

Schuhe
A Wie viele Schuhe haben Sie in letzter Zeit gekauft?
B Nicht so viele.

Kleidung
A Kaufen Sie oft Kleidung ein?
B Ja, zweimal im Monat gehe ich einkaufen.

Montag
A Gehen Sie am Montag einkaufen?
B Ja, ich will mit meiner Mutter ins Kaufhaus gehen.

Teil 3

 MP3 07_03

예시 답안 A

das Bier
A Bestelle ein Glas Bier!
B Das habe ich schon bestellt.

der Pullover
A Tragen Sie den Pullover!
B Ja, den mag ich sehr.

Parkverbot
A Hier darf man nicht parken!
B Das habe ich nicht gewusst.

die Kinokarte
A Kaufen Sie schnell eine Kinokarte!
B Ja, gern.

Ich komme aus Korea. 나는 한국에서 왔다.

⑤ **buchstabieren** v. (낱말을) 철자하다
du buchstabierst, er buchstabiert
buchstabieren - buchstabierte - buchstabiert
Ich buchstabiere C-H-U-N-G. 나는 체-하-우-엔-게로 철자한다.

⑥ **der Vorname** n. 이름 *der Nachname(=der Familienname) n. 성
Mein Vorname ist Monika. 나의 이름은 Monika이다.

⑦ **die Adresse** n. 주소

die Straße	n. 거리
der Platz	n. 장소
die Hausnummer	n. 집 번지
die Postleitzahl	n. 우편번호
die Telefonnummer	n. 전화번호

Können Sie mir seine Adresse geben?
당신은 나에게 그의 주소를 줄 수 있습니까?

⑧ **die Stadt** n. 도시
In welcher Stadt hast du gewohnt? 너는 어느 도시에서 살았니?

⑨ **das Land** n. 나라
Aus welchem Land kommen Sie? 당신은 어느 나라에서 오셨습니까?

Teil 2

 MP3 07_02

예시 답안 A

Kollegen
A Wie viele Kollegen haben Sie?
B Ungefähr 20 Kollegen habe ich.

Aufgaben
A Welche Aufgaben haben Sie?
B Ich verkaufe Waren.

Arbeitszeit
A Von wann bis wann arbeiten Sie?
B Ich arbeite von 9 Uhr bis 18 Uhr.

Arbeitsplatz
A Wo arbeiten Sie?
B Ich arbeite im Kaufhaus.

Traum
A Was war Ihr Traumberuf?
B Mein Traumberuf war Lehrer.

Abend
A Was machen Sie nach der Arbeit?
B Ich treffe meine Freundin.

예시 답안 B

Stadtplan
A Haben Sie für die Reise einen Stadtplan gekauft?
B Ja, er ist nützlich.

Gemüse
A Kaufen Sie auch Gemüse?
B Natürlich! Beim Kochen ist Gemüse wichtig.

⑩ **wer** 누구

Wer sind Sie? 당신은 누구십니까?

Wer bist du? 너는 누구니?

⑪ **wie** 어떻게

Wie ist Ihr Name? 당신의 이름이 어떻게 됩니까?

Mein Name ist Angelika Huber. 나의 이름은 Angelika Huber입니다.

⑫ **wo** 어디

Wo hast du gewohnt? 너는 어디에서 살았니?

⑬ **woher** 어디에서

Woher kommen Sie, Herr Mainz? 당신은 어디 출신입니까, Mainz씨?

Aus Finnland. 핀란드 출신입니다.

⑭ **alt** a. (나이가) ~몇 살

Wie alt sind Sie? 당신은 몇 살입니까?

⑮ **wann** adv. 언제

Wann sind Sie geboren? 당신은 언제 태어났습니까?

Ich bin im Jahr 1990 geboren. 나는 1990년도에 태어났습니다.

Modul 2 Sprechen

Teil 1

 MP3 07_01

자기소개

Mein Name ist Jiho Park. Ich bin 24 Jahre alt.
Ich komme aus Korea. Ich lebe in Daegu.
Ich spreche gut Koreanisch und Deutsch. Ich bin Studentin. Ich a°beite noch nicht.
Mein Hobby ist lesen.

질문과 답변

A Wie ist Ihr Vorname? Können Sie das bitte buchstabieren.

B Ich buchstabiere: J-i-h-o.

A Haben Sie ein Handy? Wie ist bitte Ihre Nummer?

B Meine Numer ist 010-1634-2388.

A Warum lernen Sie Deutsch?

B Ich möchte weiter in Deutschland studieren.

Lektion 2

가족과 친구

① **lieben** v. 사랑하다, 좋아하다

du liebst, er liebt

lieben - liebte - geliebt

Ich liebe meine Familie. 나는 내 가족을 사랑한다.

② **besuchen** v. 방문하다

du besuchst, er besucht

besuchen - besuchte - besucht

Ich besuche oft meine Tante. 나는 자주 나의 숙모를 방문한다.

③ **nennen** v. 명명하다, ~라고 부른다

du nennst, er nennt

nennen - nannte - genannt

Meine Familie nennt mich Mia. 내 가족은 나를 Mia라고 부른다.

④ **freuen** v. 기뻐하다

du freust, er freut

freuen - freute - gefreut

Ich freue mich, dass meine Eltern kommen.
나는 나의 부모님이 오시는 것이 기쁘다.

Aufgabe 12

🎧 **MP3 06_12**

Hi Schatz! Erinnerst du dich noch, dass wir heute ins Konzert gehen wollten. Vor dem Konzert möchte ich mit dir Kaffee trinken. Am besten treffen wir uns zuerst im Cafe. Nach dem Konzert können wir etwas zusammen essen gehen. Am Sonntag können wir wie sonst auch ins Kino gehen.

Aufgabe 13

🎧 **MP3 06_13**

Hier ist der Ansagedienst der deutschen Telekom. Die Rufnummer des Teilnehmers hat sich geändert. Nun können Sie die Telefonauskunft unter der Nummer 04 37 38 37 erreichen. Ich wiederhole 04 37 38 37.

Aufgabe 14

🎧 **MP3 06_14**

Hier ist die Zahnpraxis Meyer. Sie haben die Rufnummer 062-34 53 22 33 gewählt. Wir haben vom 2.2 bis zum 16.2 Urlaub. Ab dem 17.2 sind wir wieder erreichbar.

Aufgabe 15

🎧 **MP3 06_15**

Guten Tag, Frau Mahler, Thomas Reith hier. Am Montag habe ich zwischen 9 und 10 Uhr einen Termin. Aber nach 13 Uhr hätte ich Zeit für Sie. Wir können uns um 14 Uhr treffen.

⑤ **der Familienstand** n. 가족 상황

Bei Familienstand musst du „ledig" ankreuzen.
나는 가족 상황에 "미혼"이라고 × 표시를 해야 한다.

⑥ **(pl.) die Geschwister** n. 형제, 자매, 오누이

Ich habe keine Geschwister. 나는 형제가 없습니다.

⑦ **(pl.) die Eltern** n. 부모님

Das sind meine Eltern. 이분들은 나의 부모님이다.

⑧ **die Familie** n. 가족

der Vater n. 아버지	der Bruder n. 남자 형제
die Mutter n. 어머니	die Schwester n. 여자 형제
der Großvater n. 할아버지	der Opa n. 할아버지
die Großmutter n. 할머니	die Oma n. 할머니
das Geschwister n. 형제자매	die Tochter n. 딸
das Kind n. 아린아이	der Sohn n. 아들
pl. die Eltern n. 부모님	pl. die Großeltern n. 조부모님

Meine Familie wohnt in Daegu. 내 가족은 대구에 산다.

⑨ **der Freund** n. 남자 친구 *die Freundin n. 여자 친구

Das ist mein Freund. 이 사람은 나의 남자 친구이다.

⑩ **(pl.) die Großeltern** n. 조부모

Meine Großeltern leben in Japan. 나의 조부모님은 일본에 산다.

Aufgabe 9 MP3 06_09

Liebe Fahrgäste, wir kommen gleich in Kassel an. Wir halten für Sie eine Stunde. Sie können jetzt essen oder auf die Toilette gehen. Dann treffen wir uns wieder um 14 Uhr am Bus, aber bitte seien Sie pünktlich.

Aufgabe 10 MP3 06_10

In ein paar Minuten erreichen wir Würzburg. Nach Berlin haben Sie folgende Umsteigemöglichkeit: ICE 4213 von Gleis 4, planmäßige Abfahrt um 15:25 Uhr. Aber dieser Zug kommt heute 10 Minuten später.

Teil 3

Was ist richtig? Kreuzen Sie an: a , b oder c . Sie hören jeden Text zweimal.

Aufgabe 11 MP3 06_11

Lukas, kannst du mir bitte mal helfen? Mein Handy funktioniert seit gestern nicht. Gestern habe ich dir eine E-Mail geschrieben. Aber bis jetzt habe ich keine Antwort bekommen. Deswegen rufe ich dich an.

Meine Großmutter heißt Eva und meine Großmutter ist schon 80 Jahre alt.

나의 할머니는 Eva이다. 그리고 나의 할머니는 이미 80세이다.

⑪ **der Verwandte** n. 친척

Peter besucht seine Verwandten in Frankreich.

Peter는 프랑스에 있는 그의 친척들을 방문한다.

⑫ **Wie alt...?** 몇 살?

Wie alt ist Ihr Kind? 당신의 아이는 몇 살입니까?

Mein Kind ist drei Jahre alt. 나의 아이는 세 살입니다.

Wie alt sind Ihre Kinder? 당신의 아이들은 몇 살입니까?

Acht und zehn. 8살과 10살입니다.

⑬ **Wie geht's?** 잘 지내?

gut	좋아
super	아주 좋아
sehr gut	아주 좋아
es geht	그냥 그래
nicht so gut	그렇게 좋지 않아

Wie geht es deiner Freundin? 너의 여자 친구는 어떻게 지내?

⑭ **nett** a. 친절한

Seine Mutter ist sehr nett. 그의 엄마는 아주 친절하다.

Aufgabe 6

MP3 06_06

Mira Tim, weißt du, wann der Supermarkt schließt?

Tim Nein, das weiß ich nicht genau. Aber ich denke um 20 Uhr.

Mira Um 20 Uhr? Ich frage mal... Oh, du hast Recht. Ich dachte, der Supermarkt ist bis 21 Uhr auf.

Teil 2

Kreuzen Sie an: Richtig oder Falsch. Sie hören jeden Text einmal.

Aufgabe 7

MP3 06_07

Der Zug nach Prag fällt heute wegen des schlechten Wetters aus. Ich wiederhole. Der Zug nach Prag fällt heute leider aus. Bitte informieren Sie sich über die nächste Fahrt an der Information.

Aufgabe 8

MP3 06_08

Liebe Besucher und Besucherinnen des Tanzkurses, an den Wochentagen haben wir keine Kurse mehr. Wenn Sie weiter lernen möchten, müssen Sie am Wochenende kommen. Sie können sich heute schon anmelden.

⑮ **verheiratet** a. 기혼의

Sind Sie verheiratet? 당신은 결혼하셨습니까?

Ja, ich bin verheiratet. 네, 저는 기혼입니다.

Aufgabe 3 MP3 06_03

Karl	Ich war gestern beim Arzt. Er sagte, dass ich mehr Sport machen soll.
Miriam	Wirklich? Wollen wir dann zusammen Fußball oder Basketball spielen? Am Wochenende hätte ich Zeit.
Karl	Nein, mein Arzt sagte, Fußball ist nicht gut für mich. Ich muss Gymnastik machen. Das ist besser für mich.

Aufgabe 4 MP3 06_04

Frau	Guten Tag, ich suche die Bushaltestelle der Linie 8 zum Düsseldorf Flughafen. Wie komme ich zur Bushaltestelle?
Mann	Gehen Sie einfach ca. 300 Meter geradeaus. Dann können Sie die Haltestelle bereits sehen.
Frau	Vielen Dank.

Aufgabe 5 MP3 06_05

Andreas	Hallo Jina!
Jina	Hi Andreas, toll, dass ich dich hier sehe! Wohnst du immer noch in Bochum?
Andreas	Ja, wie immer. Und du? Wohnst du noch in Frankfurt?
Jina	Nein, nicht mehr. Aber meine Eltern wohnen immer noch hier. Und manchmal besuche ich sie.
Andreas	Wo wohnst du dann jetzt?
Jina	In Süddeutschland. Seit 2 Jahren bin ich in Stuttgart.

Lektion 3 음식

① **kaufen** v. 사다
du kaufst, er kauft
kaufen - kaufte - gekauft
Ich kaufe heute einen Kuchen. 나는 오늘 케이크를 산다.

② **kosten** v. 비용이 ~얼마이다
es kostet
kosten - kostete - gekostet
Was kostet ein Apfel? 사과 한 개는 얼마인가요?

③ **verkaufen** v. 팔다
du verkaufst, er verkauft
verkaufen - verkaufte - verkauft
Ich verkaufe die Schokolade. 나는 이 초콜릿을 판매한다.

④ **helfen** v. 돕다
du hilfst, er hilft
helfen - half - geholfen
Kann ich Ihnen helfen? 제가 당신을 도와 드릴까요?
Ich möchte die Tomaten kaufen. 나는 이 토마토를 사고 싶어요.

Modul 2 Hören

Teil 1

Was ist richtig? Kreuzen Sie an: a , b oder c . Sie hören jeden Text zweimal.

Aufgabe 1

🎵 **MP3 06_01**

David	Hallo, Angelika, hast du Lust, heute ins Kino zu gehen?
Angelika	Nein, heute nicht. Aber vielleicht am Samstagabend?
David	Oh, am Samstagabend habe ich einen Termin. Geht es am Sonntag?
Angelika	Ja, das ist super. Heute ist Donnerstag, dann sehen wir uns am Sonntag den 6. Juni.

Aufgabe 2

🎵 **MP3 06_02**

Kellner	Guten Tag. Was darf es sein?
Frau	Ich hätte gern einen Salat mit Lachs.
Kellner	Gerne. Aber schauen Sie mal. Hier sind unsere Tagesgerichte für heute.
Frau	Oh, das ist noch günstiger. Dann nehme ich davon. Ich nehme dann die Bratwurst mit Pommes.
Kellner	Ja, gern. Sie können die Suppe umsonst bekommen,
Frau	Gut, ich nehme noch ein Glas Wasser.

⑤ **brauchen** v. 필요하다
du brauchst, er braucht
brauchen - brauchte - gebraucht
Ich brauche etwas zu essen. 나는 무언가 먹을 것이 필요하다.

⑥ **trinken** v. 마시다
du trinkst, er trinkt
trinken - trank - getrunken
Ich trinke nicht so gern Saft. 나는 주스를 그다지 즐겨 마시지 않는다.

⑦ **essen** v. 먹다
du isst, er isst
essen - aß - gegessen
Essen Sie gern Hähnchen? 당신은 치킨을 즐겨 먹습니까?

⑧ **das Essen** n. 음식
Das Essen schmeckt sehr gut. 음식이 맛이 매우 좋다.

⑨ **(Pl.) Lebensmittel** n. 식료품

der Apfel n. 사과	der Wein n. 와인
der Kaffee n. 커피	der Salat n. 샐러드
der Fisch n. 생선	der Schinken n. 햄
der Käse n. 치즈	die Orange n. 오렌지
der Kuchen n. 케이크	die Butter n. 버터
der Saft n. 주스	die Cola n. 콜라
der Reis n. 쌀	die Birne n. 배
der Tee n. 차	die Milch n. 우유

das Flugzeug
A Buchen Sie ein Ticket nach Japan!
B Nein, ich will nach Deutschland.

der Salat
A Bringen Sie bitte einen Salat mit!
B Ja, das mache ich auf jeden Fall.

예시 답안 B

der Kaffee
A Trinken Sie nicht so viel Kaffee!
B Gut, ich werde weniger Kaffee trinken.

das Auto
A Fahr doch mit dem Auto!
B Nein, ich fahre mit dem Bus.

die Kette
A Nehmen Sie bitte die Kette ab!
B Ja, die habe ich schon abgenommen.

die Wurst
A Grille die Würste!
B Ja, ich grille sie.

der Kugelschreiber
A Schreiben Sie mit dem Kugelschreiber!
B Ja, das mache ich.

das Kleid
A Ziehen Sie das Kleid an!
B Ja, ich ziehe es gleich an.

die Kartoffel n. 감자	das Brot n. 빵
die Sahne n. 크림	das Gemüse n. 채소
die Tomate n. 토마토	das Ei n. 달걀
die Traube n. 포도	das Getränk n. 마실 것
die Suppe n. 수프	das Wasser n. 물
die Wurst n. 소시지	das Obst n. 과일
das Bier n. 맥주	das Öl n. 기름
das Fleisch n. 고기	das Hähnchen n. 치킨
das Brötchen n. 작은 빵	

Die Lebensmittel sind sehr wichtig. 식료품은 아주 중요하다.

⑩ **der Markt** n. 시장

Gibt es hier einen Markt? 여기 시장이 있나요?

⑪ **das Sonderangebot** n. 특가 상품

Ich habe den Wein im Sonderangebot gekauft.

나는 그 와인을 특가 상품으로 구매했다.

⑫ **der Euro** n. 유로

0,10 Euro	zehn Cent	10센트
1,00 Euro	ein Euro	1유로
1,10 Euro	ein Euro zehn	1유로 10

100 Gramm Käse kosten 1 Euro 10.

100g의 치즈는 1유로 10센트이다.

Film

A Welche Filme magst du?

B Ich mag Liebesfilme.

Fußball

A Wann spielen Sie Fußball?

B Ich spiele am Wochenende Fußball.

Sport

A Welchen Sport mögen Sie?

B Ich mag Basketball.

Wann

A Wann gehen Sie ins Konzert?

B Ich gehe am Samstag ins Konzert.

Teil 3

예시 답안 A

🔊 MP3 05_03

der Koffer

A Suche deinen Koffer!

B Ja, ich suche ihn.

der Kuchen

A Nehmen Sie ein Stück Kuchen!

B Nein, ich mag keinen Kuchen.

die Tür

A Machen Sie bitte die Tür auf!

B Ja, ich mache sie auf.

Essenverbot

A Hier darf man nicht essen!

B Dann werde ich hier nicht essen.

⑬ **wie viel...?** 얼마나 많이?
Wie viel möchten Sie? 얼마나 많이 필요하십니까?

⑭ **was** 무엇
Was ist das? 이것은 무엇입니까?
Das ist doch kein Apfel. 이것은 사과가 아니잖아요.

⑮ **sonst** adv. 그밖에
Sonst noch etwas? 그 외에 무엇이 더 필요한가요?
Nein, danke. Das ist alles. 아니요, 감사합니다. 이것이 전부입니다.

Teil 2

 MP3 05_02

예시 답안 A

Ball	**Lieblingssport**
A Magst du Fußball?	A Was ist Ihr Lieblingssport?
B Nein, ich mag Tischtennis	B Mein Lieblingssport ist Fußball.
Abend	**Fahrrad**
A Warum machen Sie am Abend Sport?	A Wohin fahren Sie mit dem Fahrrad?
B Weil ich nur am Abend Zeit habe.	B Ich fahre mit dem Fahrrad zum Park.
Wochenende	**Schwimmen**
A Machen Sie am Wochenende Sport?	A Wo haben Sie schwimmen gelernt?
B Ich mache keinen Sport.	B Ich habe es 3 Jahre lang in der Schule gelernt.

예시 답안 B

Hobby	**Reise**
A Was ist Ihr Hobby?	A Wie oft reisen Sie?
B Mein Hobby ist Lesen.	B Zweimal pro Jahr.

Lektion 4

레스토랑

① **bezahlen** v. 지불하다
du bezahlst, er bezahlt
bezahlen - bezahlte - bezahlt
Muss ich bar bezahlen? 제가 현금으로 계산해야 합니까?

② **Durst haben** v. 목마르다
du hast, er hat
haben - hatte - gehabt
Ich habe Durst. 나는 목마르다.

③ **Hunger haben** v. 배고프다
du hast, er hat
haben - hatte - gehabt
Ich habe Hunger. 나는 배고프다.

④ **haben** v. 가지고 있다
du hast, er hat
haben - hatte - gehabt
Haben Sie Salz? 당신은 소금이 있으십니까?

Modul 1 Sprechen

Teil 1

🔊 MP3 05_01

자기소개

Mein Name ist June Jung. Ich bin 35 Jahre alt.
Ich komme aus Korea. Ich lebe in Busan.
Ich spreche Englisch und ein bisschen Deutsch. Ich bin Angestellte.
Mein Hobby ist Musik hören und Filme sehen.

질문과 답변

A Wie ist Ihr Familienname? Können Sie das bitte buchstabieren.
B J-u-n-g.

A Wie ist Ihre Postleitzahl?
B Meine Postleitzahl ist 48104.

A Wie ist die Telefonnummer von Ihrer Mutter?
B Die Nummer ist 010-1953-3841

⑤ **schmecken** v. 맛있다

es schmeckt

schmecken - schmeckte - geschmeckt

Das schmeckt sehr gut. 그것은 매우 맛있다.

⑥ **möchten** v. 하려고 하다, 하고 싶다

du möchtest, er möchte

Was möchten Sie bestellen? 당신은 무엇을 주문하기 원하시나요?

⑦ **das Restaurant** n. 레스토랑

Das Restaurant finde ich gut. 나는 이 레스토랑이 좋다고 생각한다.

⑧ **das Lieblingsessen** n. 좋아하는 음식

Mein Lieblingsessen ist Pizza. 내가 좋아하는 음식은 피자이다.

⑨ **die Entschuldigung** n. 변명, 구실, 용서, 이해

Entschuldigung! 실례합니다!

Das Essen ist zu kalt. 음식이 너무 차가워요.

⑩ **die Rechnung** n. 계산서

Könnten Sie bitte die Rechnung bezahlen?
계산서를 지불해 주시겠습니까?

Ja, gern. 네, 그러죠.

⑪ **der Preis** n. 가격

Der Preis gefällt mir. 가격이 내 마음에 든다.

Aufgabe 13

Hi, Nico. Hier ist Essie. Lass uns am Wochenende treffen! Ich wollte eigentlich mit dir ins Kino oder in die Disko gehen. Aber du hast mir gesagt, dass du lieber ins Konzert gehen möchtest. Da komme ich gern mit. Um wie viel Uhr treffen wir uns? Ruf mich wieder an.

Aufgabe 14 MP3 04_14

Hallo Tina. Hier Hendrik. Es geht um unseren Urlaub. Wohin fahren wir dieses Jahr? Im letzten Jahr waren wir auf der Insel. Das war ziemlich langweilig und in die Berge zu fahren, mag ich auch nicht. Ich will diesmal ans Meer fahren.

Aufgabe 15 MP3 04_15

Guten Morgen, Herr Müller. Hier ist Sabine Löwe. Mein Zug hatte Verspätung. Ich wollte mit meinem Auto fahren. Aber das ist momentan in der Reparatur. Deshalb komme ich leider ein bisschen später. Ich bitte Sie um Ihr Verständnis.

⑫ **die Speisekarte** n. 메뉴판

Bringen Sie mir bitte die Speisekarte. 저에게 메뉴판을 가져다주세요.

⑬ **eilig** a. 긴급한, 서둘러야 하는

Ich habe es furchtbar eilig! 나는 정말 급해요!

Kann ich das Essen so schnell wie möglich bekommen? 제가 음식을 가능한 한 빨리 받을 수 있을까요?

⑭ **gut** a. 좋은

Das Essen riecht gut! 그 음식은 좋은 냄새가 나요!

⑮ **ein bisschen** 조금

Die Suppe ist ein bisschen salzig. 수프가 좀 짠 것 같아요.

Aufgabe 10

 MP3 04_10

Herr Schneider gebucht auf den Flug LH 711 nach Japan wird zum Schalter F5 gebeten. Der Flugsteig wird in 15 Minuten geschlossen. Kommen Sie bitte so schnell wie möglich zum Schalter F5.

Teil 3

Was ist richtig? Kreuzen Sie an: a , b oder c . **Sie hören jeden Text zweimal.**

Aufgabe 11

 MP3 04_11

Hallo, Olga. Eigentlich wollten wir uns im Restaurant „Nonna" treffen. Aber „Nonna" hat heute zu. Am besten treffen wir uns zuerst am Hbf. Von dort gehen wir zusammen zum Restaurant „Mexikaner" oder woanders hin.

Aufgabe 12

 MP3 04_12

Herzlich Willkommen am Hamburg Hauptbahnhof. Ihre Umsteigemöglichkeiten sind: Gleis 4 ICE 421 nach Dortmund Abfahrt um 15:15 Uhr. Am Gleis 3 fährt der IC 2535 nach Stuttgart um 15:32 Uhr heute nicht. Wenn Sie nach Stuttgart fahren wollen, müssen Sie in Mannheim umsteigen.

Lektion 5 취미

① **Freund treffen** V. 친구를 만나다
du triffst, er trifft
treffen - traf - getroffen
Um 3 Uhr treffe ich meinen Freund.
나는 3시에 나의 남자 친구를 만난다.

② **ins Kino gehen** V. 영화관에 가다
du gehst, er geht
gehen - ging - gegangen
Morgen gehen wir ins Kino. 우리는 내일 영화관에 간다.

③ **Fußball spielen** V. 축구 경기를 하다
du spielst, er spielt
spielen - spielte - gespielt

der Fußball   n. 축구

Spielst du gern Fußball? 너는 축구 경기를 하는 것을 좋아하니?

④ **fernsehen** V. 텔레비전 보다
du siehst fern, er sieht fern
fernsehen - sah fern - ferngesehen
Sehen Sie nicht so viel fern! 텔레비전을 너무 많이 보지 마세요!

Teil 2

Kreuzen Sie an: Richtig oder Falsch. Sie hören jeden Text einmal.

Aufgabe 7 MP3 04_07

Liebe Kunden, alles ist reduziert. Deutscher Rotwein für 9,99 Euro und Kuchen kostet für nur 10,50 Euro. Besuchen Sie uns im Untergeschoss. Das Angebot gilt nur heute.

Aufgabe 8 MP3 04_08

Meine Damen und Herren, in wenigen Minuten erreichen wir Aachen Hauptbahnhof. Ihr Anschlusszug nach Berlin mit planmäßiger Abfahrtzeit 12:40 Uhr hat heute 10 Minuten Verspätung. Wir bitten um Ihr Verständnis.

Aufgabe 9 MP3 04_09

L'iebe Reisende, wir sind gleich in Freiburg. Sie können heute allein d e Stadt besichtigen. Wir treffen uns morgen um 9 Uhr. Vergessen Sie nicht, morgen um 9 Uhr wieder zum Bus zu kommen.

⑤ **das Hobby** n. 취미

Was ist Ihr Hobby? 당신의 취미는 무엇입니까?

⑥ **das Lied** n. 노래

Sie hat dieses Lied gesungen. 그녀가 이 노래를 불렀다.

⑦ **der Sport** n. 스포츠

der Baseball	n. 야구
der Basketball	n. 농구
der Fußball	n. 축구
das Eishockey	n. 아이스하키
das Golf	n. 골프
der Handball	n. 핸드볼
das Tischtennis	n. 탁구

Fußball ist die beliebteste Sportart in Deutschland.
축구는 독일에서 가장 인기 있는 운동 종목이다.

⑧ **das Tennis** n. 테니스

Ich spiele gern Tennis. 나는 테니스 치는 것을 좋아한다.

⑨ **die Freizeit** n. 여가

Was machen Sie in der Freizeit? 당신은 여가시간에 무엇을 합니까?
Meine Hobbys sind Lesen und E-Mails schreiben.
나의 취미는 독서와 이메일 쓰기입니다.

Aufgabe 5

🎵 **MP3 04_05**

Florian	Hallo Lena! Was bringst du zu Leos Party mit? Ich werde Getränke mitbringen.
Lena	Ich werde eine selbstgemachte Torte mitbringen.
Florian	Warum backst du selbst? Kauf die Torte doch einfach. Pizza finde ich auch gut.
Lena	Oh ja, das ist eine gute Idee. Deshalb werde ich eine frische Torte beim Cafe „Lalaland" kaufen.
Florian	Ja, bestens!

Aufgabe 6

🎵 **MP3 04_06**

Apothekerin	So, hier ist das Medikament. Nehmen Sie 2 Tabletten täglich.
Kunde	Und wie soll ich das nehmen?
Apothekerin	Mittags, aber immer nach dem Essen.
Kunde	Danke schön. Was bekommen Sie?
Apothekerin	11 Euro bitte.

⑩ **das Lieblingsbuch**　n. 좋아하는 책

Mein Lieblingsbuch ist Harry Potter.

내가 가장 좋아하는 책은 Harry Potter이다.

⑪ **der Lieblingsfilm**　n. 좋아하는 영화

Mein Lieblingsfilm ist „Nemo". 내가 가장 좋아하는 영화는 "니모"이다.

⑫ **die Lieblingsmusik**　n. 좋아하는 음악

Was ist Ihre Lieblingsmusik? 당신이 가장 좋아하는 음악은 무엇입니까?

⑬ **der Film**　n. 영화

Ich habe gestern einen Film geguckt. 나는 어제 영화를 봤다.

⑭ **die Musik**　n. 음악

Möchten Sie Musik hören? 당신은 음악을 듣고 싶으세요?

⑮ **das Theater**　n. 극장, 무대, 연극

Er geht einmal im Monat ins Theater.

그는 매달 한 번씩 연극을 보러 간다.

Aufgabe 3 MP3 04_03

Mann	Guten Tag, Frau Werner. Machen Sie dieses Jahr beim Camping mit?
Werner	Ja. Ich hatte letztes Jahr so viel zu tun, aber endlich habe ich etwas Zeit.
Mann	Okay. Wir fahren am 01.07. ab und werden bis zum 14.7. bleiben.

Aufgabe 4 MP3 04_04

Studentin	Geben Sie mir bitte eine Eintrittskarte. Wie teuer ist die Karte?
Mann	10 Euro. Sind Sie vielleicht Studentin?
Studentin	Ja, gibt es einen Studentenrabatt?
Mann	Ja klar. Sie bekommen 30% Studentenermäßigung. Also, dann 7 Euro.
Studentin	Oh, gut zu wissen. Danke schön.
Mann	Gerne. Sie haben mir 10 Euro gegeben, dann bekommen Sie 3 Euro zurück.

Modul 1 Hören

Teil 1

Was ist richtig? Kreuzen Sie an: a, b oder c. Sie hören
jeden Text zweimal.

Aufgabe 1

 MP3 04_01

Mann	Entschuldigung. Können Sie mir helfen? Ich suche die Sprachschule „Debeka."
Frau	Ja, gern. Das ist nicht weit von hier. Gehen Sie immer geradeaus. Dann gehen Sie um die Ecke gleich nach links. Und nach 50 Metern finden Sie schon die Sprachschule.
Mann	Vielen Dank!

Aufgabe 2

 MP3 04_02

Kollege	Haben Sie Kinder, Frau Hagedon?
Kollegin	Ja, eine Tochter.
Kollege	Und wie alt ist sie?
Kollegin	Sie wird nächste Woche 7 Jahre alt.
Kollege	Ah, dann geht sie ja bald in die erste Klasse?
Kollegin	Ja, die Zeit vergeht so schnell.

일상

① **kochen**　v. 요리하다

du kochst, er kocht

kochen - kochte - gekocht

Ich koche gern. 나는 요리를 즐겨 한다.

② **kommen**　v. 오다

du kommst, er kommt

kommen - kam - gekommen

Kommen Sie auch? 당신도 오나요?

Ja, gerne. Wann denn? 네, 그러죠. 그런데 언제인가요?

③ **gehen**　v. 가다

du gehst, er geht

gehen - ging - gegangen

　　spazieren gehen　　v. 산책하다

Ich gehe jetzt spazieren. 나는 지금 산책을 하러 간다.

④ **ins Bett gehen**　v. 잠자리로 가다

du gehst, er geht

gehen - ging - gegangen

Ich gehe heute früh ins Bett. 나는 오늘 일찍 잠자리로 간다.

⑤ **(sich) treffen** v. 만나다

du triffst, er trifft

treffen - traf - getroffen

Ich treffe in der Innenstadt meine Kollegen.

나는 시내에서 나의 동료들을 만난다.

⑥ **mitbringen** v. 가져오다

du bringst mit, er bringt mit

mitbringen - brachte mit - mitgebracht

Ich gehe einkaufen. Soll ich dir was mitbringen?

나는 장 보러 가. 내가 너에게 무얼을 사다 줄까?

⑦ **mitmachen** v. 함께 하다

du machst mit, er macht mit

mitmachen - machte mit - mitgemacht

Warum machen Sie nicht mit? 당신은 왜 함께 하지 않으시나요?

⑧ **putzen** v. 청소하다

du putzt, er putzt

putzen - putzte - geputzt

Mein Vater putzt nicht gern. 나의 아빠지는 청소를 즐기지 않는다.

⑨ **abholen** v. 데리러가다, (누구를) 마중 나가다

du holst ab, er holt ab

abholen - holte ab - abgeholt

Wir müssen meinen Bruder abholen.

우리는 나의 남동생을 마중가야 한다.

모의고사
스크립트

⑩ **das Mittagessen** n. 점심
Das Mittagessen war gut. 점심은 맛있었다.

⑪ **der Morgen** n. 아침

am Morgen	아침에
jeden Morgen	매일 아침

Guten Morgen! 좋은 아침입니다!

⑫ **der Tag** n. 날

der Montag	n. 월요일
der Dienstag	n. 화요일
der Mittwoch	n. 수요일
der Donnerstag	n. 목요일
der Freitag	n. 금요일
der Samstag	n. 토요일
der Sonntag	n. 일요일

Die Woche hat 7 Tage. 한 주는 7일이다.

⑬ **der Monat** n. 달

der Januar	n. 1월
der Februar	n. 2월
der März	n. 3월
der April	n. 4월
der Mai	n. 5월

---

die Briefmarke
A Kaufen Sie bitte eine Briefmarke!
B Ja, ich kaufe sie.

das Buch
A Lesen Sie das Buch vor!
B Ja, ich lese es vor.

die Milch
A Trinken Sie die Milch!
B Ich habe sie schon getrunken.

das Fahrrad
A Sagen Sie mir bitte, wenn Sie ein Fahrrad kaufen!
B Ja, das mache ich.

예시 답안 B

das Besteck
A Benutzen Sie das Besteck!
B Ich brauche es nicht.

die Tasche
A Bringen Sie mir bitte die Tasche!
B Ja, ich bringe sie Ihnen.

das Radio
A Hören Sie bitte oft Radio!
B Ja, beim Autofahren werde ich gerne Radio hören.

der Apfel
A Kaufen Sie zwei Äpfel!
B Ich möchte nur einen Apfel kaufen.

der Bleistift
A Schreiben Sie bitte mit dem Bleistift!
B Nein, ich benutze lieber einen Kugelschreiber.

die Banane
A Iss bitte die Banane!
B Nein, ich mag sie nicht.

der Juni   n. 6월
der Juli   n. 7월
der August   n. 8월
der September   n. 9월
der Oktober   n. 10월
der November   n. 11월
der Dezember   n. 12월

In diesem Monat fliege ich nach Deutschland.
나는 이번 달에 독일로 간다.

⑭ **die Stunde**   n. 시간

Ich bin in einer Stunde zurück. 나는 한 시간 안에 돌아올게.

⑮ **später**   a. 더 늦은, 나중의, 후에 *spät a. 늦은

Es tut mir leid. Ich komme ein bisschen später.
미안해, 나는 조금 늦게 갈 것 같아.

예시 답안 B

Freunde	Lehrer
A Hast du viele Freunde?	**A** Wer ist dein Lehrer?
B Ja, ich habe 20 Freunde.	**B** Mein Lehrer ist Herr Neus.

Computer	Sprachen
A Wo ist der Computerraum?	**A** Welche Sprache lernen Sie in der Sprachschule?
B Ich weiß es auch nicht.	**B** Ich lerne Deutsch.

Essen	Hausaufgaben
A Wann essen Sie zu Mittag im Sprachkurs?	**A** Wie oft gibt es Hausaufgaben?
B Um halb eins haben wir Mittagspause.	**B** Jeden Tag gibt es Hausaufgaben.

Teil 3

MP3 02_03

예시 답안 A

die Uhr	das Handy
A Bitte schauen Sie auf die Uhr!	**A** Mach dein Handy aus!
B Es ist 5 Uhr.	**B** Ja, ich mache es aus.

Teil 2

예시 답안 A

MP3 02_02

Konzert	**Sonntag**
A Gehen Sie am Wochenende ins Konzert?	**A** Sehen Sie am Sonntag einen Film?
B Nein, ich gehe nicht ins Konzert.	**B** Ja. Am Wochenende gehe ich ins Kino.
Sport	**Familie**
A Machen Sie gern Sport am Sonntag?	**A** Wohin fahren Sie mit Ihrer Famillie am Samstag?
B Ja, ich spiele gern Tennis.	**B** Wir fahren dieses Jahr nirgendwohin.
Ausflug	**Bücher**
A Wo machen Sie am Wochenende einen Ausflug?	**A** Lesen Sie gern Bücher am Wochenende?
B In Düsseldorf machen wir einen Ausflug.	**B** Ja, am Wochenende habe ich viel Zeit.

Lektion
7
축제

① **schenken** v. 선물하다

du schenkst, er schenkt

schenken - schenkte - geschenkt

Meiner Mutter schenke ich eine Kette.
나는 엄마에게 목걸이를 선물한다.

② **wünschen** v. 원하다

du wünschst, er wünscht

wünschen - wünschte - gewünscht

Ich wünsche dir alles Gute. 나는 네에게 모든 일이 잘되기를 바란다.

③ **bekommen** v. 받다, 얻다

du bekommst, er bekommt

bekommen - bekam - bekommen

Von meinem Freund habe ich eine Tasche bekommen.
나는 나의 남자 친구에게 가방을 받았다.

④ **machen** v. 하다, 만들다

du machst, er macht

machen - machte - gemacht

Wir machen einen Salat. 우리는 샐러드를 만든다.

⑤ **danken** v. 감사하다
du dankst, er dankt
danken - dankte - gedankt
Danke. 고맙습니다.
Vielen Dank. 정말 감사합니다.

⑥ **werden** v. ~이 되다
du wirst, er wird
werden - wurde - geworden
Am Freitag werde ich 30 Jahre alt. 나는 금요일에 30살이 된다.

⑦ **feiern** v. 축하하다, 축제를 벌이다, 기념하다
du feierst, er feiert
feiern - feierte - gefeiert
Ich feiere im Restaurant „Lezza." 나는 "Lezza" 레스토랑에서 파티를 한다.

⑧ **organisieren** v. 편성하다, 조직하다
du organisierst, er organisiert
organisieren - organisierte - organisiert
Wer hat die Veranstaltung organisiert? 누가 이 행사를 편성했습니까?

⑨ **einladen** v. 초대하다
du lädst ein, er lädt ein
einladen - lud ein - eingeladen
Ich lade Sie ein. 나는 당신을 초대합니다.

Lektion 4 Sprechen

Teil 1

 MP3 02_01

자기소개

Mein Name ist Sumin Kim. Ich bin 20 Jahre alt.
Ich komme aus Korea. Ich lebe in Seoul.
Ich spreche Deutsch und Englisch. Ich bin Studentin.
Mein Hobby ist malen.

질문과 답변

A Wie ist Ihr Vorname?
B Mein Vorname ist Sumin.

A Können Sie das bitte buchstabieren?
B Ich buchstabiere: S-U-M-I-N.

A Sie wohnen in der Sogongro Straße. Können Sie das bitte buchstabieren?
B Ich buchstabiere: S-o-g-o-n-g-r-o.

A Haben Sie ein Handy? Wie ist bitte Ihre Nummer?
B Meine Nummer ist 010-1322-3298.

⑩ **die Briefmarke** n. 우표

Ich habe ihr eine Briefmarke aus Korea geschenkt.
나는 그녀에게 한국에서 온 우표를 선물했다.

⑪ **die Postkarte** n. 엽서

Ich brauche eine Postkarte. 나는 엽서 한 장이 필요하다.

⑫ **die Sendung** n. 소포

Die Sendung ist noch nicht da. 소포는 아직 오지 않았다.

⑬ **das Paket** n. 소포

Haben Sie mein Paket bekommen? 저의 소포를 받으셨나요?

⑭ **die Feier** n. 축제

das Fest	n. 축제
die Hochzeit	n. 결혼식
die Party	n. 파티

Wir möchten eine große Feier machen.
우리는 큰 축제를 마련하고 싶다.

⑮ **das Geschenk** n. 선물

Ich möchte ein Geschenk für Juna kaufen.
나는 Juna를 위한 선물을 사고 싶다.

Aufgabe 14

  MP3 01_16

Lilie denk bitte daran. Wir haben heute Unterricht. Heute lesen wir einen Roman und hören einige deutsche Texte. Den Roman und die CDs habe ich schon hier. Aber du brauchst noch dein Lehrbuch. Dann bis gleich!

Aufgabe 15

  MP3 01_17

Guten Tag Frau Schirz, Sie wollten mit Herrn Reith telefonieren, aber er ist noch nicht da. Können Sie bitte um 14 Uhr nochmal anrufen? Dann ist er bestimmt hier und Sie können mit ihm reden.

Lektion 8

호텔

① **abreisen** v. 떠나다
du reist ab, er reist ab
abreisen - reiste ab - abgereist
Ich werde in 3 Tagen abreisen. 나는 3일 안에 여행을 떠날 것이다.

② **reservieren** v. 예약하다
du reservierst, er reserviert
reservieren - reservierte - reserviert
Ich möchte ein Doppelzimmer reservieren. 나는 더블룸으로 예약하고 싶다.

③ **übernachten** v. 숙박하다
du übernachtest, er übernachtet
übernachten - übernachtete - übernachtet
Ich habe in einer Jugendherberge übernachtet. 나는 유스호스텔에서 숙박했다.

④ **empfehlen** v. 추천하다
du empfiehlst, er empfiehlt
empfehlen - empfahl - empfohlen
Welches Hotel können Sie mir empfehlen? 당신은 어떤 호텔을 나에게 추천해 줄 수 있습니까?

Teil 3

Was ist richtig? Kreuzen Sie an: a, b oder c. Sie hören jeden Text zweimal.

Aufgabe 11 MP3 01_13

Ich habe es eilig, Petra. Ich habe heute Besuch. Wir müssen zusammen aufräumen. Wenn ich zu Hause bin, muss ich sofort schnell kochen. Bitte tu mir einen Gefallen und wasch das Geschirr für mich ab.

Aufgabe 12 MP3 01_14

Du, Julian. Ich bin's Jona. Ich gehe jetzt zur Arbeit. Normalerweise fahre ich mit der Straßenbahn, aber heute fahre ich mit dem Fahrrad. Deshalb dauert es länger. Kannst du bitte Frau Kaiser Bescheid sagen? Aber ich komme nicht so spät an.

Aufgabe 13 MP3 01_15

Hallo, Anja. Hast du vergessen, dass wir heute Unterricht haben? Um 3 Uhr hat der Unterricht schon angefangen. Heute ist ein wichtiger Unterricht. Bitte komm so schnell wie möglich. Spätestens um 4 Uhr musst du hier sein.

⑤ **bleiben** v. 머물다
du bleibst, er bleibt
bleiben - blieb - geblieben
Ich bleibe im Hotel. 나는 호텔에 머무른다.

⑥ **klingeln** v. 벨이 울리다
du klingelst, er klingelt
klingen - klingelte - geklingelt
Es hat geklingelt. Ich muss kurz schauen, wer da ist.
벨이 울렸다. 나는 누가 거기에 있는지 잠깐 봐야만 한다.

⑦ **ausleihen** v. 빌리다, 빌려주다
du leihst aus, er leiht aus
ausleihen - lieh aus - ausgeliehen
Was können wir hier ausleihen?
우리가 여기에서 무엇을 빌릴 수 있나요?

⑧ **die Unterkunft** v. 숙박
Ich suche eine preiswerte Unterkunft. 나는 저렴한 숙소를 찾는다.

⑨ **das Hotel** v. 호텔
Können Sie mir ein sauberes Hotel empfehlen?
당신은 저에게 깨끗한 호텔을 추천해 주실 수 있습니까?

⑩ **das Zimmer** n. 방
Haben Sie noch ein Zimmer frei? 당신은 아직 방이 있습니까?

Aufgabe 7

 MP3 01_09

Liebe Fahrgäste, gebucht auf den ICE 5636 nach Paris. Wegen einer Verspätung ist die Abfahrt nach Paris heute nicht um 16:30 Uhr, sondern um 18 Uhr. Ich wiederhole, Abfahrt nach Paris heute eineinhalb Stunden später.

Aufgabe 8

 MP3 01_10

Liebe Kunden. Heute ist alles stark reduziert. Und wenn man für 100 Euro einkauft, bekommt man einen Gutschein im Wert von 30 Euro.

Aufgabe 9

 MP3 01_11

Es gibt heute Sonderangebote im ersten Stock. Besuchen Sie unsere Lebensmittelabteilung. Heute haben wir ganz frisches Gemüse und Obst. Wenn Sie heute vorbeikommen, bekommen Sie in der Lebensmittelabteilung 2 Äpfel gratis.

Aufgabe 10

 MP3 01_12

Meine Damen und Herren, es ist halb 10. Unsere Bibliothek schließt in einer halben Stunde. Wenn Sie was ausleihen wollen, kommen Sie jetzt zur Information. Wir machen gleich alle Computer aus.

⑪ **die Reservierung** n. 예약

나는 유감스럽게도 예약을 취소해야 한다.

Leider muss ich meine Reservierung absagen.

⑫ **die Übernachtung** n. 숙박

이침 식사를 포함한 숙박은 얼마입니까?

Wie viel kostet eine Übernachtung mit Frühstück?

⑬ **von~ bis~** ~언제부터 ~언제까지

나는 1월 4일부터 1월 9일까지 머무릅니다.

Ich bleibe vom 4. Januar bis 9. Januar.

⑭ **offen** a. 열려 있는

Die Tür ist offen. 그 문은 열려 있다.

⑮ **sicher** a. 안전한; 확실한

Sind Sie sicher? Haben Sie reserviert?

확실합니까? 당신은 예약하셨나요?

Aufgabe 6 MP3 01_07

Maria Weißt du, wo die Schuhabteilung ist?

Tim Nein, das weiß ich auch nicht. Aber wir können einmal auf
die Informationstafel schauen. Schuhe gibt es im zweiten
Stock. Ach, warte mal. Kinderschuhe sind im fünften Stock
und Damenschuhe sind im ersten Stock. Gehen wir mal
dort hin!

Maria Sollen wir den Aufzug nehmen?

Tim Einverstanden.

Teil 2

Kreuzen Sie an: Richtig oder Falsch. Sie hören jeden Text
einmal.

Beispiel MP3 01_08

Frau Katrin Gundlach, angekommen aus Budapest, wird zum
Informationsschalter in die Ankunftshalle C gebeten. Frau Gundlach
bitte zum Informationsschalter in die Ankunftshalle C.

Lektion 9

날씨

① **regnen** v. 비가 오다
(es) regnet
regnen - regnete - geregnet

　　der Regen n. 비

Es regnet. 비가 온다.

Es hat den ganzen Tag geregnet. 온종일 비가 내렸다.

② **schneien** v. 눈이 내리다
(es) schneit
schneien - schneite - geschneit

Es schneit viel im Winter. 겨울에는 눈이 많이 온다.

③ **scheinen** v. 빛나다
du scheinst, er scheint
scheinen - schien - geschienen

Heute wird die Sonne scheinen. 오늘은 태양이 빛날 것이다.

④ **das Wetter** n. 날씨

▲ Gut. 　　　　　▲ Schön. 　　　　▲ Schlecht. 　　　▲ Nicht so gut.
▲ 좋아요. 　　　▲ 괜찮아요. 　　▲ 나빠요. 　　　▲ 그렇게 좋진 않아요.

Aufgabe 4

MP3 01_05

Luisa	Guten Tag. Können Sie mir helfen? Ich besuche ab heute den A2 Kurs. Können Sie mir sagen, wo ich hin muss? Ist Zimmer 311 richtig?
Information	Wie ist Ihr Name?
Luisa	Mein Name ist Luisa Wagner.
Information	Einen Moment. Sie haben die Prüfung nicht bestanden. Deswegen müssen Sie diese wiederholen. Gehen Sie in den Raum 211.
Luisa	Oh, je!

Aufgabe 5

MP3 01_06

Kundin	Entschuldigung, was kosten die Äpfel heute?
Verkäuferin	Alle Obstsorten sind heute 20% günstiger. Die Äpfel kosten 3,99 Euro pro Kilo.
Kundin	3,99 Euro pro Kilo?
Verkäuferin	Ja. Ein Sonderangebot für Sie.
Kundin	Gut, dann nehme ich 2 Kilo.
Verkäuferin	Vielen Dank. Und 2,2 Euro zurück.

Wie ist das Wetter? 날씨가 어때?

⑤ **die Sonne** n. 태양
Die Sonne scheint. 태양이 빛난다.

⑥ **der Wind** n. 바람
In Deutschland weht oft kühler Wind.
독일에서는 자주 서늘한 바람이 분다.

⑦ **die Temperatur** n. 온도
Die Temperatur ist gestiegen. 온도가 올라갔다.

⑧ **die Himmelsrichtung** n. 방향
Die Himmelsrichtungen sind Norden, Süden, Osten, Westen.
방향은 북쪽, 남쪽, 동쪽, 서쪽이다.

der Osten n. 동쪽	im Osten 동쪽에
der Westen n. 서쪽	im Westen 서쪽에
der Süden n. 남쪽	im Süden 남쪽에
der Norden n. 북쪽	Im Norden 북쪽에

⑨ **die Jahreszeit** n. 계절

der Frühling n. 봄	im Frühling 봄에
der Sommer n. 여름	im Sommer 여름에
der Herbst n. 가을	im Herbst 가을에
der Winter n. 겨울	im Winter 겨울에

Aufgabe 2 MP3 01_03

Martin Sag mal, Lena. Kommst du zur Party von Joseph?
Lena Ja, natürlich. Bringst du was mit?
Martin Ja, ich bringe einen Salat mit. Und du? Was nimmst du mit?
Lena Ich weiß nicht. Soll ich ein paar CDs mitbringen?
Martin Ich denke, die hat Joseph schon vorbereitet. Wie wäre es mit einem Wein?
Lena Ein Wein? Rot oder weiß?
Martin Wie du willst.
Lena Okay, dann bringe ich einen Rotwein mit.

Aufgabe 3 MP3 01_04

Frau Entschuldigen Sie bitte.
Mann Ja bitte.
Frau Können Sie mir sagen, wie spät es ist?
Mann Ja, es ist halb 4.
Frau Oh, ich habe keine Zeit. Wo ist das Gleis 3?
Mann Gehen Sie geradeaus und biegen Sie dann rechts ab.
Frau Vielen Dank.

Welche Jahreszeit magst du? 너는 어느 계절을 좋아하니?

⑩ **der Grad** n. 도
Im Sommer sind es circa 25 Grad. 여름에는 약 25도 정도 된다.

⑪ **der Wetterbericht** n. 일기예보
Was sagt der Wetterbericht? 일기예보에서는 뭐라고 하니?

⑫ **kalt** a. 추운
Es ist kalt. 날씨가 춥다.

⑬ **heiß** a. 뜨거운, 더운
Gestern war es so heiß. 어제 날씨가 몹시 더웠다.

⑭ **plus** a. 영상
Es sind Plusgrade. 영상 기온입니다.

⑮ **neblig** a. 안개가 낀
Seit gestern ist es neblig. 어제부터 안개가 낀다.

Lektion 1 Hören

Teil 1

Was ist richtig? Kreuzen Sie an: a, b oder c. Sie hören jeden Text zweimal.

 MP3 01_01

Beispiel

Frau Ach, Verzeihung, wo finde ich Herrn Schneider vom Betriebsrat?

Mann Schneider. Warten Sie mal. Ich glaube, er ist in Zimmer Nummer 254. Ja, stimmt, Zimmer 254. Das ist im zweiten Stock. Da können Sie den Aufzug dort nehmen.

Frau Zweiter Stock, Zimmer 254. Okay, vielen Dank.

 MP3 01_02

Aufgabe 1

Marina Hi Albert! Wo wollen wir diesen Sommer Urlaub machen?

Albert Wie findest du eine Stadtreise? Vielleicht nach London?

Marina London ist toll, aber ich war schon zweimal dort. Wir können auch nach Paris fahren.

Albert Paris ist auch toll oder auch nach Wien?

Marina Ich will lieber nach Paris. Da war ich noch nie.

Albert Gut, dann machen wir es so.

Lektion 10 교통

① **fahren** v. (무엇을) 타고 가다, 타다

du fährst, er fährt

fahren - fuhr - gefahren

Ich fahre mit dem Zug nach Frankfurt.
나는 기차를 타고 Frankfurt로 간다.

② **fliegen** v. 날다

du fliegst, er fliegt

fliegen - flog - geflogen

Ich fliege nach Berlin. 나는 Berlin으로 간다.

③ **abfliegen** v. 이륙하다, 출발하다

du fliegst ab, er fliegt ab

abfliegen - flog ab - abgeflogen

Um 5 Uhr fliegen wir ab. 우리는 5시에 이륙한다.

④ **das Ticket** n. 표

Was kostet ein Flugticket nach Japan? 일본행 항공권은 얼마니?

⑤ **die Bahn** n. 철도, 기차

Wir fahren lieber mit der Bahn. 우리는 기차를 타고 가는 것을 더 좋아한다.

문제풀이 스크립트

⑥ **der Schalter** n. 창구
Gehen Sie bitte zum Schalter. 당신은 창구로 가세요.

⑦ **der Eingang** n. 입구 *der Ausgang n. 출구
Ich weiss nicht, wo der Eingang ist. 나는 입구가 어디인지 모르겠다.

⑧ **die Bushaltestelle** n. 버스 정류장
Wo ist die Bushaltestelle? 버스 정류장은 어디에 있니?

⑨ **das Reisebüro** n. 여행 안내소, 여행사
Wie komme ich zum Reisebüro?
제가 어떻게 여행 안내소로 갈 수 있나요?

⑩ **der Hauptbahnhof** n. 중앙역
Ich kaufe am Hauptbahnhof eine Fahrkarte nach Bonn.
나는 중앙역에서 Bonn으로 가는 차표를 산다.

⑪ **der Flughafen** n. 공항
Ist der Flughafen in der Nähe? 공항이 근처에 있니?

⑫ **der Bus** n. 버스
Wann fährt der Bus ab? 언제 버스가 출발하니?

⑬ **der Pass** n. 여권
Ich habe meinen Pass nicht dabei. 나는 여권을 소지하고 있지 않다.

⑩ **wiederholen** v. 반복하다
du wiederholst, er wiederholt
wiederholen - wiederholte - wiederholt
Können Sie das bitte wiederholen? 다시 말씀해 주시겠어요?

⑪ **die Prüfung** n. 시험
Die Prüfung ist am Donnerstag um 10 Uhr.
그 시험은 목요일 10시에 있다.

⑫ **das Studium** n. 대학 공부
Das Studium beginnt im Oktober. 학기는 10월에 시작한다.

⑬ **die Aufgabe** n. 과제, 임무
Das ist eine schwierige Aufgabe. 그것은 어려운 과제이다.

⑭ **der Raum** n. 방
Der Unterricht findet im Raum 332 statt.
수업은 332번 방에서 있다.

⑮ **der Unterricht** n. 수업
Heute ist der Unterricht langweilig. 오늘은 수업이 지루하다.

⑭ **das Auto** n. 자동차

당신은 자동차로 가시나요? 아니면 기차로 가시나요?

Fahren Sie mit dem Auto oder mit dem Zug?

⑮ **schnell** a. 빠른, 신속한

Der Zug ist schnell. 그 기차는 빠르다.

⑤ **bedeuten** v. 의미하다

es bedeutet

bedeuten - bedeutete - bedeutet

Was bedeutet das Wort? 이 단어는 무엇을 의미합니까?

⑥ **studieren** v. 공부하다

du studierst, er studiert

studieren - studierte - studiert

Was haben Sie studiert? 당신은 무엇을 전공했습니까?

Ich habe Germanistik studiert. 나는 독어독문학을 공부했습니다.

⑦ **können m.** v. 할 수 있다

du kannst, er kann

können - konnte - gekonnt

Kannst du Deutsch? 너는 독일어를 할 줄 아니?

⑧ **finden** v. 생각하다, 느끼다, 인정하다

du findest, er findet

finden - fand - gefunden

Ich finde, Deutsch ist sehr wichtig.

내가 생각하기에 독일어는 매우 중요하다.

⑨ **verstehen** v. 이해하다

du verstehst, er versteht

verstehen - verstand - verstanden

Ich verstehe dieses Wort nicht. 나는 이 단어를 이해하지 못하겠다.

Lektion 11 기차

① abfahren　v. 출발하다
du fährst ab, er fährt ab
abfahren - fuhr ab - abgefahren
Wann fährt der nächste Zug nach Aachen ab?
다음 열차는 언제 Aachen으로 출발하나요?

② ankommen　v. 도착하다
du kommst an, er kommt an
ankommen - kam an - angekommen
Wann kommt dieser Zug in Hamburg an?
기차는 언제 Hamburg에 도착하나요?

③ aussteigen　v. 내리다
du steigst aus, er steigt aus
aussteigen - stieg aus - ausgestiegen
Der Zug endet hier. Wir bitten alle Passagiere auszusteigen.
이곳은 종착역입니다. 승객 여러분은 모두 내려 주세요

④ einsteigen　v. 타다
du steigst ein, er steigt ein
einsteigen - stieg ein - eingestiegen

Lektion 13 학업

① lernen　v. 배우다
du lernst, er lernt
lernen - lernte - gelernt
Ich lerne Deutsch. 나는 독일어를 배운다.

② erklären　v. 설명하다
du erklärst, er erklärt
erklären - erklärte - erklärt
Können Sie mir das bitte erklären?
당신은 이것을 설명해 주실 수 있습니까?

③ hören　v. 듣다
du hörst, er hört
hören - hörte - gehört
Ich höre oft Deutsche Welle, um Deutsch zu lernen.
나는 독일어를 배우기 위해서 Deutsche Welle (독일 공영라디오)를 자주 듣는다.

④ lesen　v. 읽다
du liest, er liest
lesen - las - gelesen
Ich lese gern Comics. 나는 만화책 읽는 것을 좋아한다.

Bitte einsteigen! Vorsicht bei der Abfahrt des Zuges!
승차하세요! 기차가 출발할 때 주의하세요!

⑤ umsteigen v. 환승하다

du steigst um, er steigt um
umsteigen - stieg um - umgestiegen

Wo muss ich umsteigen? 제가 어디에서 환승해야 하나요?

Sie müssen in Dresden umsteigen.
당신은 Dresden에서 환승하셔야 합니다.

⑥ zurückkommen v. 되돌아오다

du kommst zurück, er kommt zurück
zurückkommen - kam zurück - zurückgekommen

Ich kann ohne Auto nicht zurückkommen.
나는 자동차 없이는 돌아올 수가 없다.

⑦ das Verkehrsmittel n. 교통수단

der Zug	n. 열차
die U-Bahn	n. 전철
die Straßenbahn	n. 시가 전철
der Bus	n. 버스
das Taxi	n. 택시

Mit welchem Verkehrsmittel kommst du?
너는 어떤 교통수단으로 오니?

⑨ die Reparatur n. 수리

Wie lange brauchen Sie für die Reparatur?
당신은 수리하는 데 얼마나 걸립니까?

⑩ die Gebrauchsanweisung n. 사용 설명서

Nehmen Sie die Gebrauchsanweisung mit.
이 사용 설명서를 함께 가지고 가십시오.

⑪ der Techniker n. 기술자

Können Sie mir einen Techniker schicken?
당신은 저에게 기술자 한 분을 보내 줄 수 있습니까?

⑫ die Nummer n. 번호

**Bitte rufen Sie unter der unten angegebenen Nummer
010-0325-4329 zurück.**
아래의 번호 010-0325-4329로 다시 전화 주세요.

⑬ kaputt a. 고장 난

Mein Computer ist kaputt. 나의 컴퓨터는 고장이 났다.

⑭ kostenlos a. 무료의, 무상의

Das Service ist kostenlos. 이 서비스는 무료이다.

⑮ technisch a. 기술적인, 전문의

Es gab ein technisches Problem. 기술적인 문제가 있었다.

⑧ **die Durchsage**　n. 안내 방송

Ich habe die Durchsage nicht gehört.

나는 그 안내 방송을 듣지 못했다.

⑨ **der Fahrplan**　n. 운행 시간표

Sie müssen auf den Fahrplan schauen.

당신은 운행 시간표를 보아야 합니다.

⑩ **das Gleis**　n. 선로, 게이트

Auf welchem Gleis fährt der Zug ab?

어느 선로에서 기차는 출발하나요?

Auf Gleis 2. 2번 선로에서요.

⑪ **die Verspätung**　n. 연착

Hat der Zug Verspätung? 기차가 연착했나요?

⑫ **der Hauptbahnhof**　n. 중앙역

Wie lange dauert es bis zum Hauptbahnhof?

중앙역까지 얼마나 걸리나요?

⑬ **die Fahrkarte**　n. 차표

Ich möchte eine Fahrkarte nach Freiburg kaufen.

나는 Freiburg로 가는 차표 한 장을 사고 싶다.

⑭ **pünktlich**　a. 시간을 지키는, (시간 따위에) 정확한

Kommt der Zug pünktlich? 기차가 제시간에 오니?

---

⑤ **reparieren**　v. 수리하다

du reparierst, er repariert

reparieren - reparierte - repariert

Bis wann können Sie das Handy reparieren?

당신은 언제까지 휴대폰을 수리해 줄 수 있습니까?

⑥ **aussein**　v. (불 따위가) 꺼지다, (기계 따위가) 작동되지 않다

(es) ist aus

aus sein - war aus - ausgewesen

auf sein	v. 열려 있다
zu sein	v. 잠겨 있다

Das Licht war aus. 불은 꺼져 있었다.

⑦ **nachfragen**　v. 문의하다, 재차 질문하다

du fragst nach, er fragt nach

nachfragen - fragte nach - nachgefragt

Fragen Sie so viel wie möglich nach! 가능한 한 많이 물어보세요!

⑧ **Bescheid sagen**　v. 정보를 주다, 통의하다

du sagst, er sagt

sagen - sagte - gesagt

Sag mir bitte Bescheid, wenn der Computer kaputt ist.

컴퓨터가 고장 나게 되면, 나에게 알려줘.

⑮ **hin und zurück** 왕복
편도 아니면 왕복으로 구매하실래요?
Einfache Fahrt oder hin und zurück?

Lektion 12 수리

① **tun** v. 하다, 행하다
du tust, er tut
tun - tat - getan
Was kann ich für Sie tun? 제가 당신을 위해 무엇을 도와 드릴까요?

② **bitten** v. 부탁하다
du bittest, er bittet
bitten - bat - gebeten
Ich bitte Sie, mir zu helfen. 부탁합니다, 나를 좀 도와주세요.

③ **funktionieren** v. 작동하다
du funktionierst, er funktioniert
funktionieren - funktionierte - funktioniert
Mein Handy funktioniert nicht mehr.
나의 휴대폰은 더 이상 작동하지 않는다.

④ **schicken** v. (사람을) 보내다, 파견하다
du schickst, er schickt
schicken - schickte - geschickt
Ich schicke einen Ingenieur. 나는 엔지니어를 보낸다.

일단 합격하고 오겠습니다

ZERTIFIKAT DEUTSCH
독일어 능력시험

정은실 지음

A1

동양북스

초판 6쇄 발행 | 2024년 8월 20일

지은이 | 정은실
발행인 | 김태웅
편 집 | 김현아
마케팅 총괄 | 김철영
제 작 | 현대순

발행처 | (주)동양북스
등 록 | 제2014-000055호
주 소 | 서울시 마포구 동교로22길 14 (04030)
전 화 | (02)337-1737
팩 스 | (02)334-6624

www.dongyangbooks.com

ISBN 979-11-5768-465-6 13750

이 도서의 국립중앙도서관 출판예정도서목록(CIP)은 서지정보유통지원시스템 홈페이지(http://seoji.go.kr)와
국가자료공동목록시스템(http://www.nl.go.kr/kolisnet)에서 이용하실 수 있습니다.
(CIP제어번호:CIP2018042482)

　저는 10년 넘게 다양한 목적으로 독일어를 공부하는 학생들을 가르치는 동안, 혼자서 독일어 공부를 시작했다가 시험을 준비하며 어려움을 겪었던 학생들을 많이 만났습니다. A1 능력시험은 독일어 시험 중 가장 기초 단계이지만 체계적인 준비 없이는 쉽게 통과하지 못하는 까다로운 시험이기도 합니다. 많은 사람들이 독일어를 배우고 시험을 준비하고 있지만 스스로 준비할 수 있도록 도와주는 교재가 없어서 많이 어려워하고 있습니다.

　독일어 능력시험은 각 수준에 따라 독일어 능력을 평가하는 매우 실용적인 시험입니다. A1 시험은 유학 또는 이민을 준비하는 분들뿐만 아니라 독일어를 배우는 모든 학생들에게 실전 독일어 능력을 향상시켜 줄 수 있는 유용한 내용을 다루고 있습니다. 본 교재는 A1 시험을 효율적으로 준비할 수 있도록 다음과 같은 점에 중점을 두었습니다.

　첫째, 말하기, 듣기, 쓰기, 읽기 영역 모두를 공부할 수 있도록 구성하였고, 독일어 능력시험의 실제 구성과 동일하게 4가지 영역의 문제를 순서대로 수록하였습니다. 실제 시험에서 나올 수 있는 문제를 미리 연습해 봄으로써 시험 상황을 철저하게 대비할 수 있도록 하였습니다.

　둘째, 각 문제 유형별 공략 Tip과 필수 어휘 및 문법을 수록하여, 가장 효과적으로 A1 시험을 준비할 수 있도록 하였습니다.

　셋째, 주제별 필수 어휘는 시험에서 가장 빈번히 출제되는 중요 단어만을 선별하여 수록하였습니다. 문법 부분에서는 독해 능력과 문제 해석 능력 향상을 위한 예시들을 선별하여 수록하였습니다. 문법 풀이와 연습문제로 구성되어 있어 효과적인 학습이 가능합니다.

　넷째, A1 시험은 일상생활에서 기초가 되는 실용적인 회화 위주의 내용으로 구성되어 있습니다. 일상의 대화, 라디오 방송, 전화 메시지, 공공장소의 안내 방송 등 실생활에서 접할 수 있는 다양한 상황을 이해하고 표현할 수 있는 능력을 평가합니다. 또한 간단하게 자기소개를 하거나 일상 상황에서의 기본적이고 보편적인 주제에 대한 의사소통 능력도 보여줘야 합니다. 이러한 내용을 체계적으로 연습할 수 있도록 구체적인 상황을 예시로 제시하였습니다.

　다섯째, 듣기 파트를 대비하기 위해 A1 시험에서 자주 나오는 문장을 원어민이 직접 녹음한 MP3 음성 파일을 제공하였습니다. 또한 수험생들이 가장 어려워하는 말하기 파트의 모범답안 역시 음성 파일을 통해 쉽게 따라하며 학습할 수 있도록 하였습니다.

　본 교재를 통해 독일어의 기초를 탄탄하게 잡고 독일어 능력시험의 첫 번째 관문인 A1을 통과하여 더욱 아름답고 과학적인 독일어의 매력을 느껴 보시기를 바랍니다.

　마지막으로 이 책이 나올 수 있도록 도움을 주신 동양북스 김태웅 사장님께 감사드리고, 열심히 교정과 편집, 디자인을 봐 주신 편집부 모든 분들께 감사를 드립니다.

　『일단 합격하고 오겠습니다 독일어 능력시험 A1』으로 공부하시는 수험생 모두에게 좋은 결과가 있으시기 바랍니다. Viel Glück!

저자 정은실

Inhaltsverzeichnis 차례

Kapitel 4 모의고사

Goethe – Zertifikat A1 : Die Prüfungsteile

 괴테자격증(Goethe-Zertifikat) 소개

과테자격증은 Goethe-Institut(독일문화원)에서 주관하는 독일어 능력시험으로, 전 세계적으로 공신력을 인정받는 독일어 능력 평가 시험입니다.

1. 종류

괴테자격증은 언어 분야의 유럽공통참조기준(CEFR)에 맞추어 각 수준별 단계에 따라 초보 수준인 A1, A2 단계에서부터 중급 수준인 B1, B2 그리고 가장 높은 수준인 C1, C2 단계까지 총 6 단계의 가격증이 있습니다.

2. 원서 접수 및 결과 확인

1) 원서 접수

A1 - C2 단계의 독일어능력시험 접수는 온라인으로만 가능합니다. 온라인 신청 시 모든 정보는 알파벳으로 작성해야 합니다. (주한독일문화원은 올바르게 작성되지 않은 응시 원서에 대해 책임을 지지 않습니다.)

온라인 접수는 온라인 접수 → 접수 완료 메일 발송 → 수험료 입금 → 입금 확인 & 시험 안내 메일 발송 순으로 진행됩니다.

2) 결과 공지

결과는 공지된 일자에 온라인으로 직접 조회할 수 있습니다.

3. 준비물

1) 유효한 신분증: 주민등록증, 운전면허증, 기간 만료 전의 여권
2) 수험표
3) 허용된 필기도구(흑색 또는 청색 볼펜 또는 만년필)

 Goethe-Zertifikat A1 소개

Goethe-Zertifikat A1은 성인을 위한 독일어 시험과 청소년을 위한 시험(Goethe-Zertifikat A1 Fit in Deutsch)이 있습니다. 요즘은 청소년들도 일반 Start Deutsch A1를 응시하는 추세입니다. 기본적인 어학 능력을 기초로 하며, 유럽공통참조기준(CEFR)이 정하는 총 6단계의 능력 척도 중 첫 번째 단계(A1)에 해당 됩니다.

 A1 성인용 시험(SD A1)과 청소년용 시험(Fit A1)은 난이도의 차이는 없으나, 시험에서 다루는 주제의 차이는 있습니다. 청소년용 시험은 보통 만 12-16세 청소년을 위한 것이며, 시험의 합격증 형태는 성인의 것과 동일합니다. 요즘 국내에서는 청소년들도 SD(Start Deutsch)시험을 치고 있는 추세입니다.

1. 응시 대상

괴테자격시험 A1은 독일 국적 유무에 관계없이 누구나 응시할 수 있습니다. 기초 수준의 독일어 실력을 증명하고자 하는 자, A1 단계의 수료를 원하는 자, 혹은 세계적으로 인증된 공식 증명서를 원하는 자들이 응시할 수 있습니다.

2. 시험 구성

Goethe-Zertifikat A1은 듣기, 읽기, 쓰기, 말하기로 구성되며, 시험은 전 세계 동일한 기준으로 시행되고 채점됩니다.

시험 과목	문제 형식	시험 시간
듣기	일상 대화, 안내 및 라디오 인터뷰, 전화 메시지, 공공장소의 안내 방송을 듣고 그와 관련된 다양한 문제를 풉니다.	약 20분
읽기	짧은 본문(편지, 광고 등)을 읽고 그와 관련된 문제를 풉니다.	약 25분
쓰기	서식 용지의 빈칸을 채우고, 짧은 문장을 작성합니다.	약 20분
말하기	질문과 답변을 통해 자신의 생활을 소개하고, 파트너와 함께 주제에 대해 질문을 하고 답을 합니다.	약 15분

3. 채점 및 성적

시험 성적은 2인의 시험관 / 채점관에 의해 독립적으로 채점됩니다. 필기 시험에서는 허용된 필기도구(흑색 또는 청색 볼펜, 만년필)로 작성된 표시 및 텍스트만 채점됩니다. 응시자는 본 시험 합격을 통해 가까운 주변 환경과 관련된 문장 및 자주 사용하는 표현들(예: 본인 및 가족에 관한 정보, 쇼핑, 직업, 가까운 사람이나 장소에 대한 정보)을 이해할 수 있음을 증명해야 합니다. 또한 간단하고 반복되는 상황에서 익숙하고 보편적인 주제에 대해 의사소통을 할 수 있고, 자신의 출신/학력/가까운 주변 환경 및 요구/부탁과 관련된 내용들을 말할 수 있음을 입증해야 합니다. 합격증서 및 성적은 시험 당일로부터 2년간 유효합니다.

출처 https://www.goethe.de/ins/kr/ko/spr/prf/sd2.html

이 책의 구성

이 책은 독일문화원에서 주최하는 A1 시험을 준비하기 위해 마련된 교재입니다.

A1 시험에는 4가지 영역이 있습니다.

> 1. 듣기 (시간: 20분)
> 2. 읽기 (시간: 25분)
> 3. 쓰기 (시간: 20분)
> 4. 말하기 (시간: 약 15분 각 참가자마다 대략 4분)

이 책은 크게 두 부분으로 구성되어 있습니다. 첫 번째 부분은 시험에 대한 설명과 시험 준비를 위한 유용한 팁(Tipp)을 다루었습니다. 두 번째 부분은 시험 대비 필수 어휘와 함께 학습 및 실전 시험 대비가 가능하도록 2개의 모의 시험지를 제시하였습니다. 필수 어휘를 익혀 시험에 대비할 수 있으며, 모의 시험을 통하여 직접 문제를 풀어 보면서 실제 시험을 준비할 수 있습니다.

각 영역마다 15 문제씩 출제되며 각 문제당 1섬으로 총 15점이 배정됩니다. 각 영역의 점수는 최종적으로 1.66의 환산지수가 곱해져 총 25점으로 변환되어 최종 시험 성적이 산출됩니다.

> 듣기 15 × 1,66 = 25
> 읽기 15 × 1,66 = 25
> 쓰기 15 × 1,66 = 25
> 말하기 15 × 1,66 = 25

시험은 총 100점 만점이며, 시험에 합격하기 위해서는 적어도 60점 이상을 받아야만 합니다. 각 본문마다 하나의 질문에 대답하게 되며, 사전, 핸드폰, 메모 등은 사용할 수 없습니다.

Kapitel 1

문제풀이

A1 듣기, 읽기, 쓰기, 말하기 문제를 직접 풀어 볼 수 있습니다. 이 부분만 합쳐도 모의고사 1회 분량이 됩니다. 각 문제 유형마다 문제풀이 전략과 적용 연습을 정리했습니다.

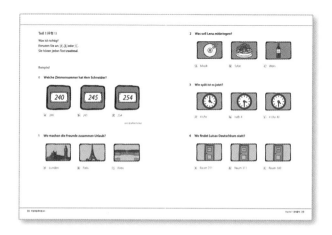

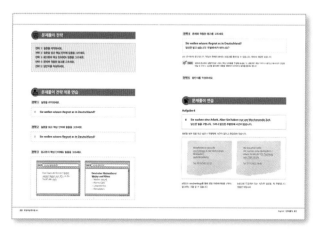

A1 시험을 대비할 때 꼭 알아야 하는 문법과 연습문제를 정리했습니다.

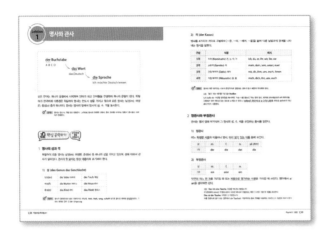

A1 시험에서 출제 빈도가 가장 높은 어휘들을 주제별로 정리했습니다.
MP3 음원과 핸드북을 활용해서 공부해 보세요.

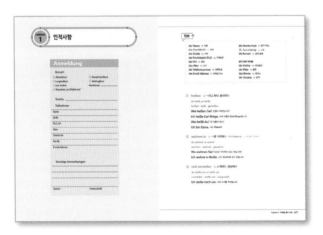

※ 이 책의 모든 해석은 독어 지문의 어휘와 문법 구조를 최대한 살려 직역했습니다.

총 2회분의 모의고사와 듣기 활동지가 수록되어 있습니다. 실전 모의고사는 시간을 재면서 실제 시험처럼 풀어 보세요. 문제 해석과 듣기, 스크립트, 어휘 정리가 포함된 모의고사 해설도 준비되어 있습니다.

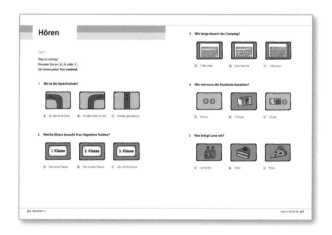

별책부록

MP3 무료 다운로드

원어민이 녹음한 음성 파일을 MP3로 제공합니다.
Kapitel1과 Kapitel4의 Hören, Sprechen 파트, 그리고 Kapitel3 어휘 파트까지 녹음되어 있습니다.
MP3 파일은 동양북스 홈페이지 (www.dongyangbooks.com) 자료실에서 '독일어능력시험'을 검색하면 다운받을 수 있습니다.

▶ 무료 MP3 다운로드

A1 합격 체크북

본문 Hören Skript와 Sprechen 예시, 그리고 어휘 파트를 정리한 핸드북을 제공합니다. 손에 쏙 들어오는 사이즈로 가볍게 가지고 다니면서 공부할 수 있습니다.

문제풀이

시험 유형 파악하기

 듣기 영역 알아보기

듣기 영역은 총 3개의 유형으로 구성되어 있습니다. 듣기 영역 문제 풀이를 위해서는 짧은 본문을 듣고 자주 사용되는 단어들을 빠르게 이해하는 능력이 요구됩니다. 간단한 인적사항, 가족관계, 직업, 쇼핑, 인간관계 등에 대한 정보들을 이해할 수 있어야 하며, 짧은 안내 방송을 듣고 이해할 수 있는 능력이 필요합니다.

 듣기 영역 한 눈에 보기

구분	영역	본문 유형	문제 유형	점수
1	대화 듣고 이해하기	짧은 대화	객관식	6
2	정보 듣고 파악하기1	안내방송 (기차 / 공항 / 백화점 등)	객관식	4
3	정보 듣고 파악하기2	전화상의 독백 (회사 / 병원 / 친구 등)	객관식	5

 유형 구분

듣기 문제는 총 3가지 유형으로 구성되어 있으며, 유형 1은 6개, 유형 2는 4개, 유형 3은 5개 총 15개의 문제로 구성되어 있습니다. (제한 시간 20분).

유형 1 (6점)

두 사람의 대화가 지문으로 제시됩니다. 대화 속 상황과 알맞은 그림을 연결하세요. 각 본문은 2번씩 들려 줍니다.

유형 2 (4점)

4개의 짧은 지문(라디오 방송, 기차역 안내 방송)이 나오며 각 지문마다 하나의 문제가 주어집니다. 각 지문의 내용과 문제의 내용이 일치하면 Richtig, 일치하지 않으면 Falsch를 골라 ×표를 해야 합니다. 각 지문은 1번씩 들려 줍니다.

유형 3 (5점)

5개의 지문이 전화상의 독백으로 제시되며 각 지문마다 하나의 문제가 주어집니다. 각 문제에 대한 정답을 찾아 ×표를 해야 합니다. 각 지문은 2번씩 들려 줍니다.

시간 및 채점

— 시험 시간은 총 20분이며, 시간 내에 답안지에 작성해야 합니다.
— 듣기 문제는 총 15개가 있습니다. 먼저 질문들을 빠르게 파악하고 읽어 보세요. 그 다음 지문을 듣고 답하세요.
— 듣기 영역은 총 15문제가 출제되며 각 문제당 1점으로 총 15점이 배정됩니다. 최종적으로 1.66의 환산 지수가 곱해져 총 25점으로 변환되어 최종 시험 성적이 됩니다.
— 각 본문마다 하나의 질문에 대답하게 되며, 사전, 핸드폰, 메모 등은 사용할 수 없습니다.

Teil 1

Was ist richtig?

Kreuzen Sie an: a, b oder c.

Sie hören jeden Text **zweimal**.

Beispiel

0   **Welche Zimmernummer hat Herr Schneider?**

a   240   b   245   c   254

vom Goethe-Institut

1   **Wo machen die Freunde zusammen Urlaub?**

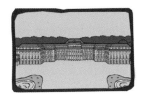

a   London   b   Paris   c   Wien

2   Was soll Lena mitbringen?

ⓐ Musik   ⓑ Salat   ⓒ Wein

3   Wie spät ist es jetzt?

ⓐ 4 Uhr   ⓑ halb 4   ⓒ 4 Uhr 30

4   Wo findet Luisas Deutschkurs statt?

ⓐ Raum 211   ⓑ Raum 311   ⓒ Raum 300

5   Wie viel hat die Kundin bezahlt?   MP3 01_06

a   7,98 Euro   b   3,99 Euro   c   2 Euro

6   Wo gibt es Damenschuhe?   MP3 01_07

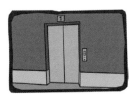   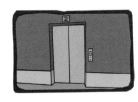   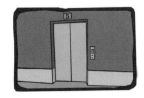

a   1. Stock   b   2. Stock   c   5. Stock

무엇이 정답일까요?

a, b, c 중에 정답에 × 표시를 하세요.

본문은 두 번 듣게 됩니다.

Beispiel

Frau Ach, Verzeihung, wo finde ich Herrn Schneider vom Betriebsrat?

Mann Schneider. Warten Sie mal. Ich glaube, er ist in Zimmer Nummer 254. Ja, stimmt, Zimmer 254. Das ist im zweiten Stock. Da können Sie den Aufzug dort nehmen.

Frau Zweiter Stock, Zimmer 254. Okay, vielen Dank.

Frau 실례합니다. 제가 어디에서 기업 상담 파트의 Schneider씨를 만날 수 있나요?

Mann Schneider씨요. 잠시만 기다려 주세요. 제 생각에 그는 254호 방에 있을 거예요. 맞네요. 254호. 그것은 2층(한국식 3층)에 있어요. 당신은 저기서 엘리베이터를 타고 가시면 됩니다.

Frau 2층(한국식 3층) 254호. 알겠습니다. 정말 감사합니다.

0 슈나이더씨의 방 번호는 무엇입니까?

정답 c

어휘 **die Verzeihung** [n.] 실례, 용서 | **finden** [v.] 발견하다 | **vom Betriebsrat** 기업 상담 파트의 | **warten** [v.] 기다리다 | **glauben** [v.] 생각하다, 믿다 | **das Zimmer** [n.] 방 | **der Aufzug** [n.] 엘리베이터 | **nehmen** [v.] 타다, 잡다

Aufgabe 1

Marina   Hi Albert! Wo wollen wir diesen Sommer Urlaub machen?

Albert   Wie findest du eine Stadtreise? Vielleicht nach London?

Marina   London ist toll, aber ich war schon zweimal dort. Wir können auch nach Paris fahren.

Albert   Paris ist auch toll oder auch Wien?

Marina   Ich will lieber nach Paris. Da war ich noch nie.

Albert   Gut, dann machen wir es so.

해석

Marina   안녕, Albert! 우리 이번 여름에 어디로 휴가를 갈까?

Albert   도시를 여행 하는 건 어때? 혹시 London은 어때?

Marina   London 좋지, 하지만 난 이미 그곳에 두 번 갔었어. 우리 Paris도 갈 수 있잖아.

Albert   Paris도 물론 좋지, 아니면 Wien은 어때?

Marina   나는 Paris를 더 가고 싶어. 나는 아직 그곳에 한 번도 안 가 봤어.

Albert   좋아, 그럼 우리 그렇게 하자.

1   친구들은 어디에서 함께 휴가를 보냅니까?

정답   b

어휘   **der Sommer** [n.] 여름 ∣ **der Urlaub** [n.] 휴가 ∣ **wollen** [v.] ～을 원하다 (화법조동사) ∣ **die Stadtreise** [n.] 도시 여행 ∣ **vielleicht** [adv.] 어쩌면 ∣ **toll** [a.] 멋진 ∣ **lieber** [adj.] 차라리 ∣ **schon** [adv.] 이미 ∣ **zweimal** [adv.] 두 번 ∣ **dort** [adv.] 거기에서 ∣ **können** [v.] ～ 할 수 있다 (화법조동사)

Aufgabe 2

Martin	Sag mal, Lena. Kommst du zur Party von Joseph?
Lena	Ja, natürlich. Bringst du was mit?
Martin	Ja, ich bringe einen Salat mit. Und du? Was nimmst du mit?
Lena	Ich weiß nicht. Soll ich ein paar CDs mitbringen?
Martin	Ich denke, die hat Joseph schon vorbereitet. Wie wäre es mit einem Wein?
Lena	Ein Wein? Rot oder weiß?
Martin	Wie du willst.
Lena	Okay, dann bringe ich einen Rotwein mit.

해석

Martin	말해 줘 Lena. 너 Joseph의 파티에 오니?
Lena	그럼. 당연하지. 너 무엇을 가지고 오니?
Martin	응. 나는 샐러드를 가지고 가. 너는? 너는 무엇을 가지고 오니?
Lena	아직 잘 모르겠어. 내가 음악 CD 몇 장을 들고 갈까?
Martin	내 생각에, 그건 Joseph이 이미 준비했을 거야. 와인은 어때?
Lena	와인? 레드와인 아니면 화이트와인?
Martin	네가 원하는 대로.
Lena	좋아, 그럼 나는 레드와인을 가지고 갈게.

2   Lena는 무엇을 가지고 갑니까?

정답   C

어휘   **zur Party** 파티로 | **natürlich** [a.] 당연히 | **mitbringen** [v.] 가지고 오다 | **mitnehmen** [v.] 가지고 가다 | **der Salat** [n.] 샐러드 | **haben...vorbereitet** [v.] 준비했다 (vorbereiten의 현재완료) | **wie wäre es...** 어때 | **der Wein** [n.] 와인 | **rot** [a.] 붉은 | **weiß** [a.] 흰색의

Aufgabe 3

Frau	Entschuldigen Sie bitte.
Mann	Ja bitte.
Frau	Können Sie mir sagen, wie spät es ist?
Mann	Ja, es ist halb 4.
Frau	Oh, ich habe keine Zeit. Wo ist das Gleis 3?
Mann	Gehen Sie geradeaus und biegen Sie dann rechts ab.
Frau	Vielen Dank.

해석

Frau	실례합니다.
Mann	네.
Frau	당신은 나에게 몇 시인지 말해 줄 수 있나요?
Mann	네, 3시 반이에요.
Frau	오, 저는 시간이 없네요. 3번 게이트가 어디인가요?
Mann	직진으로 가세요. 그리고 그다음에 오른쪽으로 꺾으세요.
Frau	대단히 감사합니다.

3 지금 몇 시입니까?

정답 b

어휘 **entschuldigen** [v.] 실례합니다. 용서하다 | **die Uhr** [n.] 시계 | **spät** [adv.] 늦은 | **abbiegen** [v.] 굽히다. 방향을 바꾸다 | **halb 4** 3시 반 | **das Gleis** [n.] 게이트

Aufgabe 4

Luisa Guten Tag. Können Sie mir helfen? Ich besuche ab heute den A2 Kurs. Können Sie mir sagen, wo ich hin muss? Ist Zimmer 311 richtig?

Information Wie ist Ihr Name?

Luisa Mein Name ist Luisa Wagner.

Information Einen Moment. Sie haben die Prüfung nicht bestanden. Deswegen müssen Sie diese wiederholen. Gehen Sie in den Raum 211.

Luisa Oh, je!

해석

Luisa 안녕하세요. 저를 도와주실 수 있나요? 저는 오늘부터 A2 수업을 들어요. 제가 어디로 가야 하는지 말씀해 주실 수 있나요? 311번 방이 맞나요?

Information 당신의 이름이 어떻게 되나요?

Luisa 제 이름은 Luisa Wagner입니다.

Information 잠시만요. 당신은 시험에 합격하지 못했어요. 그래서 수업을 다시 한 번 들어야 합니다. 211번 방으로 가세요.

Luisa 오, 이런!

4 Luisa의 독일어 강의는 어디에서 열립니까?

정답 a

어휘 **können** [v.] ~할 수 있다 (화법조동사) | **helfen** [v.] 돕다 | **der Kurs** [n.] 강의, 강좌 | **sollen** [v.] ~하는 것이 좋다 (화법조동사) | **der Raum** [n.] 방, 공간 | **Einen Moment** 잠시만요 | **die Prüfung** [n.] 시험 | **nicht** [adv.] ~아닌 | **haben...bestanden** [v.] 합격했다 (bestehen의 현재완료) | **müssen** [v.] ~해야만 한다 (화법조동사) | **einmal** [adv.] 한 번 | **wiederholen** [v.] 반복하다, 되풀이하다 | **Oh, je!** 오 이런!

Aufgabe 5

Kundin	Entschuldigung, was kosten die Äpfel heute?
Verkäuferin	Alle Obstsorten sind heute 20% günstiger. Die Äpfel kosten 3,99 Euro pro Kilo.
Kundin	3,99 Euro pro Kilo?
Verkäuferin	Ja. Ein Sonderangebot für Sie.
Kundin	Gut, dann nehme ich 2 Kilo.
Verkäuferin	Vielen Dank. Und 2,02 Euro zurück.

해석

Kundin	실례합니다. 이 사과는 오늘 얼마입니까?
Verkäuferin	모든 종류의 과일들이 오늘 20% 저렴합니다. 사과는 킬로에 3,99 유로입니다.
Kundin	킬로당 3,99 유로요?
Verkäuferin	네. 당신을 위한 특가입니다.
Kundin	좋네요, 그럼 2킬로 살게요.
Verkäuferin	감사합니다. 여기 2유로 2센트 돌려드릴게요.

5 손님은 얼마를 지불했습니까?

 a

어휘 **kosten** [v.] 가격이 ~이다 | **der Apfel** [n.] 사과 | **heute** [adv.] 오늘 | **alle Obstsorten** 모든 과일 종류들 | **günstiger** [a.] 더 값이 싼 (günstig의 비교급) | **pro** [prp.] ~당. ~마다 | **das Kilo** [n.] 킬로 | **das Sonderangebot** [n.] 특가 | **für** [prp.] ~을 위해서 (4격 전치사) | **dann** [adv.] 그리고 나서

Aufgabe 6

Maria Weißt du, wo die Schuhabteilung ist?

Tim Nein, das weiß ich auch nicht. Aber wir können einmal auf die Informationstafel schauen. Schuhe gibt es im zweiten Stock. Ach, warte mal, Kinderschuhe sind im fünften Stock und Damenschuhe sind im ersten Stock. Gehen wir mal dort hin!

Maria Sollen wir den Aufzug nehmen?

Tim Einverstanden.

해석

Maria 너 여기 신발 코너가 어디에 있는지 아니?

Tim 아니, 나도 몰라. 하지만 우리 안내 정보를 한 번 보자. 신발은 2층(한국식 3층)에 있어. 아 잠깐만, 어린이 신발은 5층(한국식 6층)에 있네. 그리고 여성화는 1층(한국식 2층)에 있네. 우리 그쪽으로 가자!

Maria 우리 엘리베이터를 탈까?

Tim 동의해.

---

6 여성화는 어디에 있습니까?

정답 a

어휘 **wissen** [v.] 알다 ㅣ **hier** [adv.] 여기 ㅣ **der Schuh** [n.] 신발 ㅣ **die Abteilung** [n.] 부서, 코너 ㅣ **es gibt** ~이 있다 ㅣ **die Information** [n.] 안내, 정보 ㅣ **schauen** [v.] 보다 ㅣ **der Stock** [n.] 층 ㅣ **die Damenschuhe** [n.] 여성화 ㅣ **erst** [adv.] 먼저, 처음

전략 1: 문제와 보기를 먼저 읽어 보세요.

전략 2: 주제와 상황을 파악하고 핵심 단어에 밑줄을 그어 보세요.

전략 3: 지문을 듣고 a, b, c 중에서 정답에 × 표시하세요.

전략 4: 마지막에 답안지를 작성하세요.

 ## 문제풀이 전략 적용 연습

전략 1 문제와 보기를 먼저 읽어 보세요.

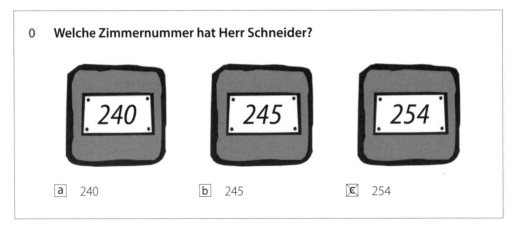

0 Welche Zimmernummer hat Herr Schneider?

240

245

254

a 240   b 245   c 254

본문의 대화 내용을 듣고 알맞은 것을 고르는 문제입니다.

전략 2 주제와 상황을 파악하고 핵심 단어에 밑줄을 그어 보세요.

0   **Welche** <u>**Zimmernummer**</u> **hat Herr Schneider?**

240   245   254

[a] 240   [b] 245   [c] 254

문제의 내용이 지문에서 언급되는지 주의 깊게 잘 들어 보세요.

전략 3 이제 지문을 듣고 a, b, c 중에서 정답에 × 표시하세요.

전략 4 마지막에 답안지를 작성하세요.

Frau	Ach, Verzeihung, wo finde ich Herrn Schneider vom Betriebsrat?
Mann	Schneider. Warten Sie mal. Ich glaube, er ist in <u>Zimmer Nummer 254</u>.
	Ja, stimmt, <u>Zimmer 254</u>. Das ist im zweiten Stock.

Schneider 씨의 방이 어디 있는지를 파악해야 합니다. 본문에는 254번 방이라고 두 번 언급하고 있으며, 다른 방 번호는 나오지 않습니다. 따라서 정답은 c가 됩니다.

문제풀이 연습

1번부터 6번까지의 문제를 시험과 같이 풀어 보세요.

Aufgabe 1

먼저 문제를 읽어 보세요.

---

1   Wo machen die Freunde zusammen Urlaub?

  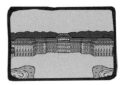

a   London   b   Paris   c   Wien

핵심 단어에 밑줄을 긋고, 지문을 들으며 문제를 풀어 보세요.
한 번 더 듣고, 답을 올바르게 풀었는지 확인합니다.

답안을 지문과 함께 읽어 보며, 확인하세요.

Marina	Hi Albert! Wo wollen wir diesen Sommer Urlaub machen?
Albert	Wie findest du eine Stadtreise? Vielleicht nach London?
Marina	London ist toll, aber ich war schon zweimal dort. Wir können auch nach Paris fahren.
Albert	Paris ist auch toll oder auch Wien?
Marina	Ich will lieber nach Paris. Da war ich noch nie.
Albert	Gut, dann machen wir es so.

지문에는 London, Paris, Wien 세 곳이 모두 언급되어 있습니다. 지문을 보면 Marina는 London은 두 번을 가보았고, Wien보다는 한 번도 가 본 적이 없는 Paris가 더 좋다고 말했습니다. 답은 b가 됩니다.

Aufgabe 2

먼저 문제를 읽어 봅니다.

2 Was soll Lena mitbringen?

a Musik   b Salat   c Wein

핵심 단어에 밑줄을 긋고, 지문을 들으며 문제를 풀어 보세요.
한 번 더 듣고, 답을 올바르게 풀었는지 확인합니다.

답안을 지문과 함께 읽어 보며, 확인하세요.

Martin	Sag mal, Lena. Kommst du zur Party von Joseph?
Lena	Ja, natürlich. Bringst du was mit?
Martin	Ja, ich bringe einen Salat mit. Und du? Was nimmst du mit?
Lena	Ich weiß nicht. Soll ich ein paar CDs mitbringen?
Martin	Ich denke, die hat Joseph schon vorbereitet. Wie wäre es mit einem Wein?
Lena	Ein Wein? Rot oder weiß?
Martin	Wie du willst.
Lena	Okay, dann bringe ich einen Rotwein mit.

Martin은 샐러드를 본인이 가지고 온다고 하였고, 음악은 이미 Joseph이 준비하였을 거라고 얘기했습니다. 그는 Lena에게 와인을 추천해 주었고 마지막에 Lena는 레드와인을 가지고 오겠다고 말하였습니다. 그러므로 답은 c가 됩니다. 보기에 나오는 모든 단어들은 지문에서 한 번씩 언급이 되어 있으니 집중해서 잘 듣고 문제를 풀어야 합니다.

Aufgabe 3

먼저 문제를 읽어 보세요.

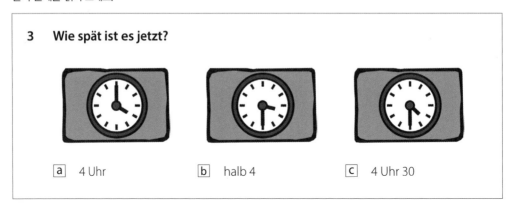

3 Wie spät ist es jetzt?

a 4 Uhr   b halb 4   c 4 Uhr 30

핵심 단어에 밑줄을 긋고, 지문을 들으며 문제를 풀어 보세요.
한 번 더 듣고, 답을 올바르게 풀었는지 확인합니다.

답안을 지문과 함께 읽어 보며, 확인하세요.

Frau	Entschuldigen Sie bitte.
Mann	Ja bitte.
Frau	Können Sie mir sagen, wie spät es ist?
Mann	Ja, es ist halb 4.
Frau	Oh, ich habe keine Zeit. Wo ist das Gleis 3?
Mann	Gehen Sie geradeaus und biegen Sie dann rechts ab.
Frau	Vielen Dank.

기차역에서 한 사람이 다른 한 사람에게 시간을 묻고 있습니다. Halb 4는 3시 30분을 의미합니다. 4시 30분과 헷갈리지 않도록 주의하세요. 답은 b가 됩니다.

Aufgabe 4

먼저 문제를 읽어 보세요.

4   Wo findet Luisas Deutschkurs statt?

| a Raum 211 | b Raum 311 | c Raum 300 |

핵심 단어에 밑줄을 긋고, 지문을 들으며 문제를 풀어 보세요.
한 번 더 듣고, 답을 올바르게 풀었는지 확인합니다.

답안을 지문과 함께 읽어 보며, 확인하세요.

Luisa	Guten Tag. Können Sie mir helfen? Ich besuche ab heute den A2 Kurs. Können Sie mir sagen, wo ich hin muss? Ist Zimmer 311 richtig?
Information	Wie ist Ihr Name?
Luisa	Mein Name ist Luisa Wagner.
Information	Einen Moment. Sie haben die Prüfung nicht bestanden. Deswegen müssen Sie diese wiederholen. Gehen Sie in den Raum 211.
Luisa	Oh, je!

Luisa가 어느 방으로 가야 하는지 맞추는 문제입니다. Luisa는 오늘부터 A2 수업을 들을 예정이었습니다. 하지만 안내소에서는 그녀에게 시험에 합격하지 못했으므로, 같은 과정을 다시 한 번 들어야 한다고 설명해 주고 있습니다. 그녀는 211번 방으로 가야 합니다. 정답은 a가 됩니다.

Aufgabe 5

먼저 문제를 읽어 보세요.

5   Wie viel hat die Kundin bezahlt?

a   7,98 Euro   b   3,99 Euro   c   2 Euro

한국어로 bezahlen을 '계산하다'라는 뜻 한 가지만 알고 해석을 한다면 헷갈리지만, 독일에서는 동사의 다른 의미로 '(대가를) 치르다'라는 뜻으로도 자주 사용합니다. 따라서 'Wie viel hat die Kundin bezahlt?'는 '손님은 얼마를 지불했습니까?'로 해석됩니다.

핵심 단어에 밑줄을 긋고, 지문을 들으며 문제를 풀어 보세요.
한 번 더 듣고, 답을 올바르게 풀었는지 확인합니다.

답안을 지문과 함께 읽어 보며, 확인하세요.

Kundin	Entschuldigung, was kosten die Äpfel heute?
Verkäuferin	Alle Obstsorten sind heute 20% günstiger. Die Äpfel kosten 3,99 Euro pro Kilo.
Kundin	3,99 Euro pro Kilo?
Verkäuferin	Ja. Ein Sonderangebot für Sie.
Kundin	Gut, dann nehme ich 2 Kilo.
Verkäuferin	Vielen Dank. Und 2,02 Euro zurück.

사과는 1킬로에 3.99 유로라고 언급되어 있습니다. 손님은 사과를 2킬로를 구매하였으므로 답은 a가 됩니다. 지문에는 7.98 유로라는 말이 직접적으로 언급되어 있지 않으므로 헷갈릴 수 있습니다. 하지만 지문을 올바르게 이해했다면 문제를 맞힐 수 있습니다. 끝까지 집중해서 문제를 푸세요.

Aufgabe 6

먼저 문제를 읽어 보세요.

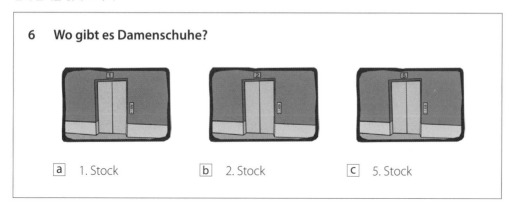

6   Wo gibt es Damenschuhe?

|a| 1. Stock |b| 2. Stock |c| 5. Stock

핵심 단어에 밑줄을 긋고, 지문을 들으며 문제를 풀어 보세요.
한 번 더 듣고, 답을 올바르게 풀었는지 확인합니다.

답안을 지문과 함께 읽어 보며, 확인하세요.

Maria	Weißt du, wo die Schuhabteilung ist?
Tim	Nein, das weiß ich auch nicht. Aber wir können einmal auf die Informationstafel schauen. Schuhe gibt es im zweiten Stock. Ach, warte mal, Kinderschuhe sind im fünften Stock und Damenschuhe sind im ersten Stock. Gehen wir mal dort hin!
Maria	Sollen wir den Aufzug nehmen?
Tim	Einverstanden.

일반 신발이 있는 곳은 2층(한국식 3층)이지만 어린이 신발이 있는 곳은 5층(한국식 6층)이고 여성화가 있는 곳은
1층(한국식 2층)이라고 언급되어 있습니다. 그리고 '그 곳으로 가자'라는 문장이 지문에 나옵니다. 정답은 a가 됩니다.

Teil 2

Kreuzen Sie an: Richtig oder Falsch.
Sie hören jeden Text **einmal**.

Beispiel

MP3 01_08

0 **Die Reisende soll zur Information in Halle C kommen.**

~~Richtig~~   Falsch

vom Goethe-Institut

MP3 01_09

7 **ICE 5636 fährt heute um 16:30 Uhr.**

Richtig   Falsch

MP3 01_10

8 **Wenn man für 100 Euro einkauft, bekommt man 30 Euro in bar.**

Richtig   Falsch

MP3 01_11

9 **In der Lebensmittelabteilung bekommt man 2 Äpfel kostenlos.**

Richtig   Falsch

MP3 01_12

10 Die Bibliothek schließt um 10 Uhr.

Richtig   Falsch

맞으면 Richtig에 틀리면 Falsch에 × 표시를 하세요.
본문은 한 번 듣게 됩니다. 이제 문제를 들어 봅시다.

0 여행객은 안내소 C번 홀로 오셔야 합니다.   Richtig   Falsch

7 ICE 5636는 오늘 16시 30분에 출발합니다.   Richtig   ~~Falsch~~

8 100유로를 구매하면 현금 30유로를 받습니다.   Richtig   ~~Falsch~~

9 식품관에서 2개의 사과를 무료로 받을 수 있습니다.   ~~Richtig~~   Falsch

10 도서관은 10시에 닫습니다.   ~~Richtig~~   Falsch

Beispiel

Skript

Frau Katrin Gundlach, angekommen aus Budapest, wird zum Informationsschalter in die Ankunftshalle C gebeten. Frau Gundlach bitte zum Informationsschalter in die Ankunftshalle C.

해석

Budapest에서 도착한 Katrin Gundlach 부인, C 도착 대합실의 안내소로 오세요. Katrin Gundlach 부인 C 도착 대합실의 안내소로 와 주시길 바랍니다.

정답 Richtig

어휘 **aus** [prp.] ~에서 ㅣ **die Ankunftshalle** [n.] 도착 대합실 ㅣ **der Informationsschalter** [n.] 안내소, 안내 창구

Aufgabe 7

Liebe Fahrgäste, gebucht auf den ICE 5636 nach Paris. Wegen einer Verspätung ist die Abfahrt nach Paris heute nicht um 16:30 Uhr, sondern um 18 Uhr. Ich wiederhole, Abfahrt nach Paris heute eineinhalb Stunden später.

해석 .

파리행 ICE 5636 기차를 예약하신 승객 여러분. 오늘 파리로 가는 출발 시간은 연착이 되어 16시 30분이 아닌 18시입니다. 다시 말씀 드립니다. 파리행 기차는 오늘 한 시간 반 후에 출발합니다.

정답 Falsch

어휘 **der Fahrgast** [n.] 승객 | **gebucht** [a.] 예약한 (buchen의 현재완료) | **nach Paris** 파리로 | **wegen** [prp.] ∼ 때문에 (2격 전치사) | **die Verspätung** [n.] 연착 | **wiederholen** [v.] 반복하다 | **die Abfahrt** [n.] 출발 | **die eineinhalb Stunde** 한 시간 반

Aufgabe 8

Skript

Liebe Kunden. Heute ist alles stark reduziert. Und wenn man für 100 Euro einkauft, bekommt man einen Gutschein im Wert von 30 Euro.

해석

사랑하는 고객 여러분. 오늘은 모든 제품을 매우 할인합니다. 그리고 100유로를 구매하면, 30유로 상당의 상품권을 받으시게 됩니다.

정답 Falsch

어휘 **stark** [a.] 많이, 강한 | **reduzieren** [v.] 할인하다 | **wenn** [cj.] ∼하면 | **über** [prp.] 넘게 | **einen Gutschein** 상품권을

Aufgabe 9

Skript

Es gibt heute Sonderangebote im ersten Stock. Besuchen Sie unsere Lebensmittelabteilung. Heute haben wir ganz frisches Gemüse und Obst. Wenn Sie heute vorbeikommen, bekommen Sie in der Lebensmittelabteilung 2 Äpfel gratis.

해석

오늘 1층(한국식 2층)에는 특가 상품이 있습니다. 저희 식품관을 방문해 주세요. 오늘 저희는 아주 신선한 야채 그리고 과일이 있습니다. 오늘 방문하신다면 당신은 식품관에서 2개의 사과를 무료로 받습니다.

정답 Richtig

어휘 **besondere Angebote** 특별 상품 | **besuchen** [v.] 방문하다 | **die Lebensmittelabteilung** [n.] 식품관 | **der Apfel** [n.] 사과 | **gratis** [adv.] 무료로

Aufgabe 10

Skript

Meine Damen und Herren, es ist halb 10. Unsere Bibliothek schließt in einer halben Stunde. Wenn Sie was ausleihen wollen, kommen Sie jetzt zur Information. Wir machen gleich alle Computer aus.

해석

신사 숙녀 여러분. 9시 반입니다. 우리 도서관은 30분 안에 문을 닫습니다. 대여를 원하시면, 안내데스크로 오세요. 우리는 곧 모든 컴퓨터를 끕니다.

정답 Richtig

어휘 **halb 10** 9시 반 | **die Bibliothek** [n.] 도서관 | **in einer halben Stunde** 30분 안에 | **schließen** [v.] 닫다 | **ausleihen** [v.] 빌리다, 대여하다 | **der Computer** [n.] 컴퓨터 | **ausmachen** [v.] 끄다

전략 1: 지문을 듣기 전 문제를 정확하게 읽어 보세요.
전략 2: 핵심 단어에 밑줄을 그어 보세요.
전략 3: 지문을 듣고 Richtig / Falsch 중 올바른 것에 × 표시하세요.
전략 4: 마지막에 답안지를 작성하세요.

문제풀이 전략 적용 연습

전략 1 지문을 듣기 전 문제를 먼저 읽어 보세요.

0	**Die Reisende soll zur Information in Halle C kommen.**

본문의 내용과 일치하는지 구분하는 문제입니다.

전략 2 핵심 단어에 밑줄을 그어 보세요.

0	**Die Reisende soll zur Information in Halle C kommen.**

문제의 내용이 지문에서 언급되는지 주의 깊게 잘 들어 보세요.

Frau Katrin Gundlach, angekommen aus Budapest, wird zum Informationsschalter in die Ankunftshalle C gebeten. Frau Gundlach bitte zum Informationsschalter in die Ankunftshalle C.

전략 3 이제 지문을 듣고 Richtig / Falsch중 올바른 것에 × 표시하세요.

전략 4　마지막에 답안지를 작성하세요.

지문을 보면 Katrin Gundlach 부인에게 C 도착 대합실의 안내소로 와 달라고 두 번 방송하고 있습니다. 답은 Richtig입니다.

 ## 문제풀이 연습

7번부터 10번까지의 문제를 시험과 같이 풀어 보세요.

Aufgabe 7

먼저 문제를 읽어 보세요.

7　**ICE 5636 fährt heute um <u>16:30 Uhr</u>.**

핵심 단어에 밑줄을 긋고, 지문을 들으며 문제를 풀어 보세요.
한 번 더 듣고, 답을 올바르게 풀었는지 확인합니다.

답안을 지문과 함께 읽어 보며, 확인하세요.

Liebe Fahrgäste, gebucht auf den ICE 5636 nach Paris. Wegen einer Verspätung ist die <u>Abfahrt</u> nach Paris heute <u>nicht um 16:30 Uhr</u>, sondern um 18 Uhr. Ich wiederhole, Abfahrt nach Paris heute <u>eineinhalb Stunden später</u>.

오늘 파리행 기차는 16시 30분이 아닌 18시에 출발한다고 되어 있습니다.
또한 마지막 부분에 오늘은 한 시간 반 늦게 출발한다고 다시 한 번 언급되어 있습니다. 따라서 정답은 Falsch입니다.

Aufgabe 8

먼저 문제를 읽어 보세요.

> **8   Wenn man für 100 Euro einkauft, bekommt man <u>30 Euro in bar</u>.**

핵심 단어에 밑줄을 긋고, 지문을 들으며 문제를 풀어 보세요.
한 번 더 듣고, 답을 올바르게 풀었는지 확인합니다.

답안을 지문과 함께 읽어 보며, 확인하세요.

> Liebe Kunden. Heute ist alles stark reduziert. Und wenn man für 100 Euro einkauft,
> bekommt man <u>einen Gutschein im Wert von 30 Euro</u>.

현금 30유로가 아니라 상품권 30유로라고 언급되어 있습니다. 따라서 정답은 Falsch입니다.

Aufgabe 9

먼저 문제를 읽어 보세요.

> **9   Wenn Sie heute vorbeikommen, <u>bekommen</u> Sie in der Lebensmittelabteilung
> <u>2 Äpfel gratis</u>.**

핵심 단어에 밑줄을 긋고, 지문을 들으며 문제를 풀어 보세요.
한 번 더 듣고, 답을 올바르게 풀었는지 확인합니다.

답안을 지문과 함께 읽어 보며, 확인하세요.

> Es gibt heute Sonderangebote im ersten Stock. Besuchen Sie unsere Lebensmittelabteilung.
> Heute haben wir ganz frisches Gemüse und Obst. Wenn Sie <u>heute vorbeikommen</u>,
> <u>bekommen</u> Sie in der Lebensmittelabteilung <u>2 Äpfel gratis</u>.

오늘 방문하면 사과 2개를 무료로 제공한다고 지문에 언급되어 있습니다. 문제에 나오는 gratis와 유의어인 kostenlos를 지문에서 볼 수 있습니다. 따라서 정답은 Richtig입니다.

Aufgabe 10

먼저 문제를 읽어 보세요.

---

10   Die Bibliothek schließt <u>um 10 Uhr</u>.

핵심 단어에 밑줄을 긋고, 지문을 들으며 문제를 풀어 보세요.

한 번 더 듣고, 답을 올바르게 풀었는지 확인합니다.

답안을 지문과 함께 읽어 보며, 확인하세요.

Meine Damen und Herren, <u>es ist halb 10</u>. Unsere Bibliothek schließt <u>in einer halben Stunde</u>. Wenn Sie was ausleihen wollen, kommen Sie jetzt zur Information. Wir machen gleich alle Computer aus.

지금 시간은 9시 반이고, 30분 안에 문을 닫는다고 언급하고 있습니다. 그러므로 도서관은 10시에 문을 닫는다는 것을 알 수 있습니다. 따라서 정답은 Richtig입니다.

Teil 3

Was ist richtig?

Kreuzen Sie an: a , b oder c .

Sie hören jeden Text **zweimal**.

11 Was soll Petra machen? MP3 01_13

a Kochen

b Spülen

c Aufräumen

12 Wie kommt heute Jona zur Arbeit? MP3 01_14

a Mit dem Auto

b Mit der Straßenbahn

c Mit dem Fahrrad

13 Bis wann muss Anja kommen? MP3 01_15

a Bis 5 Uhr

b Bis 4 Uhr

c Bis halb 4

14 Was soll Lilie mitbringen? MP3 01_16

a Ein Lehrbuch

b Eine CD

c Einen Roman

15 Wann soll Frau Schirz anrufen?

    a Um 9 Uhr

    b Vor 12 Uhr

    c Zwischen 13 und 15 Uhr

무엇이 정답일까요?

a, b, c 중에 정답에 ×표시를 하세요.

본문은 두 번 듣게 됩니다.

Aufgabe 11

> **Skript**
>
> Ich habe es eilig, Petra. Ich habe heute Besuch. Wir müssen zusammen aufräumen. Wenn ich zu Hause bin, muss ich sofort schnell kochen. Bitte tu mir einen Gefallen und wasch das Geschirr für mich ab.
>
> **해석**
>
> 나는 서둘러야 해. Petra. 나는 오늘 손님이 있어. 우리는 함께 청소를 해야 해. 내가 집에 오면, 나는 빨리 요리를 해야 해. 나에게 호의를 베풀어 줘. 그리고 나를 위해 그릇을 좀 씻어줘.

11 Petra는 무엇을 해야 하는가?

a 요리

b 설거지

c 청소

정답 b

어휘 **eilig** [a.] 긴급한 | **der Besuch** [n.] 손님 | **müssen** [v.] ~해야 한다 (화법조동사) | **aufräumen** [v.] 청소하다 | **sofort** [adv.] 즉시, 즉각 | **schnell** [a.] 빠른 | **kochen** [v.] 요리하다 | **abwaschen** [v.] 설거지하다 | **das Geschirr** [n.] 그릇, 식기

Aufgabe 12

> **Skript**
>
> Du, Julian. Ich bin's Jona. Ich gehe jetzt zur Arbeit. Normalerweise fahre ich mit der Straßenbahn, aber heute fahre ich mit dem Fahrrad. Deshalb dauert es länger. Kannst du bitte Frau Kaiser Bescheid sagen? Aber ich komme nicht so spät an.
>
> **해석**
>
> Julian, 나야 Jona. 나는 지금 일하러 가. 나는 보통 트램을 타고 가지만 오늘은 자전거를 타고 가. 그래서 조금 더 걸릴 것 같아. 네가 Kaiser 부인에게 소식을 좀 전해 줄 수 있니? 하지만 내가 그렇게 늦게 도착하지는 않을 거야.

12 오늘 Jona는 어떻게 일하러 오는가?

a 자동차를 타고

b 트램을 타고

c 자전거를 타고

정답 c

어휘 **zur Arbeit** 일하러 ∣ **normalerweise** [adv.] 보통, 일반적으로 ∣ **fahren** [v.] ~타고 가다 ∣ **mit der Straßenbahn** 트램을 타고 ∣ **mit dem Fahrrad** 자전거를 타고 ∣ **deshalb** [adv.] 그래서 ∣ **sagen** [v.] 말하다 ∣ **Bescheid sagen** [v.] 알리다, 통보하다 ∣ **ankommen** [v.] 도착하다

Aufgabe 13

> **Skript**
>
> Hallo, Anja. Hast du vergessen, dass wir heute Unterricht haben? Um 3 Uhr hat der Unterricht schon angefangen. Heute ist ein wichtiger Unterricht. Bitte komm so schnell wie möglich. Spätestens um 4 Uhr musst du hier sein.
>
> **해석**
>
> 안녕, Anja. 너 오늘 수업이 있는 것을 잊었니? 3시에 수업은 이미 시작했어. 오늘은 중요한 수업이야. 가능한 한 빨리 와. 늦어도 4시까지 너는 여기에 있어야만 해.

13 Anja는 언제까지 와야 하는가?

[a] 5시까지

[b] 4시까지

[c] 3시 반까지

정답 b

어휘 **haben...vergessen** [v.] 잊었다 (vergessen의 현재완료) | **der Unterricht** [n.] 수업 |
haben...angefangen [v.] 시작했다 (anfangen의 현재완료) | **so schnell wie möglich** 가능한 한
빨리 | **möglich** [a.] 가능한 | **spätestens** [adv.] 늦어도

Aufgabe 14

> **Skript**
>
> Lilie denk bitte daran. Wir haben heute Unterricht. Heute lesen wir einen Roman und
> hören einige deutsche Texte. Den Roman und die CDs habe ich schon hier. Aber du
> brauchst noch dein Lehrbuch. Dann bis gleich!
>
> **해석**
>
> Lilie 기억해 줘. 우리는 오늘 수업이 있어. 오늘은 소설을 읽고, 몇 개의 독일어 지문을 들을 거야. 소설과
> CD는 내가 이미 여기에 가지고 있어. 그래도 너는 아직 너의 교재가 필요할 거야. 그럼 곧 만나자!

14 Lilie는 무엇을 가져와야 하는가?

[a] 교재

[b] CD

[c] 소설책

정답 a

어휘 **denken** [v.] 기억하다, 생각하다 | **der Unterricht** [n.] 수업 | **der Roman** [n.] 소설 | **das
Lehrbuch** [n.] 교재

Aufgabe 15

Skript

Guten Tag Frau Schirz, Sie wollten mit Herrn Reith telefonieren, aber er ist noch nicht da. Können Sie bitte um 14 Uhr nochmal anrufen? Dann ist er bestimmt hier und Sie können mit ihm reden.

해석

Schirz 부인 안녕하세요, 당신은 Reith씨와 통화하기를 원하셨죠, 하지만 그는 아직 오지 않았어요. 오후 14시에 다시 한 번 전화 주시겠어요? 그때는 그가 분명히 여기 있을 거예요. 그리고 당신은 그와 함께 이야기할 수 있을 거예요.

15 Schirz부인은 언제 전화를 해야 하는가?

a 9시에

b 12시 전에

c 13시와 15시 사이에

정답 c

어휘 **wollten** [v.] ~하기를 원했다 (wollen의 과거형) | **telefonieren** [v.] 통화하다 | **noch** [adv.] 아직, 더 | **noch nicht** ~아직 ~하지 않다 | **nochmal** [adv.] 다시 한 번 | **bestimmt** [adv.] 분명히 | **reden** [v.] 이야기하다, 말하다

문제풀이 전략

전략 1: 문제와 보기를 먼저 읽어 보세요.

전략 2: 주제와 상황을 파악하고 핵심 단어에 밑줄을 그어 보세요.

전략 3: 지문을 듣고 a, b 또는 c 중 올바른 것에 × 표시하세요.

전략 4: 마지막에 답안지를 작성하세요.

 문제풀이 전략 적용 연습

전략 1 문제와 보기를 먼저 읽어 보세요.

---

11 Was soll Petra machen?

    a Kochen

    b Spülen

    c Aufräumen

본문의 대화 내용을 듣고 알맞은 것을 고르는 문제입니다. 먼저 질문과 보기를 읽고 정확하게 파악하세요.

전략 2 수제와 상황을 파악하고 핵심 단어에 밑줄을 그어 보세요.

---

11 <u>Was soll Petra machen?</u>

    a Kochen

    b Spülen

    c Aufräumen

문제의 내용이 지문에서 언급되는지 주의 깊게 잘 들어 보세요.

전략 3 이제 지문을 듣고 Richtig / Falsch중 올바른 것에 × 표시하세요.

마지막에 답안지를 작성하세요.

> Ich habe es eilig, Petra. Ich habe heute Besuch. Wir müssen <u>zusammen aufräumen</u>. Wenn ich zu Hause bin, muss ich sofort schnell kochen. <u>Bitte</u> tu mir einen Gefallen und <u>wasch das Geschirr</u> für mich ab.

청소는 함께 하자고 했으며, 지문의 마지막에 Petra에게 설거지를 해 달라고 부탁했습니다. 따라서 정답은 b가 됩니다.

 ## 문제풀이 연습

12번부터 15번까지의 문제를 시험과 같이 풀어 보세요.

Aufgabe 12

먼저 문제를 읽어 보세요.

> **12 Wie kommt heute Jona zur Arbeit?**
>
> a Mit dem Auto
>
> b Mit der Straßenbahn
>
> c Mit dem Fahrrad

핵심 단어에 밑줄을 긋고, 지문을 들으며 문제를 풀어 보세요.
한 번 더 듣고, 답을 올바르게 풀었는지 확인합니다.

답안을 지문과 함께 읽어 보며, 확인하세요.

> Du, Julian. Ich bin's Jona. Ich gehe jetzt zur Arbeit. Normalerweise fahre ich mit der Straßenbahn, aber heute fahre ich <u>mit dem Fahrrad</u>. Deshalb dauert es länger. Kannst du bitte Frau Kaiser Bescheid sagen? Aber ich komme nicht so spät an.

오늘은 자전거를 타고 온다고 지문에서 언급하고 있습니다. 답은 c가 됩니다.

Aufgabe 13

먼저 문제를 읽어 보세요.

> **13 Bis wann muss Anja kommen?**
>
> a Bis 5 Uhr
>
> b Bis 4 Uhr
>
> c Bis halb 4

핵심 단어에 밑줄을 긋고, 지문을 들으며 문제를 풀어 보세요.
한 번 더 듣고, 답을 올바르게 풀었는지 확인합니다.

답안을 지문과 함께 읽어 보며, 확인하세요.

> Hallo, Anja. Hast du vergessen, dass wir heute Unterricht haben? Um 3 Uhr hat der Unterricht schon angefangen. Heute ist ein wichtiger Unterricht. Bitte komm so schnell wie möglich. Spätestens um 4 Uhr musst du hier sein.

늦어도 4시까지 이곳에 있어야 한다고 지문에 언급되어 있습니다. 따라서 정답은 b가 됩니다.

Aufgabe 14

먼저 문제를 읽어 보세요.

> **14 Was soll Lilie mitbringen?**
>
> a Ein Lehrbuch
>
> b Eine CD
>
> c Einen Roman

핵심 단어에 밑줄을 긋고, 지문을 들으며 문제를 풀어 보세요.
한 번 더 듣고, 답을 올바르게 풀었는지 확인합니다.

답안을 지문과 함께 읽어 보며, 확인하세요.

> Lilie denk bitte daran. Wir haben heute Unterricht. Heute lesen wir einen Roman und hören einige deutsche Texte. Den Roman und die CDs habe ich schon hier. Aber du brauchst noch dein Lehrbuch. Dann bis gleich!

소설과 CD는 이미 가지고 있다고 하였습니다. 하지만, 교재는 필요하다고 지문에 언급되어 있습니다. 따라서 답은 a 입니다.

Aufgabe 15

먼저 문제를 읽어 보세요.

---

15 Wann soll Frau Schirz anrufen?

  a Um 9 Uhr

  b Vor 12 Uhr

  c Zwischen 13 und 15 Uhr

핵심 단어에 밑줄을 긋고, 지문을 들으며 문제를 풀어 보세요.

한 번 더 듣고, 답을 올바르게 풀었는지 확인합니다.

답안을 지문과 함께 읽어 보며, 확인하세요.

Skript

Guten Tag Frau Schirz, Sie wollten mit Herrn Reith telefonieren, aber er ist noch nicht da. Können Sie bitte um 14 Uhr nochmal anrufen? Dann ist er bestimmt hier und Sie können mit ihm reden.

Shirz 부인에게 14시에 다시 전화를 할 수 있는지 물어보고 있습니다. 14시는 직접적으로 보기에 언급되어 있지는 않으나 13시와 15시의 사이입니다. 그러므로 답은 c 입니다.

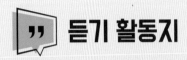

듣기 활동지

본문을 듣고 빈칸을 채워 보세요.

Teil 1

Aufgabe 1

Maria	Hi Albert ! Wo wollen wir diesen Sommer Urlaub machen?
Albert	Wie findest du eine Stadtreise? Vielleicht ① _____ _____ ?
Marina	London ist toll aber ich war schon zweimal dort. Wir können auch ② _____ _____ fahren.
Albert	Paris ist auch toll, oder auch Wien?
Marina	Ich will ③ _____ nach Paris. Da war ich ④ _____ _____ .
Albert	Gut, dann machen wir es so.

Aufgabe 2

Martin	Sag mal, Lena. Kommst du zur Party von Joseph?
Lena	Ja, naturlich. Bringst du was mit?
Martin	Ja, ich bringe einen Salat mit. Und du? Was nimmst du mit?
Lena	① _____ _____ _____ . Soll ich ein paar CDs mitbringen?
Martin	Ich denke, die hat Joseph schon vorbereitet. Wie wäre es mit einem Wein?
Lena	Ein Wein? Rot oder weiß?
Martin	② _____ _____ _____ .
Lena	Okay, dann bringe ich einen Rotwein mit.

Aufgabe 3

Frau Entschuldigen Sie bitte.

Mann Ja bitte.

Frau Können Sie mir sagen, ① _____ _____ _____ _____?

Mann Ja, es ist halb 4.

Frau Oh, ② _____ _____ _____ _____. Wo ist das Gleis 3?

Mann Gehen Sie geradeaus und biegen Sie dann rechts ab.

Frau ③ _____ _____.

Aufgabe 4

Luisa Guten Tag. Können Sie mir helfen? Ich ① _____ ab heute den A2 Kurs. Können Sie mir sagen, wo ich hin muss? Ist Zimmer 311 richtig?

Information Wie ist Ihr Name?

Luisa Mein Name ist Luisa Wagner.

Information Einen Moment. Sie ② _____ die Prüfung ③ _____ _____. Deswegen müssen Sie diese ④ _____. Gehen Sie in den Raum 211.

Luisa Oh, je!

Aufgabe 5

Kundin Entschuldigung, was kosten diese Äpfel heute?

Verkäuferin Alle Obstsorten sind heute ① _____ günstiger. Die Äpfel kosten ② _____ pro Kilo.

Kundin 3,99 Euro pro Kilo?

Verkäuferin Ja. Ein Sonderangebot für Sie.

Kundin Gut, dann nehme ich 2 Kilo.

Verkäuferin Vielen Dank. Und ③ _____ zurück.

Aufgabe 6

Maria	Weißt du, wo die Schuhabteilung ist?
Tim	Nein, das weiß ich auch nicht. Aber wir können einmal auf die Informationstafel schauen. Schuhe gibt es ① _____ _____ _____. Ach, warte mal, Kinderschuhe sind im fünften Stock und Damenschuhe sind ② _____ _____ _____. Gehen wir mal dort hin!
Maria	Sollen wir den Aufzug nehmen?
Tim	Einverstanden.

Teil 2

Aufgabe 7

Liebe Fahrgäste, gebucht auf den ICE 5636 nach Paris. Wegen einer Verspätung ist die Abfahrt nach Paris heute nicht ① _____ _____, sondern ② _____ _____. Ich wiederhole, Abfahrt nach Paris heute eineinhalb Stunden später.

Aufgabe 8

Liebe Kunden. Heute ist alles stark ① _____. Und wenn man für 100 Euro einkauft, bekommt man ② _____ _____ im Wert von 30 Euro.

Aufgabe 9

Es gibt heute Sonderangebote im ersten Stock. Besuchen Sie unsere Lebensmittelabteilung. Heute haben wir ganz frisches ① _____ und ② _____. Wenn Sie heute vorbeikommen, bekommen Sie in der Lebensmittelabteilung ③ _____ _____ gratis.

Aufgabe 10

Meine Damen und Herren, Es ist ① _____ _____. Unsere Bibliothek schließt ② _____ _____ _____ _____. Wenn Sie was ausleihen wollen, kommen Sie jetzt zur Information. Wir machen gleich alle Computer aus.

Teil 3

Aufgabe 11

Ich habe es eilig, Petra. Ich habe heute einen Besuch. Wir müssen zusammen aufräumen. Wenn ich ① _____ _____ _____, muss ich sofort schnell ② _____. Bitte tu mir einen Gefallen und ③ _____ _____ _____ _____ _____ _____.

Aufgabe 12

Du, Julian. Ich bin's Jona. Ich gehe jetzt zur Arbeit. ① _____ fahre ich mit der Straßenbahn, aber heute fahre ich mit dem Fahrrad. Deshalb dauert es ② _____ . Kannst du bitte Frau Kaiser ③ _____ _____? Aber ich komme nicht so spät an.

Aufgabe 13

Hallo, Anja. Hast du ① _____, dass wir heute Unterricht haben? Um
3 Uhr hat ② _____ _____ schon ③ _____. Heute ist ein ganz
wichtiger Unterricht. Bitte ④ _____ _____ _____ wie möglich.
Spätestens um 4 Uhr musst du hier sein.

Aufgabe 14

Lilie denk bitte dran. Wir haben heute Unterricht. Heute ① _____ wir
einen Roman und ② _____ einige deutsche Texte. Den Roman und die
CDs habe ich schon hier. Aber du brauchst noch dein ③ _____. Dann
Bis gleich!

Aufgabe 15

Guten Tag Frau Schirz, Sie wollten mit Herrn Reith ① _____, aber er ist
noch nicht da. Können Sie bitte um 14 Uhr ② _____ _____? Dann ist er
bestimmt hier und Sie können mit ihm reden.

정답 및 어휘

Teil 1

Aufgabe 1

정답 ① nach London ② nach Paris ③ lieber ④ noch nie

어휘 **nach London** 런던으로 ┃ **nach Paris** 파리로 ┃ **lieber** [adv.] 차라리, 오히려 (gern의 비교급) ┃ **noch nie** [adv.] 전혀 ~아니다

Aufgabe 2

정답 ① Ich weiß nicht ② Wie du willst

어휘 **wissen** [v.] 알다 ┃ **wollen** [v.] ~하고 싶다 (화법조동사)

Aufgabe 3

정답 ① Wie spät ist es ② ich habe keine Zeit ③ Vielen Dank

어휘 **wie spät ist es** 몇 시입니까? ┃ **haben** [v.] 가지다 ┃ **keine Zeit** 시간이 없는 ┃ **danken** [v.] 감사하다

Aufgabe 4

정답 ① besuche ② haben ③ nicht bestanden ④ wiederholen

어휘 **besuchen** [v.] 방문하다 ┃ **haben** [v.] 가지다 ┃ **haben...bestanden** [v.] 합격했다 (bestehen의 현재완료) ┃ **wiederholen** [v.] 반복하다, 되풀이하다

Aufgabe 5

정답 ① 20% ② 3,99 Euro ③ 2,02 Euro

어휘 **zwanzig Prozent** 20퍼센트 ┃ **drei Euro neunundneunzig** 3유로 99센트 ┃ **zwei Euro zwei** 2유로 02센트

Aufgabe 6

정답 ① im zweiten Stock ② im ersten Stock

어휘 **im zweiten Stock** 2층에서 (한국식 3층) | **im ersten Stock** 1층에서 (한국식 2층)

Teil 2

Aufgabe 7

정답 ① um 16:30 Uhr ② um 18 Uhr

어휘 **um sechzehn Uhr dreißig** 16시 30분에 | **um achtzehn Uhr** 18시에

Aufgabe 8

정답 ① reduziert ② einen Gutschein

어휘 **reduzieren** [v.] 가격을 인하하다 | **der Gutschein** [n.] 상품권

Aufgabe 9

정답 ① Gemüse ② Obst ③ zwei Äpfel

어휘 **das Gemüse** [n.] 야채 | **das Obst** [n.] 과일 | **der Apfel** [n.] 사과

Aufgabe 10

정답 ① halb 10 ② in einer halben Stunde

어휘 **halb zehn** 9시 반 | **in einer halben Stunde** 30분 안에

Teil 3

Aufgabe 11

정답 ① zu Hause bin ② kochen ③ wasch das Geschirr für mich ab

어휘 **zu Hause** 집에 | **kochen** [v.] 요리하다 | **das Geschirr** [n.] 그릇

Aufgabe 12

정답 ① Normalerweise ② länger ③ Bescheid sagen

어휘 **normalerweise** [adv.] 보통, 일반적으로 | **länger** [a.] 더 오래 (lang의 비교급) | **Bescheid sagen** [v.] 알리다, 통보

Aufgabe 13

정답 ① vergessen ② der Unterricht ③ angefangen ④ komm so schnell

어휘 **vergessen** [v.] 잊다 | **der Unterricht** [n.] 수업 | **anfangen** [v.] 시작하다 (분리동사) | **kommen** [v.] 오다 | **so** [adj.] 그렇게, 무척 | **schnell** [a.] 빠른

Aufgabe 14

정답 ① lesen ② hören ③ Lehrbuch

어휘 **lesen** [v.] 읽다 | **hören** [v.] 듣다 | **das Lehrbuch** [n.] 교재

Aufgabe 15

정답 ① telefonieren ② nochmal anrufen

어휘 **telefonieren** [v.] 통화하다 | **nochmal** [adv.] 다시 한 번 | **anrufen** [v.] 전화하다

Modul Lesen 읽기

시험 유형 파악하기

 읽기 영역 알아보기

읽기 영역은 각각 다른 3개의 유형으로 구성되어 있습니다. 읽기 영역 문제풀이를 위해서는 짧은 본문을 읽고 이해하는 능력, 일상생활에 관련된 본문을 읽고 정보를 이해하는 능력, 짧고 간단한 편지 등을 이해하는 능력 등이 요구됩니다.

 읽기 영역 한눈에 보기

구분	영역	본문 유형	포인트	문제 유형	점수
1	편지 이해	편지	주제와 숭요한 관점 위주로 이해	객관식	5
2	방향성 이해	광고	세부적으로 이해, 메뉴얼의 내용 숙지	객관식	5
3	정보 이해	벽보	주제의 중요한 관점 위주로 이해	객관식	5

 유형 구분

읽기 문제는 총 3가지 유형으로 구성되어 있으며, 하나의 유형당 5개의 문제가 주어집니다.
(제한 시간 25분)

유형 1 (5점)

두 개의 편지와 함께 5개의 문제가 주어집니다. 각 질문별로 알맞은 답에 ×표를 합니다.
(정답에 ×표를 하는 것이니 헷갈리지 마세요!)

유형 2 (5점)

두 개의 인터넷 광고문과 하나의 상황이 주어집니다. 각 정보와 일치하는 답에 ×표를 합니다.

유형 3 (5점)

5개의 짧은 벽보가 지문으로 주어집니다. 지문의 내용과 주어진 문장이 일치하는지 확인하고, 옳으면 Richtig, 틀리면 Falsch에 ×표를 합니다.

④ 시간 및 채점

— 시험 시간은 약 25분이며, 시간 내에 답안지에 기입해야 합니다.

— 읽기 영역은 총 15문제가 출제되며 각 문제당 1점으로 총 15점이 배정됩니다. 읽기 영역은 최종적으로 1.66의 환산 지수가 곱해져 총 25점으로 변환되어 최종 시험 성적이 됩니다.

— 각 본문마다 하나의 질문에 대답하게 되며, 사전, 핸드폰, 메모 등은 사용할 수 없습니다.

Teil 1

Lesen Sie die beiden Texte und die Aufgaben 1 bis 5.

Kreuzen Sie an: Richtig oder *Falsch* .

Beispiel

0   Nick ist krank.   Richtig   *Falsch*

1   Nick und Tina sehen sich heute.   Richtig   *Falsch*

2   Es geht ihm schlecht.   Richtig   *Falsch*

Lieber Herr Gerke,

ich schreibe Ihnen, weil ich dieses Jahr nach Italien reisen will. Wohnen Sie immer noch in Italien? Können Sie mir bitte einige Informationen geben? Ich kenne mich in Italien nicht gut aus. Können Sie mir günstige Hotels empfehlen? Das wäre sehr wichtig. Und ich habe Interesse an Sehenswürdigkeiten in Italien. Für gute Tipps wäre ich Ihnen sehr dankbar.

Viele Grüße
Georg

3 **Herr Gerke möchte nach Italien reisen.**   Richtig   *Falsch*

4 **Georg möchte Informationen über günstige**   Richtig   *Falsch*
   Hotels haben.

5 **Georg interessiert sich für**   Richtig   *Falsch*
   Sehenswürdigkeiten.

2개의 본문과 1~5번까지의 문제를 읽으세요.
맞으면 Richtig에 틀리면 Falsch에 × 표시를 하세요.

Beispiel

0   Nick은 아프다.   ~~Richtig~~   *Falsch*

안녕, Tina.
우리는 내일 함께 만나서 영화를 보러 가기로 했잖아. 하지만 유감스럽게도 나는 안 될 것 같아. 나는 감기에 걸렸어 그리고 열이 높아. 방금 병원에 갔었어. 나는 쉬어야만 해. 그래서 나는 며칠 정도 집에서 머물러야 할 것 같아. 내가 며칠 안에 다시 연락할게.

사랑의 안부를 담아
Nick

1   Nick과 Tina는 오늘 만난다.   Richtig   ~~*Falsch*~~

2   그는 컨디션이 안 좋다.   ~~Richtig~~   *Falsch*

어휘 **wollten** [v.] ~하기를 원했다 (wollen의 과거) | **leider** [adv.] 유감스럽게도 | **die Erkältung** [n.] 감기 | **das Fieber** [n.] 열 | **beim Arzt** 병원에 가다 | **sich ausruhen** [v.] 휴식하다, 쉬다 | **deswegen** [cj.] 그 때문에 | **ein paar Tage** 며칠 | **zu Hause** 집에서 | **bleiben** [v.] 머무르다 | **sich melden** [v.] 연락하다

친애하는 Gerke씨,
저는 올해 이탈리아로 여행하기를 원해서 당신에게 편지를 씁니다. 당신은 아직 이탈리아에 사시나요? 당신은 저에게 몇 가지 정보를 알려주실 수 있나요? 저는 이탈리아에 대해서 잘 알지 못하거든요. 저에게 저렴한 호텔을 추천해 주실 수 있나요? 이것은 아주 중요합니다. 그리고 저는 이탈리아에 있는 관광 명소에 대해서 흥미가 있어요. 저는 당신이 주시는 좋은 팁에 대하여 매우 감사할 거예요.

많은 안부를 담아
Georg

3 Gerke씨는 이탈리아로 여행을 가기를 원한다. ☐ Richtig ☒ ~~Falsch~~

4 Georg는 저렴한 호텔에 대한 정보를 가지고 싶다. ☒ ~~Richtig~~ ☐ Falsch

5 Georg는 관광 명소에 흥미가 있다. ☒ ~~Richtig~~ ☐ Falsch

어휘 **in diesem Jahr** 이번 해, 올해 | **reisen** [v.] 여행하다 | **immer noch** 아직도 | **einig** [a.] 몇몇의 | **sich auskennen** [v.] 잘 알다, 조예가 깊다 | **günstig** [a.] 저렴한, 호의 있는 | **schicken** [v.] 보내다 | **wichtig** [a.] 중요한 | **haben** [v.] 가지다 | **das Interesse** [n.] 흥미, 관심 | **die Sehenswürdigkeit** [n.] 명소, 볼거리 | **empfehlen** [v.] 추천하다

문제풀이 전략

전략 1: 질문을 파악하세요.

전략 2: 본문을 정확하게 읽고 주제를 파악하세요.

전략 3: 질문을 읽어 보세요.

전략 4: 본문과 질문에 함께 언급되어 있는 단어를 찾아 보세요.

전략 5: 답안지를 작성하세요.

 Goethe – Institut의 시험은 올바른 답에 × 표시를 하게 되어 있습니다.

TIPP! 본문이 어렵다면, 질문을 먼저 이해하고 본문에서 거꾸로 답을 찾아 보세요!

 ## 문제풀이 전략 적용 연습

전략 1 질문을 파악하고, 중요 단어를 적어 보세요.

Situation

Beispiel

0 **Nick ist krank.**

Hallo Tina,

wir wollten uns morgen treffen und zusammen ins Kino gehen. Aber ich kann leider nicht. Ich habe eine Erkältung und hohes Fieber. Ich war gerade beim Arzt. Ich muss mich ausruhen. Deswegen muss ich ein paar Tage zu Hause bleiben. Ich melde mich wieder in ein paar Tagen.

Liebe Grüße
Nick

본문의 주제가 무엇입니까? 한 문장으로 요약해 보세요.

_____

_____

답: Nick ist krank, deswegen kann er morgen nicht ins Kino gehen.
　　Nick은 아픕니다, 그래서 그는 내일 영화관에 갈 수 없습니다.

전략 3 & 전략 4 질문을 읽어 보세요.
중요한 단어에 밑줄을 긋고, 본문과 질문에 함께 언급되어 있는 단어를 찾아 보세요.

Beispiel

0　**Nick ist krank.**

'Ich habe eine Erkältung und hohes Fieber. Ich war gerade beim Arzt.'를 보면, 그가 아프다는 것을 알 수 있습니다. 답은 Richtig입니다.

전략 5 마지막에 답안지를 작성하세요.

문제풀이 연습

본문을 읽고, 주제를 파악하고 질문을 다시 읽어 보세요. 중요한 단어에 밑줄을 긋고, 본문과 질문에 함께 언급되어 있는 단어를 찾아 보세요. 문제풀이 전략을 참고하여 문제풀이를 연습해 보세요.

Aufgabe 1

> **1** Nick und Tina sehen sich heute.

Aufgabe 2

> **2** Es geht ihm schlecht.

Hallo Tina,

wir wollten uns morgen treffen und zusammen ins Kino gehen. Aber ich kann leider nicht. Ich habe eine Erkältung und hohes Fieber. Ich war gerade beim Arzt. Ich muss mich ausruhen. Deswegen muss ich ein paar Tage zu Hause bleiben. Ich melde mich wieder in ein paar Tagen.

Liebe Grüße
Nick

밑줄 그은 핵심 단어들을 보면, 그들은 내일 만나기로 했었고, Nick이 아프기 때문에 약속을 연기할 수밖에 없다는 것을 알 수 있습니다.

답은 1번 Falsh, 2번 Richtig가 됩니다.

 TIPP! 본문의 문장과 문제의 문장에서 의미가 비슷한 단어들을 찾으세요. 문제의 단어들은 대부분 본문에서 같은 의미를 가진 유의어로 쓰여 있습니다. 항상 정확하게 문제를 파악하세요!

문제풀이 전략

전략 1: 질문을 파악하세요.

전략 2: 본문을 정확하게 읽고 주제를 파악하세요.

전략 3: 질문을 읽어 보세요.

전략 4: 본문과 질문에 함께 언급되어 있는 단어를 찾아 보세요.

전략 5: 답안지를 작성하세요.

주의 Goethe – Institut의 시험은 올바른 답에 × 표시를 하게 되어 있습니다.

 TIPP! 본문이 어렵다면, 질문을 먼저 이해하고 본문에서 거꾸로 답을 찾아 보세요!

문제풀이 전략 적용 연습

전략 1 질문을 파악하고, 중요 단어를 적어 보세요.

Situation

Beispiel

3 Herr Gerke möchte nach Italian reisen.

본문을 정확하게 읽어 보세요.

Lieber Herr Gerke,

ich schreibe Ihnen, weil ich dieses Jahr nach Italien reisen will. Wohnen Sie immer noch in Italien? Können Sie mir bitte einige Informationen geben? Ich kenne mich in Italien nicht gut aus. Können Sie mir günstige Hotels empfehlen? Das wäre sehr wichtig. Und ich habe Interesse an Sehenswürdigkeiten in Italien. Für gute Tipps wäre ich Ihnen sehr dankbar.

Viele Grüße
Georg

본문의 주제가 무엇입니까? 한 문장으로 요약해 보세요.

답: Georg will nach Italien reisen, deshalb will er von Herr Gerke einige Information bekommen.
　　Georg는 이탈리아로 여행을 가고 싶어 합니다. 그래서 그는 Gerke씨로부터 몇 가지 정보를 받고 싶습니다.

전략 3 & **전략 4** 질문을 읽어 보세요.
중요한 단어에 밑줄을 긋고, 본문과 질문에 함께 언급되어 있는 단어를 찾아 보세요.

Beispiel

3   Herr Gerke möchte nach Italien reisen.

'Lieber Herr Gerke, ich schreibe Ihnen, weil ich dieses Jahr nach Italien reisen will.'를 보면, 이탈리아로 여행을 가기 원하는 사람은 Gerke에게 편지를 쓴 Georg라는 것을 알 수 있습니다. 답은 Falsch입니다.

전략 5 마지막에 답안지를 작성하세요.

문제풀이 연습

본문을 읽고, 주제를 파악하고 질문을 다시 읽어 보세요. 중요한 단어에 밑줄을 긋고, 본문과 질문에 함께 언급되어 있는 단어를 찾아 보세요. 문제풀이 전략을 참고하여 문제풀이를 연습해 보세요.

Aufgabe 3

3 Herr Gerke möchte nach Italien reisen.

Aufgabe 4

4 Georg möchte Informationen über günstige Hotels haben.

Aufgabe 5

5 Georg interessiert sich für Sehenswürdigkeiten.

> Lieber Herr Gerke,
>
> ich schreibe Ihnen, weil ich in diesem Jahr nach Italien reisen will. Wohnen Sie immer noch in Italien? Können Sie mir bitte einige Informationen geben? Ich kenne mich in Italien nicht gut aus. Können Sie mir günstige Hotels empfehlen? Das wäre sehr wichtig. Und ich habe Interesse an Sehenswürdigkeiten in Italien. Für gute Tipps wäre ich Ihnen sehr dankbar.
>
> Viele Grüße
> Georg

밑줄 그은 핵심 단어들을 보면, Georg가 이탈리아로 여행을 가고 싶어 하고, Gerke씨에게 몇 가지 정보를 받기 위하여 편지를 보냈다는 것을 알 수 있습니다. 중요한 것은 저렴한 호텔들의 추천이라고 언급되어있으며, 이탈리아의 관광지에 관심이 있다고 언급하고 있습니다. 답은 3번 Falsch, 4번 Richtig, 5번 Richtig가 됩니다.

 TIPP! 본문의 문장과 문제의 문장에서 의미가 비슷한 단어들을 찾으세요. 문제의 단어들은 대부분 본문에서 같은 의미를 가진 유의어로 쓰여 있습니다. 항상 정확하게 문제를 파악하세요!

Teil 2

Lesen Sie die Texte und die Aufgaben 6 bis 10.
Wo finden Sie Informationen? Kreuzen Sie an: a oder b.

Beispiel

0 Sie wollen wissen: Regnet es in Deutschland?

vom Goethe-Institut

a www.openair.de

☒ www.dwd.de

6 Sie suchen eine Arbeit. Aber Sie haben nur am Wochenende Zeit.

Mitarbeiter/in gesucht
wochentags in der Küche eines
Restaurants,
gute Bezahlung.

Tel. 0176/345 32 32

Wir brauchen Hilfe.
Wir suchen eine Verkäuferin /
einen Verkäufer für Sonntag
von 7 bis 19 Uhr.

Tel. 0171/432 34 43

a Tel. 0176/345 32 32

b Tel. 0171/432 34 43

7 Sie wollen ein günstiges Fahrrad kaufen.

www.günstiger.fahrrad.com

Ein Fahrrad müssen Sie nicht kaufen.
Wir haben alles. Und Sie können einfach eins günstig ausleihen.

Preise   über uns   Buchung

www.neu_billig.fahrrad.de

Zu verkaufen:
Neu! Aber billiger als gebrauchte Fahrräder.
Sie können diese zum Superpreis kaufen.

a www.günstiger.fahrrad.com

b www.neu_billig.fahrrad.de

8 Sie wollen Deutsch in einer kleinen Gruppe lernen.

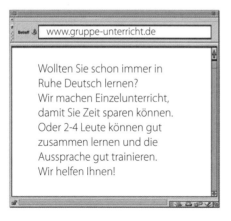

www.gruppe-unterricht.de

Wollten Sie schon immer in Ruhe Deutsch lernen?
Wir machen Einzelunterricht, damit Sie Zeit sparen können.
Oder 2-4 Leute können gut zusammen lernen und die Aussprache gut trainieren.
Wir helfen Ihnen!

www.sprachkurs-TKH.de

Sprachinstitut - TKH
Stuttgart, Jegerstr. 12

Deutsch, Englisch, Russisch
▸ Die Kurse
▸ Die Anmeldung
▸ Die Preise
▸ Kontakt

a www.gruppe-unterricht.de

b www.sprachkurs-TKH.de

9 **Sie möchten mit Freunden am Feiertag italienisch essen gehen.**
Wohin gehen Sie?

Pizza-Pasta
Kommen Sie zu Pisa!
Italienische Spezialitäten.
Täglich von 17-22 Uhr
Am Feiertag haben wir zu.

Tel. 0611/53 36 27

Italienisches Restaurant.
„Zum Maries Garten"
Wir machen jeden Tag auf.
Wir haben großen Garten.

Tel. 0611/87 63 27

a Tel. 0611/53 36 27

b Tel. 0611/87 63 27

10 **Sie möchten einen Kochkurs zu Hause haben.**

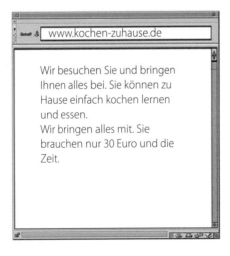

www.kochen-zuhause.de

Wir besuchen Sie und bringen
Ihnen alles bei. Sie können zu
Hause einfach kochen lernen
und essen.
Wir bringen alles mit. Sie
brauchen nur 30 Euro und die
Zeit.

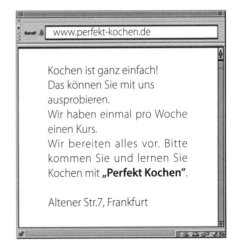

www.perfekt-kochen.de

Kochen ist ganz einfach!
Das können Sie mit uns
ausprobieren.
Wir haben einmal pro Woche
einen Kurs.
Wir bereiten alles vor. Bitte
kommen Sie und lernen Sie
Kochen mit **„Perfekt Kochen"**.

Altener Str.7, Frankfurt

a www.kochen-zuhause.de

b www.perfekt-kochen.de

본문과 6~10번까지의 문제를 읽으세요.

정보는 어디에서 찾을 수 있나요? a 또는 b에서 정답을 찾아 × 표시를 하세요.

Beispiel

0 당신은 알고 싶습니다: 독일에 비가 내리나요?

<table>
<tr><td>

www.openair.de

5월 30일에 있는 Open-Air-콘서트는 비 때문에 시청 홀에서 개최됩니다.

</td><td>

www.dwd.de

독일의 기상 통보
날씨와 기온
– 현재의 날씨
– 경보
– 환경 정보
– 기온 데이터

</td></tr>
</table>

정답 b

어휘 **stattfinden** [v.] 개최되다 | **die Stadthalle** [n.] 시청 홀 | **das Wetterdienst** [n.] 기상 통보 | **aktuell** [a.] 실제의, 현재의 | **die warnung** [n.] 경고, 경보 | **die Umweltinfo** [n.] 환경 정보

6 당신은 일을 구합니다. 그러나 당신은 주말밖에 시간이 없습니다.

<table>
<tr><td>

평일에 레스토랑 부엌에서 일할 직원 구함
급여 좋음

Tel. 0176/345 32 32

</td><td>

우리는 도움이 필요해요.
일요일 7시부터 저녁 19시까지 일할 판매원을 구합니다.

Tel. 0171/432 34 43

</td></tr>
</table>

정답 b

어휘 **wochentags** 평일에 | **die Küche** [n.] 부엌 | **die Bezahlung** [n.] 보수 | **der Verkäufer** [n.] (남) 판매원 | **die Verkäuferin** [n.] (여) 판매원

7   당신은 저렴한 자전거를 구매하고 싶습니다.

---

www.günstiger.fahrrad.com

당신은 자전거를 구매할 필요가 없습니다.
우리가 모든 것을 가지고 있습니다. 당신은
단지 저렴한 가격으로 한 대를 쉽게 대여
할 수 있습니다.

가격   우리에 대하여   예약

---

www.neu_billig.fahrrad.de

판매:
신제품! 하지만 중고 자전거보다 더 저렴합
니다. 당신은 그것을 정말 좋은 가격으로
구매할 수 있습니다.

정답 b

어휘 **brauchen** [v.] 필요하다 | **leihen** [v.] 빌리다 | **billig** [a.] 저렴한 | **der Super-Preis** [n.] 좋은 가격

---

8   당신은 소그룹으로 독일어를 배우고 싶습니다.

---

www.gruppe-unterricht.de

당신은 예전부터 편안하게 독일어를 배우
고 싶으셨나요?
우리는 당신이 시간을 절약할 수 있도록
개인교습을 합니다.
또는 2-4명이 함께 잘 배울 수 있고 발음
을 잘 훈련할 수 있습니다.
저희가 당신을 돕겠습니다

---

www.sprachkurs–TKH.de

언어연구소 – TKH
Stuttgart, Jegerstr. 12

독일어, 영어, 러시아어
▶ 강좌, 강의
▶ 등록
▶ 가격
▶ 연락

정답 a

어휘 **kleine Gruppe** 소그룹 | **in Ruhe** 평온하게, 편안하게 | **der Einzelunterricht** [n.] 개인 수업, 개인
레슨 | **sparen** [v.] 절약하다 | **das Sprechen** [n.] 말하기 | **helfen** [v.] 돕다 | **das Sprachinstitut**
[n.] 언어 연구소, 재단 | **das Russisch** [n.] 러시아어 | **die Anmeldung** [n.] 등록 | **der Preis** [n.]
가격 | **der Kontakt** [n.] 연락

9 당신은 친구들과 공휴일에 이탈리아 식당을 가려고 합니다. 당신은 어디로 가나요?

<table>
<tr><td>

피자–파스타
Pisa로 오세요!
이탈리아 유명한 음식
매일 17시부터 22시까지

공휴일에는 문을 닫습니다.

Tel. 0611/53 36 27

</td><td>

이탈리아 식당.
"Maries Garten으로 오세요."
우리는 매일 문을 엽니다.
우리는 큰 정원을 가지고 있어요.

Tel. 0611/87 63 27

</td></tr>
</table>

정답 b

어휘 **die Spezialität** [n.] 유명한 음식 | **täglich** [a.] 매일 | **zumachen** [v.] 닫다 | **jeden Tag** 매일 | **aufmachen** [v.] 열다

10 당신은 집에서 요리 강습을 받기 원합니다.

<table>
<tr><td>

www.kochen-zuhause.de

저희가 당신을 방문하고 모든 것을 알려
드립니다. 당신은 집에서 쉽게 요리 하는
것을 배우고, 먹을 수 있습니다.
모든 재료는 저희가 가지고 갑니다.
당신은 단지 30유로와 시간이 필요합니다.

</td><td>

www.perfekt–kochen.de

요리는 정말 쉬워요!
당신은 그것을 우리와 함께 시도해 볼 수
있습니다.
우리는 한 주에 한 번 수업을 합니다.
우리는 모든 것을 준비합니다. 당신은 오셔
서 **"Perfekt Kochen"**과 배워 보세요.

Altener Str.7, Frankfurt

</td></tr>
</table>

정답 a

어휘 **beibringen** [v.] 알려주다 | **zu Hause** 집에서 | **mitbringen** [v.] 가져오다 | **brauchen** [v.] 필요하다 | **ausprobieren** [v.] 시험하다, 음미하다 | **vorbereiten** [v.] 준비하다 | **lernen** [v.] 배우다

문제풀이 전략

전략 1: 질문을 파악하세요.
전략 2: 질문을 읽고 핵심 단어에 밑줄을 그으세요.
전략 3: 광고문의 핵심 단어에도 밑줄을 그으세요.
전략 4: 문제와 적합한 광고를 고르세요.
전략 5: 답안지를 작성하세요.

 문제풀이 전략 적용 연습

전략 1 질문을 파악하세요.

| 0 | **Sie wollen wissen: Regnet es in Deutschland?** |

전략 2 질문을 읽고 핵심 단어에 밑줄을 그으세요.

| 0 | **Sie wollen wissen: Regnet es in Deutschland?** |

전략 3 광고문의 핵심 단어에도 밑줄을 그으세요.

Sie wollen wissen: Regnet es in Deutschland?
당신은 알고 싶습니다: 독일에 비가 내리나요?

a는 콘서트의 광고입니다. 독일의 현재의 날씨는 b광고를 통해 알 수 있습니다. 따라서 정답은 b입니다.

 TIPP! 질문과 광고에서 공통적으로 나오는 핵심 단어들을 연결해 보세요. 단, 공통적인 핵심 단어가 나온다고 해서 모두 정답은 아닐 수 있으니, 실수를 줄이려면 내용을 정확하게 파악하고 문제를 풀어야 합니다.

전략 5 답안지를 작성하세요.

문제풀이 연습

Aufgabe 6

6   **Sie suchen eine Arbeit. Aber Sie haben nur am Wochenende Zeit.**
당신은 일을 구합니다. 그러나 당신은 주말밖에 시간이 없습니다.

질문을 보면 일을 하고 싶으나 주말밖에 시간이 없다고 언급되어 있습니다.

Mitarbeiter/in gesucht
wochentags in der Küche eines
Restaurant,
gute Bezahlung.

Tel. 0176/345 32 32

Wir brauchen Hilfe.
Wir suchen eine Verkäuferin /
einen Verkäufer für Sonntag
von 7 bis 19 Uhr.

Tel. 0171/432 34 43

a광고는 wochentags를 통해 평일 아르바이트를 구하는 광고라는 것을 알 수 있습니다.

b광고에 언급되어 있는 시간은 일요일, 즉 주말입니다. 정답은 b입니다.

Aufgabe 7

> **7   Sie wollen ein günstiges Fahrrad kaufen.**
>
> 저렴한 자전거를 구매하고 싶습니다.

Betreff: www.günstiger.fahrrad.com

Ein Fahrrad müssen Sie nicht kaufen.
Wir haben alles. Und Sie können einfach eins günstig ausleihen.

Preise   über uns   Buchung

Betreff: www.neu_billig.fahrrad.de

Zu verkaufen:
Neu! Aber billiger als gebrauchte Fahrräder.
Sie können diese zum Superpreis kaufen.

a광고는 구매를 위한 광고 사이트가 아닙니다. 지문을 보면 저렴하게 대여가 가능하다고 나와 있습니다.

핵심 단어들을 파악하는 것이 중요합니다. 중고 제품보다 더 저렴하게 자전거를 구매할 수 있다고 말합니다. 정답은 b가 됩니다.

Aufgabe 8

> **8   Sie wollen Deutsch als kleine Gruppe lernen.**
>
> 당신은 소그룹으로 독일어를 배우고 싶습니다.

Betreff: www.gruppe-unterricht.de

Wollen Sie schon immer in Ruhe Deutsch lernen?
Wir machen Einzelunterricht, damit Sie Zeit sparen können.
Oder 2-4 Leute können gut zusammen lernen und die Aussprache gut trainieren.
Wir helfen Ihnen!

Betreff: www.sprachkurs-TKH.de

Sprachinstitut - TKH
Stuttgart, Jegerstr. 12

Deutsch, Englisch, Russisch
▸ Die Kurse
▸ Die Anmeldung
▸ Die Preise
▸ Kontakt

a는 개인과외 혹은 소그룹 과외에 대한 광고입니다. 그러므로 답은 a가 됩니다.

b는 일반적인 어학원 광고입니다.

Aufgabe 9

9 Sie möchten mit Freunden am Feiertag Italienisch essen gehen. Wohin gehen Sie?

당신은 친구들과 공휴일에 이탈리아 식당을 가려고 합니다. 당신은 어디로 가나요?

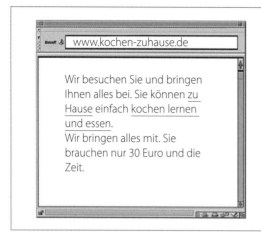

Pizza-Pasta
Kommen Sie zu Pisa!
Italienische Spezialitäten.
Täglich von 17-22 Uhr
Am Feiertag haben wir zu.

Tel. 0611/53 36 27

Italienisches Restaurant.
„Zum Maries Garten"
Wir machen jeden Tag auf.
Wir haben großen Garten.

Tel. 0611/87 63 27

보기 a의 지문을 보면 매일 저녁 오픈을 하지만 공휴일은 열지 않는다고 합니다.

보기 b는 매일 문을 연다고 언급되어 있습니다. 문제는 공휴일에 갈 수 있는 곳을 찾는 것이므로 답은 b입니다.

Aufgabe 10

10 Sie möchten einen Kochkurs zu Hause haben.

당신은 집에서 요리 강습을 받기 원합니다.

www.kochen-zuhause.de

Wir besuchen Sie und bringen
Ihnen alles bei. Sie können zu
Hause einfach kochen lernen
und essen.
Wir bringen alles mit. Sie
brauchen nur 30 Euro und die
Zeit.

www.perfekt-kochen.de

Kochen ist ganz einfach!
Das können Sie mit uns ausprobieren.
Wir haben einmal pro Woche einen Kurs.
Wir bereiten alles vor. Bitte kommen
Sie und lernen Sie Kochen mit **Perfekt
Kochen**.

Frankfurt Altener Str.7

보기 a의 지문을 보면 집에서 요리를 배우고, 먹을 수 있다고 합니다. 답은 a입니다.

보기 b의 지문에서는 집에서 할 수 있다는 언급이 없습니다. 'Bitte kommen Sie und lernen Sie.'를 보면 수강생이 어떤 장소로 가서 배우는 곳이라는 것을 알 수 있습니다. 그러므로 답이 될 수 없습니다.

Teil 3

Lesen Sie die Texte und die Aufgaben 11 bis 15.

Kreuzen Sie an: Richtig oder *Falsch* .

Beispiel An der Tür der *Sprachschule*

0   **Zum Deutsch lernen gehen Sie in die**   ~~Richtig~~   *Falsch*
    Beethovenstraße 23.

> # SPRACHZENTRUM
> Das Sprachzentrum ist umgezogen.
> Sie finden uns jetzt in der
> Beethovenstr. 23

vom Goethe-Institut

11   In der *Sprachschule*

> Heute fällt der Deutschkurs aus.
> Frau Kamp ist krank.
> Nächster Termin: am Mittwoch.
> Weitere Informationen: im Zimmer 204
> im 2. Stock.

Am Mittwoch findet der Deutschkurs wieder   Richtig   *Falsch*
statt.

12 Im *Internet*

NRW-Ticket der Deutschen Bahn

für nur 35 Euro bis zu 5 Personen.
Sie können an einem Tag durch ganz NRW mit
Bus oder Bahn fahren.
Jetzt reservieren und 3 Euro sparen!

Wenn man jetzt im Internet ein NRW-Ticket kauft, kostet es 35 Euro.

Richtig   Falsch

13 Beim *Ticketshop*

Das Konzert von Anne Sophie Mutter.
Die Konzerthalle ist ausgebucht.
Das nächste Konzert findet erst
nächstes Jahr statt.

Es gibt keine Karten mehr.

Richtig   Falsch

14 Im *Gemüsegeschäft*

Liebe Gäste!
Heute haben wir was ganz Besonderes für Sie:
holländische Orangen,
Tomaten aus der Schweiz!
Besonders günstig :
spanischer Salat.

Heute ist der Salat preiswert. | Richtig | *Falsch*

15 An der *Haltestelle*

An Heiligabend

Busverkehr bis 20.00 Uhr
und
von 8.00 Uhr bis 20.00 Uhr
alle 30 Minuten

Nach 20 Uhr fährt kein Bus. | Richtig | *Falsch*

본문과 11~15번까지의 문제를 읽으세요.
맞으면 Richtig에 틀리면 Falsch에 × 표시를 하세요.

Beispiel 어학원 문 앞에

어학원

어학원이 이전했습니다.

이제는 Beethovenstr. 23에서 우리를 만날 수 있습니다.

독일어를 배우기 위해서는 베토벤거리 23번지로 가셔야   Richtig   Falsch
해요.

어휘 **das Sprachzentrum** [n.] 어학원, 어학센터 ｜ **sein...umgezogen** [v.] 이사 갔다 (umziehen의 현재완료) ｜
finden [v.] 발견하다

---

11 어학원에서

오늘 독일어 수업은 휴강입니다.
Kamp 선생님이 아프세요.
다음 주 일정은 수요일입니다.
그 밖의 정보는: 2층에 (한국식 3층) 있는 204호실에서 받으실 수 있습니다.

수요일에 다시 독일어 수업이 시작됩니다.   Richtig   Falsch

어휘 **ausfallen** [v.] 휴강하다 ｜ **krank** [a.] 아픈 ｜ **am Mittwoch** 수요일에 ｜ **weitere Information** 그 이상의
정보

12 인터넷에서

독일 철도의 노르트라인베스트팔렌 – 티켓

35유로만으로 5명까지.
당신은 하루 동안 노르트라인베스트팔렌 전체의 주를 버스, 혹은 기차로 다닐 수 있습니다.
지금 예약하세요. 그리고 3유로를 절약하세요!

지금 인터넷에서 NRW – 티켓을 구매하면 35유로이다. | Richtig | ~~Falsch~~

어휘 **NRW** 노르트라인베스트팔렌 주 (독일 서부에 있는 주) | **durch** [prp.] ~통하여 (4격 전치사) | **reservieren** [v.] 예약하다 | **günstiger** [a.] 더 저렴한 (günstig의 비교법) | **sparen** [v.] 절약하다

---

13 티켓 가게에서

콘서트 홀에서 연주되는 Anne Sophie Mutter의 콘서트는 매진되었습니다.
다음 콘서트는 내년이 되어서야 개최됩니다.

더 이상 티켓이 없다. | ~~Richtig~~ | | Falsch |

어휘 **Ticketshop** [n.] 티켓 가게 | **das Konzert** [n.] 콘서트 | **die Konzerthalle** [n.] 콘서트 홀 | **ausgebucht** [a.] 매진된 | **stattfinden** [v.] 개최되다

14 야채 가게에서

> 친애하는 손님 여러분!
> 오늘 우리는 당신을 위하여 완전히 특별한 것이 있습니다.
> 네덜란드의 오렌지, 스위스에서 온 토마토!
> 특별히 저렴한 것은: 스페인식 샐러드예요.

오늘 샐러드는 비싸지 않다.   ☐ Richtig   ☐ Falsch

💬 **어휘** **holländisch** [a.] 네덜란드의 ❘ **spanisch** [a.] 스페인의 ❘ **aus der Schweiz** 스위스에서 ❘ **der Salat** [n.]
샐러드 ❘ **besonders** [adv.] 특히

15 정류장에서

> # 크리스마스 이브
>
> **버스 운행 저녁 8시까지 운행**
> **그리고**
> **오전 8시부터 오후 8시까지는 30분 간격 운행**

저녁 8시 이후에는 버스가 운행하지 않는다.   ☐ Richtig   ☐ Falsch

💬 **어휘** **die Haltestelle** [n.] 정류장 ❘ **der Heiligabend** [n.] 크리스마스 이브 ❘ **der Busverkehr** [n.] 버스 운행

문제풀이 전략

전략 1: 지문을 듣기 전 문제를 정확하게 읽어 보세요.
전략 2: 핵심 단어에 밑줄을 그어 보세요.
전략 3: 지문을 듣고 Richtig / Falsch 중 올바른 것에 × 표시하세요.
전략 4: 마지막에 답안지를 작성하세요.

 문제풀이 전략 적용 연습

전략 1 지문을 정확하게 읽어 보세요.

무엇이 주제입니까? 어디에 걸려있는 벽보입니까?

Beispiel

An der Tür der Sprachschule

어학원 문 앞에 걸려 있는 벽보입니다.

0 **Zum Deutschlernen gehen Sie in die Beethovenstraße 23.**

전략 2 핵심 단어에 밑줄을 그어 보세요.

SPRACHZENTRUM

Das Sprachzentrum ist umgezogen.
Sie finden uns jetzt in der
Beethovenstr. 23

전략 3 이제 지문을 듣고 Richtig / Falsch중 올바른 것에 × 표시하세요.

어학원은 이전했으므로, 독일어를 배우러 가려면 새로운 주소로 가야 합니다. 정답은 Richtig 입니다.

전략 4 마지막에 답안지를 작성하세요.

 ## 문제풀이 연습

Aufgabe 11

11 In der *Sprachschule*

> Heute fällt der Deutschkurs aus.
> Frau Kamp ist krank.
> Nächster Termin: am Mittwoch.
> Weitere Informationen: im Zimmer 204 im 2. Stock.

Am Mittwoch findet der Deutschkurs wieder statt. | Richtig | *Falsch*

다음 수업은 수요일이라고 언급되어 있습니다. 정답은 Richtig입니다.

Aufgabe 12

12 Im *Internet*

> ### NRW-Ticket der Deutschen Bahn
> für nur 35 Euro bis zu 5 Personen. Sie können an einem Tag durch ganz NRW mit Bus oder Bahn fahren.
> Jetzt reservieren und 3 Euro sparen!

Wenn man jetzt im Internet ein NRW-Ticket kauft, kostet es 35 Euro. | Richtig | *Falsch*

'지금 예약하세요, 그리고 3유로를 절약하세요!'라고 언급되어 있습니다. 3유로 더 저렴하게 구매한다면 가격이 35유로가 아니고, 32유로가 됩니다. 정답은 Falsch입니다.

Aufgabe 13

13 Beim *Ticketshop.*

> Das Konzert von Anne Sophie Mutter. Die Konzerthalle ist <u>ausgebucht</u>.
>
> Das nächste Konzert findet erst nächstes Jahr statt.

Es gibt <u>keine Karten</u> mehr. | Richtig | *Falsch*

단어를 제대로 알고 이해한다면, 쉽게 풀 수 있는 문제입니다. ausgebucht를 보고 매진되었다는 것을 알 수 있으며, 그것은 곧 더 이상 입장권이 없다는 것을 뜻합니다. 정답은 Richtig입니다.

Aufgabe 14

14 Im *Gemüsegeschäft*

> Liebe Gäste!
>
> Heute haben wir was ganz Besonderes für Sie:
>
> holländische Orangen,
>
> Tomaten aus der Schweiz!
>
> Besonders günstig :
>
> spanischer Salat.

Heute ist der Salat preiswert. | Richtig | *Falsch*

문제를 보면, 특별히 저렴한 것은 스페인식 샐러드라고 언급되어 있습니다. 또한 preiswert는 적당한 값, 저렴한 값을 뜻하는 günstig의 유의어입니다. 정답은 Richtig입니다.

Aufgabe 15

15   An der *Haltestelle*

An Heiligabend

Busverkehr bis 20.00 Uhr

und

von 8.00 Uhr bis 20.00 Uhr

alle 30 Minuten

Nach 20 Uhr fährt kein Bus. | Richtig | *Falsch*

8시 이후로는 버스가 다니지 않는다고 되어 있습니다. 정답은 Richtig입니다.

Modul Schreiben 쓰기

시험 유형 파악하기

 쓰기 영역 알아보기

쓰기 영역은 두 개의 유형으로 구성되어 있습니다. 유형 1은 하나의 본문을 읽고 서식에 있는 5개의 정보를 채워 넣는 것입니다. 유형 2는 소식을 전달하는 짧은 내용의 이메일이나 편지를 작성하는 것입니다. 최소한 30개 이상의 단어를 사용해야 합니다. 쓰기 영역은 수험자의 어휘력과 올바른 문법 사용 능력을 평가합니다.

각 문제에서는 3개의 제시문이 주어집니다. 3개의 요구 사항을 모두 포함하여 글을 완성하는 것이 쓰기 영역의 핵심입니다.

 쓰기 영역 한눈에 보기

구분	영역	본문 유형	포인트	문제 유형	점수
1	정보 이해	서식	주어진 짧은 지문을 읽고, 신청 서식을 완성합니다.	주관식	5
2	정보 전달	편지	정보를 전달하는 짧은 글을 작성합니다.	수관식	10

③ 유형 구분

쓰기 문제는 총 2가지 유형으로 구성되어 있으며 각 유형마다 하나의 문제가 주어집니다.
(제한 시간 20분)

유형 1 (5점)

친구나 지인에게 제시문을 포함하여 소식을 전달해야 합니다. 보통 짧은 문자 메시지 형식의 글을 작성하면
됩니다. (존칭이 아닌 친구 혹은 지인에게 사용하는 duzen 형식으로 쓰면 됩니다.)
*duzen : 편하게 말을 놓고, du의 호칭을 사용하는 것을 말합니다.

유형 2 (10점)

당신은 지인에게 소식(문자, 메일 아니면 편지)을 전달해야 합니다. 쉬운 형식의 편지글을 쓰는 것이
좋습니다. 예를 들어 누군가에게 사과하거나, 감사를 전하는 글이면 됩니다. (존칭 사용 siezen)
*siezen: Sie라는 호칭을 사용하는 것을 말합니다. 초면이거나 형식적인, 공식적인 관계나 자리에서 사용됩니다.

④ 시간 및 채점

— 시험 시간은 총 20분이며, 두 유형의 문제를 주어진 시간 내에 배분하여 작성해야 합니다.
— 쓰기 영역에는 총 15점이 배정됩니다. 첫 번째 유형은 주어진 문제에 답을 정확하게 작성하였을 때에 각
  1점씩 총 5점을 받을 수 있습니다. 두 번째 유형은 주어진 3개의 제시문이 모두 포함되면 5점을, 나머지
  5점은 어휘 및 문법으로 평가됩니다. 쓰기 영역은 총 15점이 배정 되며 최종적으로 1.66의 환산 지수가
  곱해져 총 25점으로 변환되어 최종 시험 성적이 됩니다.
— 사전, 핸드폰, 메모 등은 사용할 수 없습니다.

Teil 1

Ihre Freundin Charlotte Karen möchte im Hotel „Am Meer" in Rostock für sich und ihren Freund vom 13. bis 17. Juni reservieren. Ihr Freund möchte im Hotel frühstücken, und zwei Fahrräder mieten. Charlotte wohnt in Wolfsburg.

Auf dem Formular fehlen fünf Informationen.
Helfen Sie Ihrer Freundin und schreiben Sie die fünf Informationen in das Formular.
Am Ende schreiben Sie Ihre Lösungen bitte auf den **Antwortbogen**.

Hotel „Am Meer"
Reservierung

Familienname:	Karen	(0)
Vorname:	Charlotte	
Straße:	Hollerstr.15	
Postleitzahl/Ort:	54634	(1)
Abreise:		(2)
Anreise:	17. Juni	
☐ Einzelzimmer	☐ Doppelzimmer	(3)
☐ Frühstück	☐ kein Frühstück	(4)
Besondere Wünsche:		(5)

Unterschrift: *Charlotte Karen*

당신의 친구 Charlotte Karen은 Rostock에 있는 „Am Meer" 호텔에 그녀 자신과 그녀의 남자 친구를 위하여 6월 13일부터 17일까지 예약하려고 합니다. 그녀의 남자 친구는 호텔에서 조식 먹기를 원합니다. 또한 자전거 두 대를 빌리려고 합니다. Charlotte는 Wolfsburg에 살고 있습니다.

양식에는 5개의 정보가 빠져 있습니다.
당신의 친구를 도와주시고 5개의 부족한 정보를 양식에 적으세요.
마지막에는 당신의 답을 해답지에 적으세요.

호텔 "바닷가에서"
예약

성:	Karen	(0)
이름	Charlotte	
도로명	Hollerstr.15	
우편번호/ 도시	54634	(1)
출발:		(2)
도착:	17. Juni	
☐ 1인실	☐ 2인실	(3)
☐ 조식	☐ 조식없이	(4)
특별한 요구사항:		(5)

싸인: *Charlotte Karen*

쓰기 전략

전략 1: 본문을 정확하게 읽어 보세요. 문제를 푸는 데 필요한 모든 정보를 알 수 있습니다.

전략 2: 본문을 보고 중요한 단어에 밑줄을 그으세요.

전략 3: 올바른 정보를 채워 서식을 완성하세요.

 쓰기 전략 적용 연습

Teil 1 서식 완성하기

당신은 하나의 본문을 받게 됩니다. 본문을 읽고 비어 있는 5개의 빈칸을 채워 서식을 완성해야 합니다.

Hotel „Am Meer"
Reservierung

Familienname:	Karen	(0)
Vorname:	Charlotte	
Straße:	Hollerstr.15	
Postleitzahl/Ort:	54634 Wolfsburg	(1)
Abreise:	13. Juni	(2)
Anreise:	17. Juni	

☐ Einzelzimmer ☒ Doppelzimmer   (3)

☒ Frühstück ☐ kein Frühstück   (4)

Besondere Wünsche: zwei Fahrräder mieten   (5)

Unterschrift: *Charlotte Karen*

본문을 정확하게 살펴보고, 빈칸에 정보를 채워서 서식을 완성하세요.

Teil 2

Sie wollen nächste Woche mit einem Freund / einer Freundin zusammen ins Konzert gehen.

— Warum schreiben Sie?

— Um welche Uhrzeit?

— Was soll man mitbringen?

Schreiben Sie zu jedem Punkt ein bis zwei Sätze auf den Antwortbogen (circa 30 Wörter). Schreiben Sie auch eine Anrede und einen Gruß.

당신은 다음 주에 남자 친구 아니면 여자 친구와 함께 콘서트에 가고 싶습니다.

— 당신이 편지를 쓰는 이유가 무엇입니까?
— 몇 시에?
— 무엇을 가져가야 합니까?

각 제시문에 대하여 1-2개의 문장을 약 30개의 단어를 사용하여 답안지에 적으세요.
호칭과 안부도 적으세요.

모범 답안

Lieber Peter,
hast du nächste Woche am Samstag gegen 3 Uhr Zeit? Wollen wir ins Konzert von Bigbang gehen? Ich habe lange gewartet! Und kannst du vielleicht bitte mein Wörterbuch mitbringen? Ich brauche es wieder.

Liebe Grüße
Leonie

해석

친애하는 Peter에게,
너 다음 주 토요일에 대략 3시에 시간 있니? 우리 빅뱅 콘서트에 갈까? 나는 오래 기다렸어! 그리고 혹시 내 사전 가져올 수 있니? 나는 그것이 다시 필요해.

사랑의 안부를 담아
Leonie

어휘 **gegen** [prp.] ~시 경에, 무렵에 ∣ **haben...gewartet** [v.] 기다렸다 (warten의 현재완료) ∣ **das Wörterbuch** [n.] 사전 ∣ **mitbringen** [v.] 가져오다

학생 답안

Lieber Andy,

ich bin sehr glücklich, dass es nächste Woche ein Konzert gibt! Und ich möchte mit dir ins Konzert gehen. Das Konzert beginnt am Samstag um 7 Uhr. Wenn du kommst, bring eine Flasche Wasser mit. Bis bald!

Viele Grüße
Vera

해석

친애하는 Andy에게.

다음 주에 콘서트가 있어서 나는 정말 행복해! 그리고 나는 다음 주에 너와 함께 콘서트에 가고 싶어. 콘서트는 토요일 7시에 시작해. 네가 올 때 물 한 병도 가지고 와 줘. 곧 만나자!

많은 안부를 담아
Vera

어휘 **glücklich** [a.] 행복한 | **das Konzert** [n.] 콘서트 | **beginnen** [v.] 시작하다 | **mitbringen** [v.] ~을 가져오다

쓰기 전략

Teil2에서는 하나의 짧은 편지글을 써야 합니다. 편지에는 3가지 제시문이 있습니다. 각 제시문에 대하여 무엇이든 적어야 하며 약 30개 이상의 단어를 사용하여 적어야 합니다.

전략 1: 상황을 정확하게 읽으세요.
전략 2: 3가지 제시문을 정확하게 읽고, 편지글을 바로 답안지에 작성하세요.
전략 3: 각 제시문과 관련된 내용을 한 문장 에서 두 문장을 적어야 하며, 30개 이상의 단어를 사용해야 합니다.
전략 4: 편지글은 안부로 마무리해야 합니다.
전략 5: 편지를 완성한 후 다시 한 번 읽어 보고 점검하세요.

 쓰기 전략 적용 연습

전략 1 상황을 정확하게 읽으세요.

전략 2 3가지 제시문을 정확하게 읽고, 편지글을 바로 답안지에 작성하세요.

> – Warum schreiben Sie?
> – Um welche Uhrzeit?
> – Was soll er/sie mitbringen?

다음과 같이 세 가지가 언급되어야 합니다.
편지를 쓰는 이유와 시간, 무엇을 가지고 가야 하는지 편지에 적으세요.

전략 3 각 제시문과 관련된 내용을 한 문장 에서 두 문장을 적어야 하며,
30개 정도의 단어를 사용해야 합니다.

1) 모범 답안

> Lieber Peter,
>
> hast du nächste Woche am Samstag ② gegen 3 Uhr Zeit? ① Wollen wir ins Konzert
> von Bigbang gehen? Ich habe lange gewartet! Und kannst du vielleicht bitte ③ mein
> Wörterbuch mitbringen? Ich brauche es wieder.

2) 학생 답안

> Ich bin sehr glücklich, dass es nächste Woche ein Konzert gibt! Und ich ① möchte mit
> dir ins Konzert gehen. Das Konzert beginnt am Samstag ② um 7 Uhr. Wenn du kommst,
> ③ bring eine Flasche Wasser mit. Bis bald!

전략 4 편지글은 안부로 마무리해야 합니다.

1) 모범 답안

> Liebe Grüße
> Leonie

2) 학생 답안

> Liebe Grüße
> Vera

전략 5 편지를 완성한 후 다시 한 번 읽어 보고 점검하세요.

※ 아래의 관점들을 유의하며 점검해 봅시다.

---

① 세 가지 제시문을 정확하게 읽었나요? 누구에게 편지를 쓰는 건가요? 어떤 호칭이 올바른가요?
(Sehr geehrte... / Sehr geehrter... Liebe... / Lieber...)

② 각 제시문에 대하여 한 개에서 두 개의 문장을 적었는지 확인해 보세요.

③ 약 30단어를 사용하면 충분합니다. 너무 많은 문장을 적으면 그만큼 많은 실수도 발생할 수 있습니다.

④ 안부를 적는 것을 잊지 마세요. (Liebe Grüße / Mit freundlichen Grüßen)

⑤ 정관사를 올바르게 적었는지 확인하세요.

⑥ 명사의 앞부분을 대문자로 올바르게 적었는지 확인하세요.

⑦ 동사의 형태를 올바르게 작성하였는지 확인하세요.

⑧ 존댓말로 시작했으면 끝까지 존댓말을 유지해 주세요.

★ Teil 1

회원가입, 예약 등의 상황이 주어지고 상황에 맞는 신청 양식이 주어집니다. 신청 양식의 빈칸을 채워서 답안을 작성해야 합니다.

자주 나오는 단어

Familienname	성	Beruf	직업
Vorname	이름	Kurs	코스
Postleitzahl, Wohnort	우편번호, 사는 장소	Termin	일정
Straße, Hausnummer	거리, 집 번지	Anreise	도착
Telefon	전화	Abreise	출발
Alter	나이	Zahlungsweise	지불 방법
Geschlecht	성별	Unterschrift	서명

★ Teil 2

친구나 지인에게 감사(또는 사과)를 표현하거나 일상생활과 관련된 편지 또는 이메일을 쓰는 문제입니다. 지문에 나온 어휘를 이해하고 활용하는 능력과 제시된 키워드를 사용하여 작문을 하는 능력을 평가합니다.

다음 두 가지 주의사항을 꼭 기억하세요.
- 3가지 요구 사항을 명확히 이해해야 합니다.
- 글의 유형 및 글을 쓰는 상황이나 목적을 정확하게 파악해야 합니다.

답안 작성 후 마지막 체크리스트를 확인하세요.
- 시작과 맺음말 등 편지 형식에 부합하는 글쓰기를 하였는지 확인하세요.

시작

Liebe Anna,	친애하는 안나에게,
Lieber Hans,	친애하는 한스에게,
Hallo Maria,	안녕 마리아,
Sehr geehrte Frau Müller,	존경하는 뮐러 부인에게,
Sehr geehrter Müller,	존경하는 뮐러 씨에게,
Liebe Damen und Herren,	친애하는 신사 숙녀 여러분,

맺음말

Viele Grüße	많은 안부를 담아
Mit freundlichen Grüßen	친절한 안부를 담아
Mit herzlichen Grüßen	진심을 담아

- 세 가지 요구 사항을 모두 충족하였는지 확인하세요.
- 문법적인 부분을 다시 한 번 확인합니다.
- 30단어 내외로 작성하였는지 확인합니다.

Modul Sprechen 말하기

시험 유형 파악하기

▶ 말하기 샘플 영상

① 말하기 영역 알아보기

A1 말하기 시험은 두 명의 시험 참가자와 두 명의 시험관이 함께 진행 합니다. 준비 시간은 따로 없으며, 과제를 받은 후 시험은 바로 시작됩니다.

말하기 영역은 세 개의 유형으로 구성되어 있습니다. 유형 1은 자신을 소개하는 형식입니다. 유형 2는 파트너와 함께 인적사항이나 일상적인 일에 대한 질문을 하고 대답을 하는 형식입니다. 유형 3은 파트너에게 무엇인가를 부탁하고, 그 부탁에 대한 대답을 합니다.

② 말하기 영역 한눈에 보기

구분	영역	말하기 유형	형태와 성격	시간
1	자기소개	독백	자신을 소개하기	약 2분
2	질문과 대답	대화	하나의 주제를 가지고 파트너와 질문 및 답변하기	3-4분
3	부탁과 대답	대화	그림이 그려진 카드를 받고, 연관된 부탁을 하고 대답하기	3-4분

③ 유형 구분

말하기는 총 3가지 유형으로 되어 있고 25점 만점입니다 시험은 15분 정도 진행되며, 참여자마다 대략 7분 정도 소요됩니다.

유형 1 (3점)

시험관 앞에서 자신을 소개합니다. 시험관이 질문을 하면, 이름, 나이, 나라, 사는 곳, 언어, 직업, 취미 등등에 대하여 자신을 소개합니다. 시간은 2분이 넘지 않게 진행됩니다.

유형 2 (6점)

당신은 하나의 주제가 적힌 카드를 받습니다. 파트너와 함께 주제와 관련하여 질문하고 답변합니다.

유형 3 (6점)

두 장의 카드를 받고, 각 카드마다 두 가지의 부탁을 합니다. 당신의 파트너는 당신이 한 부탁에 대해 대답을 해야 합니다.

④ 시간 및 채점

— Teil 1 약 1–2분, Teil 2 약 3–4분, Teil 3 약 3–4분, 말하기 시험은 약 15분 동안 진행 됩니다.

— Teil 1은 3점, Teil 2와 Teil 3은 각 6점 만점이며 총 15점을 받을 수 있습니다.

— 총 15점이 배정되며 최종적으로 1.66의 환산 지수가 곱해져 총 25점으로 변환되어 최종 시험 성적에 표기됩니다.

— 사전, 핸드폰, 메모 등은 사용 할 수 없습니다.

Teil 1

sich vorstellen 자신을 소개합니다.

Kandidatenblätter 응시자 시험지

Name?
Alter?
Land?
Wohnort?
Sprachen?
Beruf?
Hobby?

말하기 전략

Teil 1에서는 자신을 소개합니다.
간단한 형태로 중요한 정보를 전달합니다.

전략 1: 제시어를 읽어 보세요.
전략 2: 각 제시어마다 1-2개의 문장을 만들어 이야기하세요.

TIPP! 시험 참가자들은 차례대로 본인을 소개합니다. 각 참가자의 소개가 끝난 뒤 시험 감독관은 성, 거주지, 전화번호 등의 철자에 대하여 추가 질문을 할 수 있습니다.

예시 답안

1. Wie ist Ihr Vorname? Können Sie das bitte buchstabieren?
2. Sie wohnen in der XYZ-Straße. Können Sie das bitte buchstabieren?
3. Wie ist bitte Ihre Nummer?
4. Wie lautet Ihre Postleitzahl?

해석

1. 당신의 이름은 무엇인가요? 그것을 한 자 한 자 읽어 주실 수 있나요?
2. 당신은 XYZ-거리에 삽니다. 그것을 한 자 한 자 읽어 주실 수 있나요?
3. 당신의 번호가 어떻게 되나요?
4. 당신의 우편번호가 어떻게 되나요?

어휘 **buchstabieren** [v.] 한 자 한 자 읽다, 철자하다 | **die Hausnummer** [n.] 집 번지 | **die Telefonnummer** [n.] 전화번호 | **lauten** [v.] ~라는 내용이다 | **die Postleitzahl** [n.] 우편번호

말하기 전략 적용 연습

제시어를 읽어 보세요.

Name?	이름
Alter?	나이
Land?	나라
Wohnort?	거주지
Sprachen?	언어
Beruf?	직업
Hobby?	취미

전략 2 각 제시어마다 1-2개의 문장을 만들어 이야기 하세요.

Name? Ich bin... Ich heiße... Mein Name ist...	**이름?** 나는... 입니다. 나는... 라고 불립니다. 나의 이름은...

Alter? Ich bin 29 Jahre alt.	**나이?** 나는 29살입니다.

Land? Ich komme aus Korea.	**나라?** 나는 한국에서 왔습니다.

Wohnort? Ich wohne in Seoul.	**사는 곳?** 나는 서울에 삽니다.

Sprachen? Ich spreche Englisch und Japanisch und ein bisschen Deutsch. Meine Muttersprache ist Koreanisch.	**언어?** 나는 영어와 일본어 그리고 독일어를 조금 합니다. 나의 모국어는 한국어입니다.

Beruf? Ich arbeite in einem Büro. Ich bin Student / Studentin. Ich bin Sekretär / Sekretärin von Beruf. Ich möchte Arzt / Ärztin werden.	**나이?** 나는 사무실에서 일합니다. 나는 (남)학생입니다. / (여)학생입니다. 나는 (남)비서입니다. / (여)학생입니다. 나는 (남)의사가 되고 싶습니다. / (여)의사가 되고 싶습니다.

Hobby? Mein Hobby ist Filme sehen. Meine Hobbys sind Lesen und Musik hören.	**취미?** 나의 취미는 영화 감상입니다. 나의 취미는 독서와 음악 감상입니다.

예시 답안  MP3 02_01

Mein Name ist Sumin Kim. Ich bin 20 Jahre alt. Ich komme aus Korea. Ich lebe in Seoul. Ich spreche Deutsch und Englisch. Ich bin Studentin. Mein Hobby ist malen.	나의 이름은 김수민입니다. 나는 20살입니다. 나는 한국에서 왔습니다. 나는 서울에 삽니다. 나는 독일어와 영어를 합니다. 나는 대학생입니다. 나의 취미는 그림 그리기입니다.

Teil 2

Um Informationen bitten und Informationen geben.

Start Deutsch 1	Sprechen Teil 2
Übungssatz 01	Kandidatenblätter
Thema: Wochenende	

Konzert

Start Deutsch 1	Sprechen Teil 2
Übungssatz 01	Kandidatenblätter
Thema: Wochenende	

Sonntag

Start Deutsch 1	Sprechen Teil 2
Übungssatz 01	Kandidatenblätter
Thema: Wochenende	

Sport

Start Deutsch 1	Sprechen Teil 2
Übungssatz 01	Kandidatenblätter
Thema: Wochenende	

Familie

Start Deutsch 1	Sprechen Teil 2
Übungssatz 01	Kandidatenblätter
Thema: Wochenende	

Ausflug

Start Deutsch 1	Sprechen Teil 2
Übungssatz 01	Kandidatenblätter
Thema: Wochenende	

Bücher

Start Deutsch 1	Sprechen Teil 2
Übungssatz 01	Kandidatenblätter
Thema: Sprachschule	

Freunde

Start Deutsch 1	Sprechen Teil 2
Übungssatz 01	Kandidatenblätter
Thema: Sprachschule	

Lehrer

Start Deutsch 1	Sprechen Teil 2
Übungssatz 01	Kandidatenblätter
Thema: Sprachschule	

Computer

Start Deutsch 1	Sprechen Teil 2
Übungssatz 01	Kandidatenblätter
Thema: Sprachschule	

Sprachen

Start Deutsch 1	Sprechen Teil 2
Übungssatz 01	Kandidatenblätter
Thema: Sprachschule	

Essen

Start Deutsch 1	Sprechen Teil 2
Übungssatz 01	Kandidatenblätter
Thema: Sprachschule	

Hausaufgaben

상대방의 정보에 대해 질문하고 정보 주기.

Start Deutsch 1	Sprechen Teil 2
Übungssatz 01	Kandidatenblätter
주제: 주말	

콘서트

Start Deutsch 1	Sprechen Teil 2
Übungssatz 01	Kandidatenblätter
주제: 주말	

일요일

Start Deutsch 1	Sprechen Teil 2
Übungssatz 01	Kandidatenblätter
주제: 주말	

운동

Start Deutsch 1	Sprechen Teil 2
Übungssatz 01	Kandidatenblätter
주제: 주말	

가족

Start Deutsch 1	Sprechen Teil 2
Übungssatz 01	Kandidatenblätter
주제: 주말	

소풍

Start Deutsch 1	Sprechen Teil 2
Übungssatz 01	Kandidatenblätter
주제: 주말	

책들

Start Deutsch 1	Sprechen Teil 2
Übungssatz 01	Kandidatenblätter
주제: 어학원	

친구들

Start Deutsch 1	Sprechen Teil 2
Übungssatz 01	Kandidatenblätter
주제: 어학원	

선생님

Start Deutsch 1	Sprechen Teil 2
Übungssatz 01	Kandidatenblätter
주제: 어학원	

컴퓨터

Start Deutsch 1	Sprechen Teil 2
Übungssatz 01	Kandidatenblätter
주제: 어학원	

언어들

Start Deutsch 1	Sprechen Teil 2
Übungssatz 01	Kandidatenblätter
주제: 어학원	

음식

Start Deutsch 1	Sprechen Teil 2
Übungssatz 01	Kandidatenblätter
주제: 어학원	

숙제

말하기 전략

하나의 주제를 가지고 질문을 하고, 질문에 대한 대답을 해야 합니다. 당신은 파트너와 함께 대화를 합니다.

전략 1: 제시어를 읽어 보세요.
전략 2: 각 제시어를 가지고 파트너와 함께 질문하고 대답합니다.

 말하기 전략 적용 연습

전략 1 제시어를 읽어 보세요.

당신은(Person A) 하나의 카드를 선택합니다. 카드에 적혀 있는 제시어를 읽고 어떤 질문을 할 수 있을지 생각해 봅니다.

TIPP! 본문이 어렵다면, 질문을 먼저 이해하고 본문에서 거꾸로 답을 찾아 보세요!

Start Deutsch 1	Sprechen Teil 2
Übungssatz 01	Kandidatenblätter
Thema: Wochenende	

Konzert

전략 2 각 제시어를 가지고 파트너와 함께 질문하고 대답합니다.

주제와 관련된 질문을 해 봅시다.

> **Gehen Sie am Wochenende ins Konzert?**
> 당신은 주말에 콘서트에 가시나요?

예를 들어 파트너는(Person B) 이렇게 대답할 수 있습니다.

> **Nein, ich gehe nicht ins Konzert.**
> 아니요, 저는 콘서트에 가지 않습니다.

TIPP! 만약 먼저 시작하고 싶다면 하나의 카드를 선택하세요. 주제와 어울리는 질문을 해야 합니다.

질문 후 대답이 끝나면 대답을 한 파트너(Person B)는 새로운 카드를 하나 선택합니다. 그 다음 또 다른 참가자(Person C)에게 질문을 합니다. 대답이 끝난 후 참가자(Person C)는 또 다른 카드를 선택하고, 나머지 참가자(Person D)에게 질문을 합니다.

MP3 02_02

Start Deutsch 1	Sprechen Teil 2
Übungssatz 01	Kandidatenblätter
Thema: 주말	

콘서트

A Gehen Sie am Wochenende ins Konzert?

B Nein, ich gehe nicht ins Konzert.

A 당신은 주말에 콘서트에 갑니까?

B 아니요, 저는 콘서트에 가지 않습니다.

Start Deutsch 1	Sprechen Teil 2
Übungssatz 01	Kandidatenblätter
Thema: 주말	

일요일

A Sehen Sie am Sonntag einen Film?

B Ja. Am Wochenende gehe ich ins Kino.

A 당신은 일요일에 한 편의 영화를 보나요?

B 네. 저는 주말에 영화관에 갑니다.

Start Deutsch 1	Sprechen Teil 2
Übungssatz 01	Kandidatenblätter
Thema: 주말	

운동

A Machen Sie gern Sport am Sonntag?

B Ja, ich spiele gern Tennis.

A 당신은 일요일에 운동을 즐겨 하십니까?

B 네, 저는 테니스를 즐겨 합니다.

Start Deutsch 1	Sprechen Teil 2
Übungssatz 01	Kandidatenblätter
Thema: 주말	

가족

A Wohin fahren Sie mit Ihrer Familie am Samstag?

B Wir fahren dieses Jahr nirgendswohin.

A 당신은 당신의 가족과 토요일에 어디로 가나요?

B 저희는 올해에 어디도 가지 않아요.

Start Deutsch 1	Sprechen Teil 2
Übungssatz 01	Kandidatenblätter
Thema: 주말	

소풍

A Wo machen Sie am Wochenende einen Ausflug?

B In Düsseldorf machen wir einen Ausflug.

A 당신은 주말에 어디에서 소풍을 하시나요?

B 저희는 Düsseldorf에서 소풍을 합니다.

Start Deutsch 1	Sprechen Teil 2
Übungssatz 01	Kandidatenblätter
Thema: 주말	

책들

A Lesen Sie gern Bücher am Wochenende?

B Ja, am Wochenende habe ich viel Zeit.

B 당신은 주말에 책을 즐겨 읽나요?

B 네, 저는 주말에 시간이 많아요.

Start Deutsch 1	Sprechen Teil 2
Übungssatz 01	Kandidatenblätter

Thema: 어학원

친구들

A Hast du viele Freunde?
B Ja, ich habe 20 Freunde.

A 너는 많은 친구들이 있니?
B 응, 나는 20명의 친구들이 있어.

Start Deutsch 1	Sprechen Teil 2
Übungssatz 01	Kandidatenblätter

Thema: 어학원

선생님

A Wer ist dein Lehrer?
B Mein Lehrer ist Herr Neus.

A 너의 선생님이 누구니?
B 나의 선생님은 Neus씨야.

Start Deutsch 1	Sprechen Teil 2
Übungssatz 01	Kandidatenblätter

Thema: 어학원

컴퓨터

A Wo ist der Computerraum?
B Ich weiß es auch nicht.

A 컴퓨터실은 어디인가요?
B 저도 모르겠습니다.

Start Deutsch 1	Sprechen Teil 2
Übungssatz 01	Kandidatenblätter

Thema: 어학원

언어

A Welche Sprachen lernen Sie in der Sprachschule?
B Ich lerne Deutsch.

A 어떤 언어를 어학원에서 배우시나요?
B 저는 독일어를 배워요.

Start Deutsch 1	Sprechen Teil 2
Übungssatz 01	Kandidatenblätter

Thema: 어학원

음식

A Wann essen Sie zu Mittag im Sprachkurs?
B Um halb eins haben wir Mittagspause.

A 당신은 어학원에서 언제 점심 식사를 하나요?
B 우리는 12시 반에 점심 시간이에요.

Start Deutsch 1	Sprechen Teil 2
Übungssatz 01	Kandidatenblätter

Thema: 어학원

숙제

A Wie oft gibt es Hausaufgaben?
B Jeden Tag gibt es Hausaufgaben.

A 얼마나 자주 숙제가 있나요?
B 매일 숙제들이 있어요.

🗨 Teil 2 말하기 활동

1 당신은 아침으로 무엇을 먹나요?

＊**das Frühstück** [n.] 아침 ｜ **essen** [v.] 먹다

_____

2 당신이 가장 좋아하는 음식은 무엇인가요?

＊**das Lieblingsessen** [n.] 가장 좋아하는 음식

_____

3 당신은 일요일에 어디로 가나요?

＊**wohin** [adv.] 어디로 ｜ **der Sonntag** [n.] 일요일

_____

4 당신은 맥주를 마시겠습니까?

＊**das Bier** [n.] 맥주 ｜ **trinken** [v.] 마시다

_____

5 당신은 고기를 드시기 원하시나요?

＊**möchten** [v.] ～을 원하다 ｜ **das Fleisch** [n.] 고기

_____

6 당신은 저와 함께 빵을 드실래요?

＊**das Brot** [n.] 빵 ｜ **essen** [v.] 먹다

_____

7 당신은 신문이 있나요?

*die Zeitung [n.] 신문

_____

8 계산대는 어디에 있나요?

*wo [adv.] 어디 | die Kasse [n.] 계산대

_____

9 당신이 가장 좋아하는 과일은 무엇인가요?

*das Lieblingsobst [n.] 가장 좋아하는 과일

_____

10 당신의 신발은 어디에 있나요?

*(pl.) die Schuhe [n.] 신발

_____

11 당신은 당신의 여자 친구를 좋아하나요?

*die Freundin [n.] 여자 친구 | mögen [v.] 좋아하다

_____

12 당신에게 선생님이 마음에 드나요?

*gefallen [v.] 누구의 마음에 들다

_____

13 당신은 하나의 컴퓨터가 필요하나요?

*der Computer [n.] 컴퓨터 | brauchen [v.] 필요하다

_____

14 당신은 독일어로 말할 수 있나요?

*sprechen [v.] 말하다 | können [v.] ~할 수 있다 | das Deutsch [n.] 독일어

---

15 당신은 당신의 엄마와 함께 일요일에 어디에 가나요?

*der Sonntag [n.] 일요일

---

16 당신은 당신의 부모님과 사나요?

*die Eltern [n.] 부모님 | wohnen [v.] 살다

---

17 당신은 하나의 컴퓨터가 집에 있나요?

*der Computer [n.] 컴퓨터 | zu Hause 집에

---

18 당신은 당신의 친구들을 다음 주 일요일에 파티에 초대하나요?

*zur Party 파티로 | einladen [v.] 초대하다

---

19 당신은 애완동물이 있나요?

*(pl.) die Haustiere [n.] 애완동물들

---

20 당신은 일요일에 어떤 책을 읽나요?

*welches Buch 어떤 책 | lesen [v.] 읽다

정답

1 Was essen Sie zum Frühstück?

2 Was ist Ihr Lieblingsessen?

3 Wohin gehen Sie am Sonntag?

4 Wollen Sie Bier trinken?

5 Möchten Sie Fleisch essen?

6 Wollen Sie mit mir Brot essen?

7 Haben Sie eine Zeitung?

8 Wo ist die Kasse?

9 Was ist Ihr Lieblingsobst?

10 Wo sind Ihre Schuhe?

11 Mögen Sie Ihre Freundin?

12 Gefällt Ihnen der Lehrer?

13 Brauchen Sie einen Computer?

14 Können Sie auf Deutsch sprechen?

15 Wohin gehen Sie mit Ihrer Mutter am Sonntag?

16 Wohnen Sie mit Ihren Eltern?

17 Haben Sie einen Computer zu Hause?

18 Laden Sie Ihre Freunde zur Party am nächsten Sonntag ein?

19 Haben Sie Haustiere?

20 Welches Buch lesen Sie am Sonntag?

Teil 3

Bitte formulieren und darauf reagieren.

A

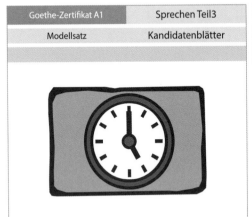

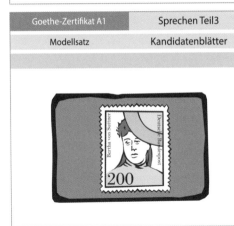

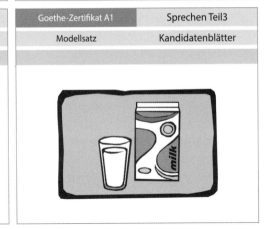

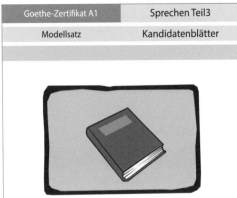

B

| Goethe-Zertifikat A1 | Sprechen Teil3 |
| Modellsatz | Kandidatenblätter |

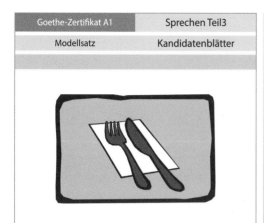

| Goethe-Zertifikat A1 | Sprechen Teil3 |
| Modellsatz | Kandidatenblätter |

| Goethe-Zertifikat A1 | Sprechen Teil3 |
| Modellsatz | Kandidatenblätter |

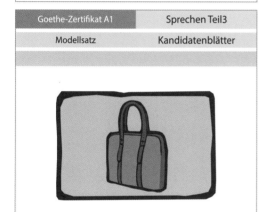

| Goethe-Zertifikat A1 | Sprechen Teil3 |
| Modellsatz | Kandidatenblätter |

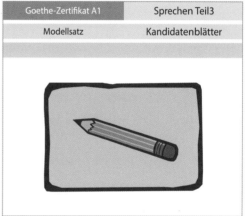

| Goethe-Zertifikat A1 | Sprechen Teil3 |
| Modellsatz | Kandidatenblätter |

| Goethe-Zertifikat A1 | Sprechen Teil3 |
| Modellsatz | Kandidatenblätter |

말하기 전략

그림 카드를 보고 답하는 문제입니다. 한 그룹 안에서 돌아가면서 부탁을 하고, 그 부탁에 대한 대답을 해야 합니다.

전략 1: 카드에 그려진 그림을 보세요.
전략 2: 파트너에게 각 그림과 관련이 있는 부탁을 합니다.

 말하기 전략 적용 연습

전략 1 카드에 그려진 그림을 봅니다.

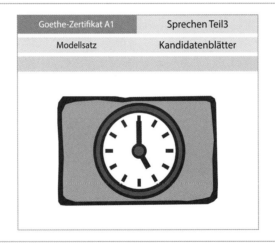

당신은 부탁을 하고 파트너는 대답합니다. 당신은 두 번 부탁을 해야 합니다.
순서는 아래와 같이 진행 됩니다.

① A는 하나의 카드를 가지고 B에게 질문합니다.
② B는 답변을 하고, 새로운 카드를 가지고 가서 C에게 부탁합니다.
③ C는 대답을 하고, 새로운 카드를 가지고 간 후 D에게 부탁합니다.
④ D는 대답을 한 후, 새로운 카드를 가지고 A에게 부탁을 합니다.

두 번째도 다음과 같이 진행됩니다.

전략 2 각 제시어를 가지고 파트너와 함께 질문하고 대답합니다.

주제와 관련된 질문을 해 봅시다.

A   **Schauen Sie bitte auf die Uhr!**

A   시계를 보세요!

예를 들어 파트너는(Person B) 이렇게 대답할 수 있습니다.

B   **Es ist 5 Uhr.**

B   지금은 5시예요.

MP3 02_03

Goethe-Zertifikat A1	Sprechen Teil3
Modellsatz	Kandidatenblätter

1. die Uhr

A: Bitte schauen Sie auf die Uhr!

B: Es ist 5 Uhr.

1. 시계

A: 이 시계를 보세요!

B: 지금은 5시예요.

Goethe-Zertifikat A1	Sprechen Teil3
Modellsatz	Kandidatenblätter

2. das Handy

A: Mach dein Handy aus!

B: Ja, ich mache es aus.

2. 핸드폰

A: 핸드폰을 꺼!

B: 응, 끌게.

Goethe-Zertifikat A1	Sprechen Teil3
Modellsatz	Kandidatenblätter

3. die Briefmarke

A: Kaufen Sie bitte eine Briefmarke!

B: Ja, ich kaufe sie.

3. 우표

A: 우표를 하나 사세요!

B: 네, 제가 그것을 살게요.

Goethe-Zertifikat A1	Sprechen Teil3
Modellsatz	Kandidatenblätter

4. die Milch

A: Trinken Sie die Milch!

B: Ich habe sie schon getrunken.

4. 우유

A: 이 우유를 마시세요!

B: 저는 이미 우유를 마셨어요.

Goethe-Zertifikat A1	Sprechen Teil3
Modellsatz	Kandidatenblätter

5. das Buch

A: Lesen Sie das Buch vor!

B: Ja, ich lese es vor.

5. 책

A: 책을 낭독하세요!

B: 네, 제가 책을 낭독할게요.

Goethe-Zertifikat A1	Sprechen Teil3
Modellsatz	Kandidatenblätter

6. das Fahrrad

A: Sagen Sie mir bitte, wenn Sie ein Fahrrad kaufen!

B: Ja, das mache ich.

6. 자전거

A: 자전거를 사시면 저에게 말해 주세요.

B: 네, 그렇게 할게요.

 TIPP! 일반적으로 시간을 물어볼 때는 Wie viel Uhr ist es?를 사용합니다. Teil 3는 명령문의 형태로 만들어야 하는 유형이므로 예시 답안을 참고하세요!

Goethe-Zertifikat A1 | Sprechen Teil3
Modellsatz | Kandidatenblätter

1. das Besteck

A: Benutzen Sie das Besteck!

B: Ich brauche es nicht.

1. 식사 도구(포크, 나이프)

A: 식사 도구(포크, 나이프)를 사용하세요!

B: 저는 그것이 필요 없어요.

Goethe-Zertifikat A1 | Sprechen Teil3
Modellsatz | Kandidatenblätter

2. der Apfel

A: Kaufen Sie zwei Äpfel!

B: Ich möchte nur einen Apfel kaufen.

2. 사과

A: 사과 2개를 사세요!

B: 저는 사과를 한 개만 사고 싶어요.

Goethe-Zertifikat A1 | Sprechen Teil3
Modellsatz | Kandidatenblätter

3. die Tasche

A: Bringen Sie mir bitte die Tasche!

B: Ja, ich bringe sie Ihnen.

3. 가방

A: 저에게 그 가방을 가져다 주세요!

B: 네, 제가 그것을 당신에게 가져다 드릴게요.

Goethe-Zertifikat A1 | Sprechen Teil3
Modellsatz | Kandidatenblätter

4. der Bleistift

A: Schreiben Sie bitte mit dem Bleistift!

B: Nein, ich benutze lieber einen Kugelschreiber.

4. 연필

A: 연필로 적으세요!

B: 싫어요, 저는 볼펜을 사용하는 것이 더 좋아요.

Goethe-Zertifikat A1 | Sprechen Teil3
Modellsatz | Kandidatenblätter

5. das Radio

A: Hören Sie bitte oft Radio!

B: Ja, beim Autofahren werde ich gerne Radio hören.

5. 라디오

A: 당신은 라디오를 자주 들으세요!

B: 네, 제가 자동차 운전을 할 때, 라디오를 들을게요.

Goethe-Zertifikat A1 | Sprechen Teil3
Modellsatz | Kandidatenblätter

6. die Banane

A: Iss bitte die Banane!

B: Nein, ich mag sie nicht.

6. 바나나

A: 이 바나나를 좀 먹어봐!

B: 싫어, 나는 바나나를 좋아하지 않아.

1 엽서를 보내세요!

＊**die Postkarte** [n.] 엽서 ｜ **schicken** [v.] 보내다

_____

2 이곳에서 수영하시면 안 됩니다!

＊**schwimmen** [v.] 수영하다 ｜ **dürfen...nicht** [v.] 금지이다

_____

3 열쇠를 잊지 마세요!

＊**der Schlüssel** [n.] 열쇠 ｜ **vergessen** [v.] 잊다

_____

4 커피 한 잔을 주세요!

＊**geben** [v.] 주다 ｜ **der Kaffee** [n.] 커피

_____

5 오렌지를 사세요!

＊**kaufen** [v.] 사다 ｜ **die Orange** [n.] 오렌지

_____

6 여기서는 음식을 드시면 안 됩니다!

＊**essen** [v.] 먹다

_____

7 와인을 잠가 주세요!

*schließen [v.] 잠그다

---

8 의자를 가져가세요!

*der Stuhl [n.] 의자 ǀ mitnehmen [v.] 가져가다

---

9 책들을 팔아 주세요!

*verkaufen [v.] 팔다

---

10 컴퓨터를 수리해 주세요!

*der Computer [n.] 컴퓨터 ǀ reparieren [v.] 수리하다

---

11 CD들을 가져와 주세요!

*mitbringen [v.] 가져오다

---

12 와인을 열어 주세요!

*aufmachen [v.] 열다

---

13 라디오를 꺼 주세요!

*ausmachen [v.] 끄다

---

14 여기서는 담배를 피우시면 안 됩니다!

    ＊**rauchen** [v.] 담배를 피우다

---

15 연필을 하나 구매하세요!

    ＊**kaufen** [v.] 사다

---

16 시계를 보세요!

    ＊**schauen** [v.] 보다

---

17 사과를 구매하세요!

    ＊**der Apfel** [n.] 사과

---

18 물을 주세요!

    ＊**geben** [v.] 주다 ｜ **das Wasser** [n.] 물

---

19 가방을 가지세요!

    ＊**nehmen** [v.] 가져가다 ｜ **die Tasche** [n.] 가방

---

20 하나의 칼과 포크를 가져와 주세요!

    ＊**bringen** [v.] 가져오다

정답

1 Schicken Sie mir bitte die Postkarte!

2 Hier darf man nicht schwimmen!

3 Vergessen Sie nicht den Schlüssel!

4 Geben Sie mir bitte eine Tasse Kaffee!

5 Kaufen Sie bitte Orange!

6 Hier darf man nicht essen!

7 Schließen Sie bitte den Wein!

8 Nehmen Sie bitte den Stuhl mit!

9 Verkaufen Sie bitte die Bücher!

10 Reparieren Sie bitte den Computer!

11 Bringen Sie bitte die CDs mit!

12 Machen Sie bitte den Wein auf!

13 Machen Sie bitte das Radio aus!

14 Hier darf man nicht rauchen!

15 Kaufen Sie bitte einen Bleistift!

16 Schauen Sie bitte auf die Uhr!

17 Kaufen Sie einen Apfel!

18 Geben Sie mir bitte ein Glas Wasser!

19 Nehmen Sie bitte die Tasche!

20 Bringen Sie bitte ein Messer und eine Gabel!

Kapitel 2

문법

필독! 문법 기본 익히기

문장의 기본 요소

주어와 동사

하나의 문장이 완성되기 위해 꼭 필요한 두 가지 요소는 주어와 동사이다.

'나는 간다.'라는 문장을 보면 '나는'과 '간다'의 결합으로 하나의 문장이 성립되는 것을 볼 수 있다. 이때 '누가?'에 해당하는 것을 주어라고 하고, 주어의 움직임이나 상태를 나타내는 말을 동사라고 한다.

Ich(주어) + gehen(동사) = Ich gehe. = 나는 간다.

목적어

주어와 동사로 문장이 성립되기도 하지만 대부분의 문장은 목적어를 필요로 한다.

'나는 노래를 부른다.' 다음 문장을 살펴보면 주어와 동사 사이에 '무엇을'이라는 목적어를 넣어 완벽한 문장을 만들 수 있다. 하지만 독일어는 한국어의 어순과 다르다. 독일어는 기본적으로 동사의 위치가 두 번째로 오게 되어 있으니 알아 두도록 하자.

Ich(주어) + singe(동사) + ein Lied(목적어). = 나는 노래를 부른다.

수식어

이제 목적어 까지 갖춘 문장이 되었다. 하지만 조금 더 명확하게 의미를 전달하도록 해 주는 요소가 남아 있다. 다음 문장을 보도록 하자.

'나는 아름다운 노래를 부른다.' 다음 문장은 '아름다운'이라는 수식어를 사용하여 더 명확하게 문장을 설명하였다. 이렇게 명사를 수식해 주는 수식어를 형용사라고 한다.

Ich(주어) singe(동사) ein schönes(수식어) Lied(목적어).
= 나는 아름다운 노래를 부른다.

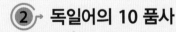 독일어의 10 품사

명사	우리 주위에 존재하는 모든 것이 가지고 있는 이름이다. 성과, 격을 가지고 있다.
	예 der Tisch, die Tasche, das Buch

관사   명사의 앞에서 명사를 규정하고 성, 수, 격을 표시한다.

> 예   정관사: der, die, das / 부정관사: ein, eine, ein

대명사   명사를 대신할 때 쓰는 말이며 인칭대명사, 소유대명사, 지시대명사, 관계대명사, 부정대명사 등이 있다.

형용사   문장에서 명사나 동사의 상태와 성질을 수식한다. 예를 들어 'Rock(스커트)'이라는 명사에 'rot(빨간)'라는 형용사가 붙으면 '빨간 스커트'가 된다. 사용법에 따라 수식적 형용사, 서술적 형용사, 부사적 형용사로 사용된다.

> 예   schön, rot

수사   숫자, 수량이나 순서를 표시한다.

> 예   기수: 1 eins / 서수: 1 erst

동사   '~을 하다'라는 의미로 주어의 움직임과 상태를 나타낸다.

> 예   lesen, laufen, gehen, essen

 TIPP!   명사, 관사, 대명사, 형용사, 수사, 동사는 어미가 바뀐다.
명사와 대명사는 성, 수, 격을 가지고 있으므로 수식하는 관사, 형용사, 서수에 따라 어미가 변화한다.
동사 또한 명사의 격, 인칭에 따라 형태가 변화한다.

부사   동사 또는 문장의 장소와 시간 및 상황을 나타낸다. 예를 들어 '그녀는 늦게 온다.'에서 '늦게'는 '오다'라는 동사를 수식해 주어 더 명확하게 의미를 전달하였다.

> 예   schon, spät

접속사   '미아는 학교에 간다. 그리고 학원에 간다.'라는 두 문장을 연결하기 위해 사용되는 '그리고'를 접속사라고 한다. 등위접속사와 종속접속사가 있다.

> 예   등위접속사: und, aber, denn... / 종속접속사: wenn, dass...

전치사   독일어의 전치사는 명사 앞에서 장소나 시간 등을 나타낼 때 사용되기도 하고, 특정 동사와 함께 정해진 전치사로 사용되기도 한다. '월요일에', '책상 위에' 등을 표현할 때 전치사가 사용되는 예를 살펴보자. 전치사 an과 월요일 der Montag이 합해지면 am Montag이 되어 '월요일에'라는 의미를 갖게 된다.

> 예   an, in, zu, unter

감탄사   놀람과 느낌 등이 자연스럽게 입에서 나오는 것을 감탄사라고 한다.

> 예   Ach ja, oh, hmmm

명사와 관사

> der Buchstabe
> A B C D
>
> das Wort
> das Deutsch
>
> die Sprache
> Ich möchte Deutsch lernen.

모든 언어는 하나의 음절에서 시작하여 단어가 되고 단어들을 연결하여 하나의 문장이 된다. 독일어가 한국어와 다른점은 독일어의 명사는 반드시 성을 가지고 있으며 모든 명사는 남성(m), 여성(f), 중성(n) 중의 하나이다. 관사는 명사의 앞에서 명사의 성, 수, 격을 표시한다.

> 🎯 TIPP! 명사는 성과 수, 격에 따라 변화한다. 그러므로 명사와 관련된 대명사, 관사, 명사를 수식하는 형용사, 동사들도 이에 따라 변화한다.

1 명사의 성과 격

독일어의 모든 명사는 남성(m), 여성(f), 중성(n) 중 하나의 성을 가지고 있으며, 성에 따라서 관사가 달라진다. <u>명사의 첫 글자는 항상 대문자</u>로 표기해야 한다.

1) 성 (das Genus: das Geschlecht)

남성(m)	der Vater 아버지	der Tisch 책상
여성(f)	die Mutter 어머니	die Hose 바지
중성(n)	das Kind 아이	das Kleid 원피스

> 🎯 TIPP! 명사의 형태에 따라 성이 구분되기도 하는데, **-keit, -heit, -ung, -schaft** 등으로 끝나면 대부분 <u>여성명사</u>이다. 그러나 예외도 있다. 예 der Ursprung

2) 격 (der Kasus)

명사를 4가지의 격으로 구분하여 [~은, ~의, ~에게, ~을]을 붙여 다른 낱말과의 관계를 나타내는 형식을 말한다.

구분	내용	예시
1격	주격 (Nominativ): 은, 는, 이, 가	ich, du, er, ihr, wir, Sie, sie
2격	소유격 (Genitiv): 의	mein, dein, sein, unser, euer
3격	간접 목적격 (Dativ): 에게	mir, dir, ihm, uns, euch, ihnen
4격	직접 목적격 (Akkusativ): 을, 를	mich, dich, ihn, uns, euch

> **TIPP!** 명사의 격은 해석과는 다르게 문법적으로 결정되는 경우가 많기 때문에 주의해야 한다.
>
> **z.B.** '돕다' 라는 의미를 가진 동사 **helfen**
>
> Ich helfe dir. 이것을 한국말로 해석하면, "나는 너를 돕는다."라는 뜻이 된다. 해석의 의미대로라면 4격 목적격을 사용하는 것이 의미상 맞는 것으로 느껴질 수 있으나, <u>helfen은 문법적으로 늘 3격과 결합</u>을 하므로 dich(4격) 대신 dir(3격)가 사용된다.

2 정관사와 부정관사

관사는 명사 앞에 부가되어 그 명사의 성, 수, 격을 규정하는 품사를 말한다.

1) 정관사

어느 <u>특정한 사물</u>의 이름이나 명사, <u>이미 알고 있는 이름</u> 등에 쓰인다.

성	m.	f.	n.	pl. (복수)
1격	der	die	das	die

2) 부정관사

성	m.	f.	n.
1격	ein	eine	ein

<u>막연히 어느 한 개</u>를 가리킬 때 또는 <u>처음으로 열거하는 사물</u>을 가리킬 때 쓰인다. 영어에서 a/an을 생각하면 된다.

> **z.B.** **Das ist eine Tasche.** 이것은 하나의 가방입니다.
> 이 문장에서 eine는 부정관사로서 [하나의 가방], 혹은 [가방 한 개]를 의미한다.
> **Das ist die Tasche.** 이것은 그 가방입니다.
> 이를 정관사로 옮겨 쓰는 경우에서 die Tasche는 가방이라는 종속 전체를 대표하는 의미인 [그 가방]의 의미가 된다.

3 명사의 복수 변화

복수형은 크게는 4가지 유형이 있으며, 그 이외에 불규칙으로 변화하는 유형들이 많이 있다. 명사를 외울 때에는 단수형을 관사와 먼저 외우고 그다음에 복수형을 함께 외우는 습관을 가지는 것이 좋다.

1) 움라우트 (ä, ö, ü)

der Vater (아버지) – die Väter	die Mutter (어머니) – die Mütter
der Apfel (사과) – die Äpfel	die Tochter (딸) – die Töchter
der Bruder (형제) – die Brüder	

2) ___e, 움라우트_e

der Tag (날) – die Tage	der Tisch (책상) – die Tische
der Freund (친구) – die Freunde	der Stuhl (의자) – die Stühle
der Hund (개) – die Hunde	die Hand (손) – die Hände

3) ___er, 움라우트_er

das Kind (아이) – die Kinder	das Haus (집) – die Häuser
das Bild (그림) – die Bilder	das Buch (책) – die Bücher
das Ei (계란) – die Eier	

4) ___(e)n: _e로 끝나는 명사의 경우 n을 붙이면 되고 -ung, -keit, -heit, -schaft 등이 여기에 속한다.

die Blume (꽃) – die Blumen	die Tür (문) – die Türen
die Übung (연습) – die Übungen	die Zeitung (신문) – die Zeitungen
der Student (학생) – die Studenten	

*다음 네 가지 복수 변화 외에 <u>특별한 변화</u>를 하는 명사들도 있는데 그 중 다음 두 가지는 기억하는 것이 좋다.

5) ___**nen:** die Studentin과 같이 여성형에 in을 붙여 만들어진 여성명사는 복수에 –nen이 붙는다.

die Studentin (여학생) – die Studentinnen	die Koreanerin (한국 여자) – die Koreanerinnen
die Lehrerin (여선생님) – die Lehrerinnen	

6) ___**s:** 주로 외래어가 많이 속한다.

das Büro (사무실) – die Büros	das Kino (극장) – die Kinos
das Hotel (호텔) – die Hotels	das Auto (자동차) – die Autos
das Foto (사진) – die Fotos	

1 빈칸에 정관사/부정관사를 넣으세요.

1 Das ist _____ Stuhl. 이것은 그 의자이다.

2 Das ist _____ Heft. 이것은 그 공책이다.

3 Das ist _____ Buch. 이것은 그 책이다.

4 Das ist _____ Blume. 이것은 그 꽃이다.

5 Das ist _____ Ball. 이것은 그 공이다.

6 Ist _____ Mann alt? 그 남자는 나이가 많니?

7 Ist _____ Frau nett? 그 여자는 친절하니?

8 Marie gibt _____ Kind einen Apfel. 마리는 아이에게 사과를 준다.

9 Wir schreiben _____ Satz. 우리는 하나의 문장을 쓴다.

10 Ist _____ Auto teuer? 그 자동차는 비싸니?

2 다음 단어들의 복수형을 적으세요.

1 der Hund 개 _____

2 die Blume 꽃 _____

3 die Schülerin 여학생 _____

4 die Tür 문 _____

5 die Zeitung 신문 _____

인칭대명사 소유대명사

1 인칭대명사

인칭대명사는 성, 수, 격에 따라 변화한다. 격에 따른 인칭대명사의 변화는 중요하므로 반드시 외워야 한다.

1격	ich (나)	du (너)	er (그)	sie (그녀)	es (그것)
2격	meiner (나의)	deiner (너의)	seiner (그의)	ihrer (그녀의)	seiner (그것의)
3격	mir (나에게)	dir (너에게)	ihm (그에게)	ihr (그녀에게)	ihm (그것에게)
4격	mich (나를)	dich (너를)	ihn (그를)	sie (그녀를)	es (그것을)

1격	Sie (당신)	wir (우리)	ihr (너희)	sie (그들)
2격	Ihrer (당신의)	unser (우리의)	euer (너희의)	ihrer (그들의)
3격	Ihnen (당신에게)	uns (우리에게)	euch (너희에게)	ihnen (그들에게)
4격	Sie (당신을)	uns (우리들을)	euch (너희들을)	sie (그들을)

1) 1격

Kommen Sie aus Deutschland? 당신은 독일 출신입니까?
Ja, ich komme aus Deutschland. 네, 나는 독일 출신입니다.

Bist du Koreaner? 너는 한국인이니?
Ja, ich bin Koreaner. 응, 나는 한국인이야.

Wohnen Sie in China? 당신은 중국에 사십니까?
Ja, ich wohne in China. 네, 저는 중국에 삽니다.

영어의 you를 독일어에서는 단수, 복수, 존칭에 따라 '너' (du), '너희들' (ihr), '당신' (Sie)으로 구분한다.

'Sie'는 서로 처음 만난 자리 혹은 격식을 차리는 자리에서 사용하는데, 이때 사용하는 'Sie'는 우리나라의 존칭과는 다른 의미를 갖는다. 독일에서는 윗사람에게도 가족과 같은 친밀한 상대에게는 'du'를 쓴다.

예 할머니, 할아버지, 엄마, 아빠

2) 2격

Erbarme mich meiner. 나에게 자비를 베풀어 주세요.
Er gedachte seiner. 그는 그의 과거에 대해 기억했다.

⌖ TIPP! 독일어에서 소유를 나타낼 때는 인칭대명사 2격 대신 소유대명사를 사용한다. (공략하기 2. 소유대명사 부분을 참고하자.) 인칭대명사의 2격은 거의 사용되지 않는다.

3) 3격

Wie geht es dir? 어떻게 지내?
Er hilft mir. 그는 나를 돕습니다.

⌖ TIPP! 'helfen 돕다, gehören ~의 것이다' 등은 '3격 지배 동사'에 속한다.

4) 4격

Ich liebe dich. 나는 너를 사랑한다.

Ich verstehe Sie nicht. 저는 당신을 이해하지 못하겠습니다.

Ich suche euch. 나는 너희를 찾는다.

 TIPP! lieben 사랑하다 / fragen 질문하다 / verstehen 이해하다 / suchen 찾다 등의 동사는 '4격 목적어'를 필요로 하는 타동사이다.

2 명사와 인칭대명사의 사용

Kannst du ihr mein Paket geben? 너는 그녀에게 나의 소포를 줄 수 있니?

→ 대명사(3격)는 명사(4격) 앞에 위치한다.

Bringst du meinem Vater die Brille? 나의 아버지께 이 안경을 가져다줄래?

→ 명사는 3격 → 4격 순서로 쓴다.

Bringst du es meinem Vater? 그것을 나의 아버지께 가져다줄래?

→ 대명사(4격)는 명사(3격) 앞에 위치한다.

 TIPP! 인칭대명사와 명사가 이어서 나올 때에는 항상 인칭대명사가 명사의 앞에 위치한다.

3 소유대명사

소유대명사는 소유를 나타내는 대명사이다. 예를 들어 [나의 책상], [그의 모자], [그녀의 코트]에서 [나의], [그의], [그녀의]와 같은 것을 말한다. 소유대명사는 원래 인칭대명사의 2격에서 어원을 찾을 수 있으므로 형태는 유사하지만 용법에는 차이가 있다.

소유대명사는 명사 앞에 부가되어 사용되지만 인칭대명사는 2격 지배 전치사, 동사, 형용사의 특수한 격 지배의 경우에만 사용된다.

소유대명사는 인칭대명사와 마찬가지로 인칭에 따라 다음과 같이 나누어진다.

1) 형태

ich	du	er	es	sie	Sie	wir	ihr	sie
mein 나의	dein 너의	sein 그의	sein 그것의	ihr 그녀의	Ihr 당신(들)의	unser 우리의	euer 너희의	ihr 그(것)들의

2) 용법

명사에 부가가 될 경우, 소유대명사들은 각기 그 뒤에 오는 명사의 성과 수, 격에 따라 단수일 때는 부정관사, 복수일 때는 정관사와 같은 어미변화를 한다. mein을 예로 들면 다음과 같다.

	m.	f.	n.	pl.
1격	mein Vater	meine Mutter	mein Zimmer	meine Freunde
2격	meines Vaters	meiner Mutter	meines Zimmers	meiner Freunde
3격	meinem Vater	meiner Mutter	meinem Zimmer	meinen Freunden
4격	meinen Vater	meine Mutter	mein Zimmer	meine Freunde

Er ist mein Bruder. 그는 내 남동생입니다. (1격)

Lena, wo wohnt deine Schwester? 레나야, 너의 언니는 어디에 사니? (1격)

Das ist das Haus meines Onkels. 그 집은 내 삼촌의 것입니다. (2격)

Ich kenne den Mann deines Geschäfts. 나는 너의 가게의 남자를 알고 있다. (2격)

Der Hut gehört meinem Opa. 그 모자는 나의 할아버지 것입니다. (3격)

Er hilft meinen Freunden. 그는 나의 친구들을 돕습니다. (3격)

Wie geht es deinen Eltern? 너희 부모님은 잘 지내시니? (3격)

Ich verkaufe mein Auto. 나는 나의 자동차를 판다. (4격)

Wie findest du meine Bluse? 너는 나의 블라우스를 어떻게 생각하니? (4격)

1 다음 빈칸에 알맞은 소유관사를 넣으세요.

    1   나의 남자 친구 _____ Freund

    2   나의 이름 _____ Name

    3   당신의 가방 _____ Tasche

    4   그의 아버지 _____ Vater

    5   그녀의 어머니 _____ Mutter

2 다음 빈칸에 알맞은 인칭대명사를 넣으세요.

    1   Ich brauche Hilfe. Wer hilft _____?
        나는 도움이 필요해. 누가 나에게 도움을 줄래?

    2   David hat Durst. Wer gibt _____ Wasser?
        David은 갈증이 난다. 누가 그에게 물을 줄래?

    3   Siehst du oft Lukas? Ja, ich sehe _____ oft.
        너는 Lukas를 자주 보니? 응, 나는 그를 자주 봐.

    4   Meine Mutter hat Geburtstag. Ich gratuliere _____.
        나의 엄마는 생일이야. 나는 그녀에게 축하를 전해.

    5   Hier arbeitet Suji. Kennst du _____?
        여기에서 Suji가 일해. 너는 그녀를 아니?

3 다음 빈칸에 알맞은 소유대명사를 넣으세요.

1 _____ Füße sind groß.

그의 발은 크다.

_____ Füße sind klein.

그녀의 발은 작다.

2 _____ Mund ist groß.

그의 입은 크다.

_____ Mund ist nicht so groß.

그녀의 입은 그렇게 크지 않다.

3 _____ Nase ist ein bisschen flach.

그의 코는 조금 낮다.

_____ Nase ist hoch.

그녀의 코는 높다.

4 _____ Haare sind blond.

그의 머리카락은 금발이다.

_____ Haare sind schwarz.

그녀의 머리카락은 검정색이다.

5 _____ T-shirt ist blau.

그의 티셔츠는 파란색이다.

_____ T-shirt ist rot.

그녀의 티셔츠는 빨간색이다.

동사 변화 (기본 동사와 규칙동사)

독일어의 동사는 어간과 어미로 이루어진다. 동사의 원형에서 -en을 뺀 나머지 부분을 어간이라고 하며, 어떠한 동사든지 원형에는 반드시 끝에 -en이 붙는다. 동사들은 주어의 인칭 및 수에 따라 변화하고, 이를 동사의 인칭변화라고 한다.

1 동사의 인칭변화

1) 1인칭 – 말하는 사람 자신을 가리킨다.

단수
ich
나는

복수
wir
우리들은

2) 2인칭 – 말하는 사람의 상대를 가리킨다.

단수	
du	Sie
너는	당신은

복수
ihr
너희는

3) **3인칭 – 제 3자를 가리킨다.**

단수			복수
er	sie	es	sie
그는	그녀는	그것은	그들은, 그것들은

2 규칙동사의 어미변화

인칭/수	단수 Singular		복수 Plural	
1인칭	ich 나	-e	wir 우리	-en
2인칭	du 너	-st	ihr 너희	-t
3인칭	er 그	-t	sie 그들	-en
	sie 그녀	-t		
	es 그것	-t		
존칭	Sie 당신	-en		

규칙동사의 인칭변화

어미 -en을 제외한 동사의 부분을 어간이라고 한다. 동사의 변화로는 어간이 변화하지 않는 규칙동사가 있고, 어간까지 변화하는 불규칙동사가 있다.

1) 규칙 변화 동사

	kommen (오다)	machen (하다)	wohnen (살다)
ich	komme	mache	wohne
du	kommst	machst	wohnst
er/sie/es	kommt	macht	wohnt
ihr	kommt	macht	wohnt
wir	kommen	machen	wohnen
Sie/ sie	kommen	machen	wohnen

2) 주의해야 할 규칙 변화 동사

① 어간이 –d, -t, -gn, -fn, -dm, -tm, -chn, -ckn으로 끝나는 동사는 어미변화에 주의해야 한다. (**du/ er/ ihr**의 어미변화에 특히 유의해야 한다.)

ich 나 __e	du 너 __est	er/sie/es 그. 그녀. 그것 __et
wir 우리 __en	ihr 너희 __et	Sie/sie 당신. 그들 __en

antworten(대답하다)을 예를 들어서 살펴봅시다.

ich antworte	du antwortest	er antwortet
wir antworten	ihr antwortet	Sie/sie antworten

다음의 동사들도 이와 같이 변화한다.

arbeiten (일하다)	warten (기다리다)	öffnen (열다)	finden (생각하다, 발견하다)

② 어간이 –er로 끝나는 경우 동사의 어미는 –en이 아닌 –n이 된다.

wandern(돌아다니다)을 예를 들어서 살펴봅시다.

ich wandere	du wanderst	er wandert
wir wandern	ihr wandert	Sie/sie wandern

다음의 동사들도 이와 같이 변화한다.

ärgern (화나게 하나)	speichern (저장하다)	wundern (놀라게 하다)

③ 동사의 원형이 –eln으로 끝나는 경우 ich에서 –(e)le가 되며, wir와 복수 sie/ Sie에서 부정형 그대로 –eln을 쓴다. 나머지는 규칙변화 한다.

lächeln(웃다)를 예를 들어 살펴봅시다.

ich lächle	du lächelst	er lächelt
wir lächeln	ihr lächelt	Sie/sie lächeln

다음의 동사들도 이와 같이 변화한다.

handeln (행하다, 거래하다)	angeln (낚시하다)	sammeln (모으다)
klingeln (벨을 누르다, 종이 울리다)	kegeln (볼링을 치다)	wechseln (바꾸다, 교환하다)

④ 동사의 어간이 –s, -ß, -z, -tz로 끝나는 경우 **du**에서 -st대신 -t만 붙인다.

heißen(이름이 ～이다)을 예를 들어서 살펴봅시다.

ich heiß**e**	du heiß**t**	er heiß**t**
wir heiß**en**	ihr heiß**t**	Sie/sie heiß**en**

아래와 같은 동사들도 이와 같이 변화한다.

reisen (여행하다)	tanzen (춤을 추다)
schließen (닫다)	sitzen (앉아 있다)

1 빈칸 안의 동사를 주어에 맞는 형태로 바꾸어 보세요.

   1 Ich _____ (sein) Schüler. 나는 학생이다.

   2 _____ (haben) du auch einen Freund? 너도 친구가 있니?

   3 Wo _____ (arbeiten) sie? 그녀는 어디에서 일하니?

   4 Es _____ (regnen). 비가 온다.

   5 Peter _____ (wandern) mit seiner Mutter.
     Peter는 그의 어머니와 산책을 한다.

2 빈칸 안의 동사를 알맞은 형태로 바꾸어 넣으세요.

   1 Hans und Maria _____ aus Deutschland. (kommen)
     한스와 마리아는 독일 출신이다.

   2 _____ ihr in Busan? (wohnen)
     너희들은 부산에 사니?

   3 Wie _____ du? (heißen)
     너 이름이 뭐니?

   4 Der Schüler _____ dem Lehrer richtig. (antworten)
     그 학생은 선생님에게 정확하게 대답한다.

   5 Ich fahre morgen nach Frankfurt und _____ dort meinen
     Bruder. (besuchen)
     나는 내일 프랑크푸르트를 가고 그곳에서 나의 남동생(남자 형제)을 방문한다.

3 다음 보기에서 빈칸에 들어갈 동사를 알맞은 동사형으로 바꿔서 적으세요.

보기	machen trinken klingeln arbeiten brauchen lernen

1 Hana _____ jeden Tag Deutsch.

Hana는 매일 독일어를 배운다.

2 Herr Steinke _____ ein Glas Bier.

Steinke씨는 한 잔의 맥주를 마신다.

3 Mein Bruder _____ einen Bleistift.

나의 형은 연필을 필요로 한다.

4 _____ du heute Abend?

너는 오늘 저녁에 일하니?

5 _____ Sie die Tür!

벨을 누르세요!

불규칙 동사변화

독일어의 동사는 어간과 어미로 이루어진다. 이때 동사는 어간이 변화하지 않는 규칙 동사가 있고, 어간까지 변화하는 불규칙 동사가 있다. 대부분 단수 2인칭과 3인칭에서 변화가 일어나며, 어간의 자음까지 변화하는 동사도 있으니 중요한 불규칙 동사들은 외워 두는 것이 좋다.

불규칙 동사의 인칭변화

기본 동사 sein(~이다), haben(~를 가지다), werden(~이 되다)에 대하여 먼저 알아보자.
이 세 동사는 기본 동사이자 불규칙 동사이므로 반드시 암기해야 한다.

	sein (~이다)	haben (가지다)	werden (~되다)
ich	bin	habe	werde
du	bist	hast	wirst
er/sie/es	ist	hat	wird
ihr	seid	habt	werdet
wir	sind	haben	werden
Sie/ sie	sind	haben	werden

강변화 동사의 인칭변화

① a → ä로 변모음 하는 동사

단수 2인칭과 단수 3인칭에서 어간의 모음이 변화하고, 나머지는 규칙변화를 한다.

laufen(달리다, 걷다)를 예를 들어서 살펴 보자.

ich laufe	! du läufst	! er/sie/es läuft
ihr lauft	wir laufen	Sie / sie laufen

아래와 같은 동사들도 이와 같이 변화한다.

---

laufen (뛰다) du läufst, er läuft
Er läuft nicht so schnell. 그는 그렇게 빨리 달리지 않는다.

---

fahren (자동차, 기차 등을 타고) 가다 du fährst, er fährt
Er fährt mit dem Bus nach Frankreich. 그는 버스를 타고 프랑스에 간다.

---

fallen (떨어지다, 내리다) du fällst, er fällt
Der Preis der Ware fällt. 이 상품의 값이 내려간다.

---

gefallen (마음에 들다) du gefällst, er gefällt
Das Kleid gefällt mir sehr gut. 그 원피스는 아주 나의 마음에 든다.

---

schlafen (자다) du schläfst, er schläft
Schläfst du immer noch? 너 아직도 자니?

---

tragen (운반하다, (옷, 신발, 시계 등) 입고 있다) du trägst, er trägt
Sie trägt rote Schuhe. 그녀는 빨간 신발을 신는다.

---

einladen (초대하다) du lädst ein, er lädt ein
Jonas lädt mich ein. Jonas가 나를 초대한다.

---

halten (멈추다, 유지하다) du hältst, er hält
Der Zug hält in München. 그 기차는 뮌헨에서 정차한다.

---

② e → i로 변하는 변모음 동사

단수 2인칭과 단수 3인칭에서 어간의 모음이 e에서 i로 변화하고, 나머지는 규칙변화를 한다.

essen(먹다)을 예를 들어서 살펴 보자.

ich esse	! du isst	! er/sie/es isst
wir essen	ihr esst	Sie / sie essen

아래와 같은 동사들도 이와 같이 변화한다.

---

brechen (깨다, 부수다, 쪼개다) du brichst, er bricht
Sie bricht ein Glas. 그녀는 컵을 부순다.

---

sprechen (말하다) du sprichst, er spricht
Er spricht sehr gut Deutsch. 그는 독일어를 아주 잘한다.

---

geben (주다) du gibst, er gibt
Mia gibt mir eine Postkarte. Mia는 나에게 엽서 한 장을 준다.

helfen (돕다) du hilfst, er hilft
Sie hilft mir. 그녀는 나를 돕는다.

treffen (만나다) du triffst, er trifft
Tina trifft ihre Freunde. Tina는 그녀의 친구들을 만난다.

werfen (던지다) du wirfst, er wirft
Markus wirft den Ball. Markus는 공을 던진다.

vergessen (잊다) du vergisst, er vergisst
Er vergisst immer seine Tasche. 그는 항상 그의 가방을 잊는다.

③ **e → ie로 변하는 동사**

단수 2인칭과 단수 3인칭에서 어간의 모음이 e에서 ie로 변화하고, 나머지는 규칙변화를 한다.

lesen(읽다)을 예를 들어서 살펴 보자.

ich lese	! du liest	! er/sie/es liest
wir lesen	ihr lest	Sie / sie lesen

아래와 같은 동사들도 이와 같이 변화한다.

sehen (보다) du siehst, er sieht
Er sieht Anja. 그는 Anja를 본다.

empfehlen (추천하다) du empfiehlst, er empfiehlt
Meine Freundin empfiehlt mir den Film. 나의 여자 친구는 나에게 그 영화를 추천한다.

befehlen (명령하다) du befiehlst, er befiehlt
Was befiehlt er? 그는 무엇을 명령하니?

stehlen (훔치다) du stiehlst, er stiehlt
Sie stiehlt nicht. 그녀는 훔치지 않는다.

④ **위의 세 가지 경우에 해당하지 않는 불규칙 동사**들도 있다. 이러한 불규칙 동사들은 꼭
외워서 학습하도록 한다.

---

treten (밟다, 내딛다) du trittst, er tritt
Beim Tanzen tritt er mir auf die Füße. 춤을 추면서 그는 내 발을 밟는다.

---

nehmen (받다, 잡다, 타다) du nimmst, er nimmt
Nimmt er den Zug? 그는 그 기차를 타니?

---

wissen (알다) du weißt, er weiß
Weißt du, wie spät es ist? 너 지금 시간이 몇 시인지 아니?

---

1 다음 동사를 알맞게 인칭변화 하세요.

  1 du (laufen)

  2 er (fallen)

  3 du (schlafen)

  4 er (tragen)

  5 Sie (treten)

2 주어진 동사를 알맞은 형태로 넣으세요.

  1 Der Zug _____ in Hamburg. (halten 정차하다) 그 기차는 Hamburg에서 정차한다.

  2 _____ du den Zug? (nehmen 타다) 너는 그 기차를 타니?

  3 Linda _____ ein Buch. (lesen 읽다) Linda는 책을 읽는다.

  4 Er _____ Julia. (sehen 보다) 그는 Julia를 본다.

  5 Ich _____ dir den Film. (empfehlen 추천하다) 나는 너에게 그 영화를 추천한다

  6 Du _____ gut Deutsch. (sprechen 말하다) 너는 독일어를 잘한다.

  7 _____ du gern Fisch? (essen 먹다) 너는 생선을 즐겨 먹니?

  8 Mina _____ mir eine Postkarte. (geben 주다) Mina는 나에게 엽서 한 장을 준다.

  9 Almut _____ ihre Eltern. (treffen 만나다) Almut은 그녀의 부모님을 만난다.

  10 _____ du, wann er kommt? (wissen 알다) 너는 그가 언제 오는지 아니?

Lektion 5

문장 구조

독일어 문장은 주어, 서술어, 목적어로 이루어져 있다. 주어는 명사 혹은 대명사를 뜻하며 서술어는 행동을 나타내는 동사를 말하는 것이다. 목적어로는 명사(대명사)의 3, 4격 재귀대명사, 전치사 등이 있다. 예문과 함께 구성을 알아보자.

1 Nominativ(주격) + Verb(동사)

하나의 주격 보충어의 사용으로 완전한 문장을 만들 수 있다.

Ich schlafe. 나는 잔다. (schlafen 자다)

Das Kind spielt. 아이는 논다. (spielen 놀다)

Es regnet. 비가 온다. (regnen 비가오다)

2-1 Nominativ(주격) + Verb(동사) + Akkusativ(4격 목적격)

독일어에서 대부분의 동사는 주어 이외에도 목적어를 필요로 한다.
이 때 4격 목적격(Akkusativ)은 문장의 목적어(Objektiv)에 해당한다.

Das Kind malt ein Bild. 그 아이는 그림을 그립니다.

Ich schreibe ein Buch. 나는 책을 쓴다.

Ich bestelle ein Mineralwasser. 나는 물을 주문한다.

2-2 Nominativ(주격) + Verb(동사) + Dativ(3격 목적격)

독일어는 동사에 따라서 특정 격의 명사를 목적어로 가지는 동사들이 있다.
다양한 3격 지배 동사의 예를 살펴보며 이런 동사들을 암기하도록 하자.

Morgen antworte ich dir. 나는 내일 너에게 대답할게.

Ich gratuliere dir zum Geburtstag. 나는 너의 생일을 축하한다.

Diese Jacke gehört meiner Freundin. 그 재킷은 나의 여자 친구의 것이다.

*그 외 **3**격 목적격을 취하는 동사:

begegnen (～와 만나다), danken (감사하다), fehlen (부족하다), folgen (따르다), gelingen
(성공하다), nützen (유용하다), raten (충고하다), schmecken (～맛이 나다), vertrauen (신뢰하다),
widersprechen (이의를 제기하다), zuhören (경청하다), zuschauen (구경하다)

3 Nominativ(주격) + Verb(동사) + Dativ(3격 목적격) + Akkusativ (4격 목적격)

몇몇의 동사는 두 개의 목적어를 필요로 하는데 사물을 나타내는 <u>직접목적어는 4격 목적격(～</u>
<u>을/를)</u>으로, 상대를 나타내는 <u>간접목적어는 3격 목적격(～에게)</u>으로 나타낸다. 하지만 예외도 많
으므로 특정한 격에 따른 명사나 특정 전치사를 목적어로 취하는 동사들을 참고하여 익히자.

Ich schenke meiner Tochter ein Fahrrad.
나는 나의 딸에게 자전거를 선물한다.

Er erzählt seinem Kind eine Geschichte.
그는 그의 아이에게 이야기를 해 준다.

Sie bringt ihrer Freundin eine Tasse Tee.
그녀는 그녀의 여자 친구에게 차 한잔을 가져다 준다.

*그 외 **3**격 목적격 **4**격 목적격을 함께 취하는 동사:

anbieten (제공하다), beantworten (답하다), beweisen (증명하다), empfehlen(추천하다),
erklären (설명하다), erlauben (허락하다), geben (주다), glauben (믿다, 생각하다), leihen (빌려주다),
mitteilen (전달하다), sagen (말하다), schicken (보내다), verbieten (금지하다),
versprechen (약속하다), vorschlagen (제안하다), wegnehmen (빼앗다, 떼어내다),
wünschen (원하다), zeigen (보여주다)

4 Nominativ(주격) + (sein / werden동사) + Nominativ(주격)

sein 동사와 werden 동사는 경우에 따라 다양한 목적어를 취하며 종종 두 개의 주격을 보충
어로 사용한다.

<u>Sie</u> ist <u>eine schöne Frau</u>. 그녀는 아름다운 여자다.

<u>Sie</u> wird <u>Ärztin</u>. 그녀는 의사가 된다.

5 Nominativ(주격) + Verb(동사) + 3격 목적격의 보충어 + 전치사와 사용되는 4격 목적격

위에서 언급하였듯이 목적어로는 3, 4격의 명사(대명사), 재귀대명사, 전치사 등이 포함되는데 몇몇의 동사들은 특정 전치사와 함께 의미가 확장되어 자주 사용된다. 이러한 경우 동사와 전치사를 함께 외우는 것이 가장 좋다.

> Wir beginnen mit dem Unterricht. 우리는 수업을 시작한다.
>
> Ich denke gern an meine Kindheit. 나는 나의 어린 시절을 즐겨 생각한다.
>
> Ich gehe ins Kino. 나는 영화관에 간다.
>
> Sie ist in der Schule. 그녀는 학교에 있다.

관사를 사용하지 않는 경우

1) 물질명사와 추상 명사: 셀 수 없는 명사

Er hat Durst. (○) 그는 목이 마릅니다.　　　　　Er hat einen Durst. (×)
Ich habe Hunger. (○) 나는 배가 고픕니다.　　　Ich habe einen Hunger. (×)

2) 숙어에 속한 명사

Auto fahren (자동차를 운전하다) / Platz nehmen (앉다) 등의 숙어가 속한 명사들은 정관사를 표기하지 않는다. 예문을 통해서 살펴보자.

> Ich fahre gern Auto. 나는 자동차를 즐겨 운전한다.
>
> Nehmen Sie Platz. 자리에 앉으세요.

1 괄호 안의 단어를 격에 맞게 바꾸어 적으세요.

1 Ich helfe _____. (du) 나는 너를 돕는다.

2 Dieses Auto gehört _____. (die Freundin)
이 자동차는 나의 여자 친구의 것이다.

3 Ich schenke _____ _____.
(die Tochter / das Fahrrad) 나는 나의 딸에게 자전거를 선물한다.

4 Sie bringt _____ _____ Tee. (der Freund / die Tasse)
그녀는 그녀의 남자 친구에게 차를 한 잔 가져다 준다.

5 Dein Haus gefällt _____. 너의 집은 나의 마음에 든다.

2 빈칸에 적당한 정관사(류) 혹은 부정관사(류)를 적으세요.

1 Er trägt ( ) Mantel. 그는 그의 코트를 입었습니다.

2 Ich habe ( ) Durst. 나는 목이 마릅니다.

3 Ich gebe ( ) Bruder ein Buch. 나는 나의 오빠에게 책 한 권을 줍니다.

4 Er schreibt mir ( ) Brief. 그는 나에게 편지를 쓴다.

5 Sie bestellt ( ) Pizza. 그녀는 하나의 피자를 주문합니다.

Lektion 6

의문문과 부정문

의문문은 의문사가 없이 동사 주어로 이루어진 의문문과, 의문사가 있는 의문문으로 나뉜다.

1 의문사가 없는 의문문의 형태

> 동사 + 주어 ~ ?

의문사가 없는 의문문의 대답이 긍정일 경우는 'Ja', 대답이 부정일 경우는 'Nein'으로 대답한다. 예문으로 살펴보자.

Kommen Sie aus Japan? 당신은 일본에서 왔습니까?

→ Ja, ich komme aus Japan. 네, 나는 일본에서 왔습니다.

→ Nein, ich komme aus Südkorea. 아니요, 나는 한국에서 왔습니다.

Wohnen Sie in Deutschland? 당신은 독일에 삽니까?

→ Ja, ich wohne in Deutschland. 네, 저는 독일에 삽니다.

→ Nein, ich wohne nicht in Deutschland. 아니요, 저는 독일에 살고 있지 않습니다.

→ Ich wohne in Österreich. 저는 오스트리아에 삽니다.

2 의문사가 있는 의문문의 형태

> 의문사 + 동사 + 주어~?

1) 의문부사

독일어의 8가지 의문부사			
wann 언제	wo 어디	woher 어디로부터	wohin 어디로
wie 어떻게	wie viel 얼마나	was 무엇	warum wieso 왜

wann (언제)

→ Wann kommst du? 너는 언제 오니?

→ Wann treffen wir uns? 우리는 언제 만날까?

wo (어디에)

→ Wo arbeiten Sie? 어디에서 일하시나요?

→ Wo ist der Bahnhof? 기차역이 어디입니까?

woher (어디로부터)

→ Woher kommt ihr? 너희들은 어디에서 왔니?

→ Woher kommst du? 너는 어디에서 왔니?

wohin (어디로)

→ Wohin gehst du? 너는 어디로 가니?

→ Wohin fahren Sie? 당신은 어디로 갑니까?

wie (어떻게)

→ Wie alt ist er? 그는 몇 살이니?

→ Wie läuft es? 그것은 어떻게 되어 가나요?

warum / wieso (왜)

→ Warum (= Wieso) bist du nicht gekommen? 너는 왜 오지 않았니?

→ Warum (= Wieso) kommst du zu spät? 너는 왜 늦게 오니?

2) 의문사 wer의 격변화 (사람에게만 쓰인다)

1격	2격	3격	4격
wer 누가	wessen 누구의	wem 누구에게	wen 누구를

1격: Wer ist er? 그는 누구입니까?

2격: Wessen Sohn ist er? 그는 누구의 아들이니?

3격: Wem gehört das Buch? 이 책은 누구의 것입니까?

4격: Wen liebst du? 너는 누구를 사랑하니?

3) 의문사 was의 격변화 (사물에 또는 사람의 직업을 물을 때 쓰인다)

1격	2격	4격
was 무엇이	wessen 무엇의	was 무엇을

1격: Was ist das? 이것은 무엇입니까?

2격: Wessen Buch ist das? 이것은 누구의 책입니까?

4격: Was liebst du? 너는 무엇을 사랑하니?

3 부정문

부정문을 만들 때에는 부정하는 대상에 따라서 nicht(~아니다, ~이 아니하다)와 kein(하나도 ~않다)을 사용한다.

1) nicht (~아니다, ~이 아니하다)

형용사나 부사를 부정할 때, 혹은 문장 전체를 부정 할 때도 nicht를 사용하며, 목적어를 부정 할 때는 그 뒤에 nicht가 붙는다.

Ist das Haus groß? 그 집은 크니?

→ Nein, es ist nicht groß. 아니, 그것은 크지 않아.

Hast du meinen Freund gesehen? 너는 내 남자친구 봤니?

→ Nein, ich habe ihn nicht gesehen. 아니, 나는 그를 못 봤어.

Hast du das Auto nicht gekauft? 너는 그 자동차를 사지 않았니?

→ Nein, ich habe das Auto nicht gekauft. 응, 나는 그 자동차를 사지 않았어.

2) kein (하나도 ~않다)

'관사+명사' 혹은 '관사 없는 명사'를 부정할 때는 kein을 사용한다. kein도 뒤에 나오는 명사의 성과 격에 따라서 어미변화를 한다.

	m. 남성	f. 여성	n. 중성	pl. 복수
1격	kein	keine	kein	keine
2격	keines	keiner	keines	keiner
3격	keinem	keiner	keinem	keinen
4격	keinen	keine	kein	keine

TIPP! 남성 1격, 중성 1격, 4격은 kein임을 꼭 기억해주세요.

Hast du einen Mantel? 너 코트가 있니?

→ Nein, ich habe keinen Mantel. 아니, 나는 코트가 없어.

Trinkst du noch Bier? 맥주 더 마실래?

→ Nein, ich trinke kein Bier mehr. 아니, 더 이상 맥주를 마시지 않을 거야.

Hast du ein Auto? 너 자동차 있니?

→ Nein, ich habe kein Auto. 아니, 나는 자동차 없어.

부정 의문문에서 질문과 반대로 긍정의 대답을 할 때에는 '**doch**'를 사용하고 부정을 할 때는 '**nein**'을 사용한다.

① Kommst du heute **nicht** zur Party? 너 오늘 파티에 안 오지?

→ **Nein**, ich komme heute nicht zur Party. 응, 나 오늘 파티에 가지 않아.

→ **Doch**, ich komme heute zur Party. 아니, 나 오늘 파티에 갈 거야.

② Gehst du **nicht** nach Hause? 너 집에 안 가니?

→ **Nein**, ich gehe nicht nach Hause. 응, 나 집에 가지 않을 거야.

→ **Doch**, ich gehe nach Hause. 아니, 나 집에 갈 거야.

1 다음 빈칸에 알맞은 동사를 넣으세요.

1 _____ er Deutsch? 그는 독일어를 배우니?

2 _____ ihr zur Schule? 너희는 학교에 가니?

3 _____ du Fleisch? 너는 고기를 먹니?

4 Wie _____ das auf Deutsch? 이것은 독일어로 뭐라고 하니?

5 Wie spät _____ es? 지금 시간이 몇 시니?

2 다음 빈칸에 알맞은 의문사를 넣으세요.

Wie	Was	Wann	Woher	Wessen
Welche	Wo	Wohin	Wer	Warum

1 _____ kann mir helfen? 누가 나를 도와줄 수 있니?

2 _____ Auto ist das? 이것은 누구의 자동차니?

3 _____ sollen wir fahren? 우리 어디로 가야 하니?

4 _____ hast du das Buch? 너는 이 책이 어디에서 났니?

5 _____ hast du den Kugelschreiber gekauft? 너는 언제 볼펜을 구매했니?

6 _____ arbeitest du nicht? 너는 왜 일하지 않니?

7 _____ heißt das auf Deutsch? 이것을 독일어로 뭐라고 하니?

8 _____ hat er gesagt? 그는 무슨 말을 했니?

9 _____ studierst du? 너는 어디에서 공부하니?

10 _____ Arbeit hast du? 너는 어떤 일을 하니?

3 다음 문장을 독일어로 작문해 보세요.

1 너는 자동차가 하나 필요하니? (das Auto / brauchen)

_____

2 너는 극장에 가니? (ins Kino / gehen)

_____

3 너는 배가 고프니? (Hunger / haben)

_____

4 그는 독일 출신이 아니니? (aus Deutschland / kommen)

_____

5 그녀는 유감스럽게도 영어를 잘 못한다. (leider / können)

_____

4 다음 가장 적절한 것을 골라 넣으세요.

nicht / kein / keine / keinen

1 Hanna hat _____ Kugelschreiber. Hanna는 볼펜을 가지고 있지 않다.

2 Ich fahre heute _____ nach München. 나는 오늘 München으로 가지 않는다.

3 Hier hat er _____ Freunde. 그는 이곳에 친구들이 없다.

4 Er hat _____ Glück in der Liebe. 그는 사랑에는 운이 따르지 않는다.

5 Es ist hier _____ kalt. 이곳은 날씨가 춥지 않다.

5 다음 문장을 nicht를 사용하여 부정문으로 만들어 보세요.

1 Das ist sehr billig. 그것은 매우 저렴하다.

→ 그것은 매우 저렴하지 않다.

→ _____

2 Ich gehe heute zur Party. 나는 오늘 파티에 간다.

→ 나는 오늘 파티에 가지 않는다.

→ _____

3 Ich muss das machen. 나는 그것을 해야 한다.

→ 나는 그것을 하지 말아야 한다.

→ _____

4 Sie hat das gewusst. 그녀는 그것을 알고 있었다.

→ 그녀는 그것을 알지 못했다.

→ _____

5 Es ist warm. 날씨가 따뜻하다.

→ 날씨가 따뜻하지 않다.

→ _____

화법조동사

동사는 사람이나 사물의 움직임 또는 작용을 나타내며, 화법조동사는 <u>본동사의 의미를 돕는다.</u> 아래의 문장들처럼 화법조동사를 이용하면 어떠한 일에 대한 **허락, 허가, 의무, 의지, 바람** 등을 다양하게 표현할 수 있다.

언니1
Ich muss unbedingt zur Feier gehen.

신데렐라
Darf ich auch gehen?

언니2
Nein! Du sollst den ganzen Tag putzen!

해석 ·))▶
① 언니1: 나는 무조건 축제에 가야만 해.
② 신데렐라: 저도 가도 되나요?
③ 언니2: 안 돼! 너는 하루 종일 청소해야 해!

 TIPP! 화법조동사에서 가장 중요한 것은 본동사에 조동사가 함께 오면 조동사는 본동사의 자리에 위치하며, 본동사는 원형으로 문장의 끝에 위치한다는 것이다.

Ich lerne.	나는 공부한다.
Ich kann lernen.	나는 공부 할 수 있다.
Ich darf lernen.	나는 공부를 해도 된다.
Ich mag lernen.	나는 공부하기를 좋아한다.
Ich will lernen.	나는 공부를 할래.
Ich soll lernen.	나는 공부를 해야 한다(하라고 한다).
Ich muss lernen.	나는 공부를 해야만 한다.

1 화법조동사의 현재인칭변화

	können	dürfen	mögen	müssen	wollen	sollen
ich	kann	darf	mag	muss	will	soll
du	kannst	darfst	magst	musst	willst	sollst
er/sie/es	kann	darf	mag	muss	will	soll
wir	können	dürfen	mögen	müssen	wollen	sollen
ihr	könnt	dürft	mögt	müsst	wollt	sollt
Sie/sie	können	dürfen	mögen	müssen	wollen	sollen

2 조동사의 용법

1) **können**

   ① '할 수 있다'라는 능력과 가능성

   Kannst du gut Tennis spielen? 너는 테니스를 잘 하니?

   ② 공손한 질문

   Können (könnten) Sie mir helfen? 저를 도와주실 수 있나요?

   *könnten은 접속법 2식의 형태로 좀 더 공손하게 말할 때 사용한다.

2) **dürfen**

   ① '~을 해도 좋다'라는 허가의 의미

   Darf ich hier parken? 제가 이곳에 주차해도 될까요?

   ② nicht와 함께 사용되면 금지를 뜻함.

   Hier darf man nicht rauchen. 여기에서 담배를 피면 안 됩니다.

3) mögen

① '〜을 좋아하다'라는 <u>취향 및 기호</u>

Ich mag ihn nicht. 나는 그를 좋아하지 않는다.

② möchten은 mögen의 접속법 2식의 형태로 '〜을 하고 싶다'라는 <u>소망</u>을 나타낸다.

Er möchte in Deutschland studieren. 그는 독일에서 공부를 하고 싶어 한다.

4) müssen

① '〜해야만 한다'라는 <u>외부적인 강제나 강요 혹은 필요</u>

Ich muss heute ins Büro gehen. 나는 오늘 사무실을 가야만 한다.

② '〜 임에 틀림없다'라는 <u>강한 추측</u>

Das muss auf dem Tisch liegen. 그것은 분명히 책상 위에 놓여 있다.

5) wollen

① '〜하고 싶다', '〜 할 예정이다'라는 <u>의지나 계획</u>

Ich will in Deutschland studieren. 나는 독일에서 공부하고 싶다.

6) sollen

① '〜을 하라고 한다'라는 <u>3자의 부탁</u>

Du sollst die Aufgaben noch einmal machen.
너는 과제를 다시 한 번 해야 한다.

② '〜해야 힌다'리는 <u>도덕적인 의무</u>

Die Kinder sollen schnell ins Bett gehen.
아이들은 일찍 잠자리에 들어야 한다.

③ '〜하는 것이 좋다'라는 <u>충고와 권유</u>

Sie hat gesagt, dass ich früh aufstehen soll.
그녀는 나에게 일찍 일어나야 한다고 말했다.

연습문제

1 다음 빈칸에 알맞은 동사를 넣으세요.

1 Er ( ) in Deutschland studieren.

그는 독일에서 공부하고 싶다.

① wollen ② wollte ③ wollt ④ will

2 Hier ( ) man nicht parken.

여기에선 주차가 금지이다.

① dürft ② darf ③ durft ④ dürfen

3 Du ( ) bezahlen. 너는 계산해야 한다.

① muss ② muß ③ musst ④ müsst

4 ( ) du ihn? 너는 그를 좋아하니?

① Mag ② Mögen ③ Magst ④ Mögt

5 Ich ( ) Deutsch lesen, aber nicht sprechen.

나는 독일어를 읽을 수는 있다, 하지만 말할 수는 없다.

① will ② darf ③ kann ④ muss

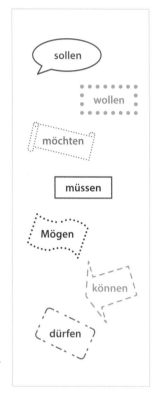

2 다음 빈칸에 알맞은 화법조동사의 형태를 적으세요.

1 Meine Eltern _____ nicht kommen. 나의 부모님은 올 수 없다.

2 Sie _____ zu Hause bleiben. 그녀는 집에 머물러야만 한다.

3 _____ ich hier bleiben? 제가 여기서 머물러도 될까요?

4 Er _____ Deutsch lernen. 그는 독일어를 배우고 싶다.

5 _____ ihr den Kuchen? 너희 그 케이크를 좋아하니?

Lektion 8 명령법

명령법은 상대방에게 자기의 의사를 강하게 전달하는 어법이기 때문에 원칙적으로 인칭 du(너), ihr(너희), Sie(당신)에서만 가능하다. 강한 주관과 의지가 담겨져 있으며 bitte와 함께 사용 시 해석이 부탁(청원)으로 바뀐다.

1 존칭(Sie)에 대한 명령형

> **Sie (존칭) : 동사의 원형 + Sie**

(형태)

현재형 Sie lernen Deutsch. 당신은 독일어를 배운다.

명령형 → **Lernen** Sie Deutsch! 독일어를 배우세요!

① 〈일반동사〉 **Warten Sie** bitte auf mich! 저를 기다려 주세요!

② 〈분리동사〉 **Kommen Sie** doch **mit**! 함께 가요!

③ 〈재귀동사〉 **Konzentrieren Sie sich**, bitte! 집중해 주세요!

> TIPP! 명령법에는 권유나 청유의 부사로 bitte, doch, mal을 사용한다.

2 2인칭에 대한 명령형

> **du (2인칭 단수): 동사의 어간 + (e)!**

> **ihr (2인칭 복수): 동사의 어간 + (e)t!**

> TIPP! 명령형에서 존칭 이외의 주어는 생략된다. ('du'와 'ihr'는 생략)

1) 2인칭 명령형 예시(lernen)

① du

현재형 Du lernst Deutsch. 너는 독일어를 배운다.
명령형 → **Lerne** Deutsch! 독일어를 배워!

② ihr

현재형 Ihr lernt Deutsch. 너희는 독일어를 배운다.
명령형 → **Lernt** Deutsch! 너희는 독일어를 배워라!

2) 'du'에 대한 동사의 현재 인칭 변화에서 어간이 변하지 않는 일반적인 동사의 경우, 'du'에 대한 명령에서 어미 'e'를 붙이는 경우가 있다. 이것은 단지 편하게 발음하기 위한 장치이다. 예를 들어 어간이 변하지 않는 동사 가운데 어간이 'd-', 't-', 'ig-'로 끝나는 경우나 어간이 'n-'으로 끝나는 동사가 이에 해당한다.

① du

현재형 Du arbeitest fleißig. 너는 일을 열심히 한다.
명령형 → **Arbeite** fleißig! 일을 열심히 해!

② ihr

현재형 Ihr arbeitet fleißig. 너희는 일을 열심히 한다.
명령형 → **Arbeitet** fleißig! 너희들 일을 열심히 해!

3) 'du'에 대한 동사의 현재 인칭 변화에서 어간의 자음과 모음이 변화했을 경우에는 명령어에서도, 변화된 어간을 그대로 사용하는데, 움라우트와 어미 e는 반드시 생략해야 한다. (단 hören과 같이 동사의 원형에 있는 움라우트는 이 경우에 해당하지 않는다.)

Du gibst mir wenig Geld. 너는 나에게 돈을 조금 준다.
→ **Gib** mir viel Geld! 나에게 돈을 많이 줘!

Du fährst zu langsam. 너는 운전을 너무 느리게 한다.
→ **Fahr** doch schnell! 빨리 좀 운전해!

3 강변화 동사의 명령법

1) 단수 2인칭과 3인칭에서 어간의 모음이 a → ä로 변하는 동사는 <u>원형의 어간으로</u> 명령형을 만든다.

fahren → **fahr** doch schnell! 빨리 운전해! (du)

laufen → **lauf** schnell! 빨리 달려! (du)

lassen → **lass** mich in Ruhe! 나를 내버려 둬! (du)

2) 단수 2인칭과 3인칭에서 어간의 모음이 e → i나 혹은 e → ie로 변하는 동사는 <u>변화한 어간</u>으로 명령형을 만든다.

essen

→ **Iss** doch nicht so viel! 과식하지 말아라! (du)

→ **Esst** doch nicht so viel! (너희들) 과식하지 말아라! (ihr)

sprechen

→ **Sprich** bitte langsam! 천천히 말해 줘! (du)

→ **Sprecht** bitte langsam! (너희들) 천천히 말해 줘! (ihr)

nehmen

→ **Nimm** das! 그것을 받아라! (du)

→ **Nehmt** das! (너희는) 그것을 받아라! (ihr)

helfen

→ **Hilf** mir! 나를 도와줘! (du)

→ **Helft** mir! (너희들) 나를 도와줘! (ihr)

lesen

→ **Lies** das Buch! 그 책을 읽어! (du)

→ **Lest** das Buch! (너희는) 그 책을 읽어라! (ihr)

4 sein 동사와 haben 동사의 명령형

1) sein 동사는 명령형 에서는 'seien'을 어간으로 한다.

Sei ruhig! 조용히 해! (du)

Seid ruhig! (너희들) 조용히 해! (ihr)

Seien Sie ruhig! 조용히 하세요! (Sie)

2) haben 동사의 경우 'hab'을 어간으로 한다.

Hab keine Angst! 두려워 하지마! (du)

Habt keine Angst! (너희들) 두려워 하지마! (ihr)

Haben Sie keine Angst! 두려워하지 마세요! (Sie)

연습문제

1 du에 대한 명령형을 빈칸에 적으세요.

1 _____ fleißig! 열심히 공부해!

2 _____ nach Korea! 한국으로 가!

3 _____ das Buch! 그 책을 읽어!

4 _____ etwas langsam! 조금만 천천히 말해!

5 _____ möglichst schnell! 가능한 한 빨리 뛰어!

2 괄호 안에 들어갈 가장 적당한 단어를 선택하세요.

1 (   ) viel Obst, Hans! 과일을 많이 먹어, Hans!

① Essen   ② Isse   ③ Iss   ④ Esst

2 (   ) Sie bitte deutlich! 정확하게 말해 주세요!

① Sprechen   ② Sprich   ③ Sprecht   ④ Spricht

3 (   ) ruhig! 조용히 해!

① Sei   ② Seien   ③ Bist   ④ Sind

4 (   ) mich heute Abend an! 오늘 저녁에 나에게 전화해!

① Komm   ② Fang   ③ Fall   ④ Ruf

5 (   ) mir bitte die CD! 그 CD를 줘!

① Gebt   ② Gib   ③ Geb   ④ Geben

3 다음 부탁문을 독일어로 작문하세요.

1 와인을 열어 주세요. (der Wein / aufmachen)

→ _____

2 의자를 하나 가져와 주세요. (der Stuhl / bringen)

→ _____

3 책을 한 권 사세요. (das Buch / kaufen)

→ _____

4 이 시계를 보세요. (die Uhr / schauen)

→ _____

5 이 CD를 수리해 보세요. (die CD / reparieren)

→ _____

Lektion 9 수사

우리는 일상생활에서 숫자를 많이 사용한다. 수의 종류로는 일반적인 수를 나타내는 기수와 차례를 나타내는 서수, 시간 읽기, 분수, 또한 횟수 등이 있다. 시험을 치기 전에 수에 대한 정리는 필수적이다.

1 기수 (1, 2, 3...)

가장 많이 사용되는 기수는 수를 셀 때, 수식을 계산할 때, 시간, 전화번호, 연대 등을 표현할 때 사용한다. 1~12까지는 단독적인 단위이며, 13~19는 [단위 수 + zehn]을 사용하고, 20~90의 10단위 수는 [단위 수 + −zig]을 사용한다.

① 먼저 0부터 12까지 외워야 한다.
② 10부터 1000까지 10단위의 수를 암기한다.
③ 21부터 뒷자리 수를 먼저 읽는다. 예를 들어 21은 einundzwanzig(1+20)라고 읽는다.

0 null	10 zehn	**20** zwanzig	**30** dreißig
1 eins	**11** elf	21 einundzwanzig	40 vierzig
2 zwei	**12** zwölf	22 zweiundzwanzig	50 fünfzig
3 drei	13 dreizehn	23 dreiundzwanzig	**60** sechzig
4 vier	14 vierzehn	24 vierundzwanzig	**70** siebzig
5 fünf	15 fünfzehn	25 fünfundzwanzig	80 achtzig
6 sechs	**16** sechzehn	26 sechsundzwanzig	90 neunzig
7 sieben	**17** siebzehn	27 siebenundzwanzig	100 hundert (einhundert)
8 acht	18 achtzehn	28 achtundzwanzig	101 hunderteins
9 neun	19 neunzehn	29 neunundzwanzig	102 hundertzwei
200 zweihundert		230 zweihundertdreißig	
300 dreihundert		365 dreihundertfünfundsechzig	
1,000 tausend		2,000 zweitausend	
1,000,000 eine Million		2,000,000 zwei Millionen	

2 시간

1) 시간을 물을 때 사용되는 표현

Wie spät ist es? (= Wie viel Uhr ist es?) 몇 시입니까?
Es ist 3 Uhr. 3시입니다.

2) 시간 읽기

독일어에서 시간을 나타내는 표현은 두 가지가 있다.

	공식적인 표현 기사 시간, 방송 등의 공용 시간: 시→분의 순서로 말한다. **시 + Uhr + 분**	일상 회화적 표현 일상 시간: 분→시의 순서로 말한다. **vor 전 / nach 후 + 시** 15분 = viertel 30분 = halb + 1시간
1:00	Es ist ein Uhr.	Es ist ein Uhr.
1:05	Es ist ein Uhr fünf.	Es ist fünf nach eins.

1:10	Es ist ein Uhr zehn.	Es ist zehn nach eins.
1:15	Es ist ein Uhr fünfzehn.	Es ist viertel nach eins. (일상표현에서 15분 = Viertel)
1:20	Es ist ein Uhr zwanzig.	Es ist zwanzig nach eins. Es ist zehn vor halb zwei.
1:25	Es ist ein Uhr fünfundzwanzig.	Es ist fünf vor halb zwei.
1:30	Es ist ein Uhr dreißig.	Es ist halb zwei.
1:35	Es ist ein Uhr fünfunddreißig.	Es ist fünf nach halb zwei.
1:40	Es ist ein Uhr vierzig.	Es ist zehn nach halb zwei.
1:45	Es ist ein Uhr fünfundvierzig.	Es ist viertel vor zwei.
1:50	Es ist ein Uhr fünfzig.	Es ist zehn vor zwei.
1:55	Es ist ein Uhr fünfundfünfzig.	Es ist fünf vor zwei.
2:00	Es ist zwei Uhr.	Es ist zwei Uhr.

gleich / kurz 사용법

1:03 Es ist kurz nach eins. 1시가 조금 지났다.

1:58 Es ist kurz vor zwei. 2시 되기 조금 전이다.

Es ist gleich zwei. 곧 2시다.

um (~에) 사용법

A: Um wie viel Uhr schläfst du? 너는 몇 시에 자니?

B: Ich schlafe um 11 Uhr. 나는 11시에 자.

A: Wann kommst du? 너는 몇 시에 오니?

B: Ich komme um 5 Uhr. 나는 5시에 가.

TIPP! kommen은 '오다'의 뜻과 '가다'의 뜻을 둘 다 가지고 있습니다. 듣기 문제에 자주 출제됩니다.

3 서수 (첫째, 둘째, 셋째...)

서수는 차례와 순서 또는 날짜 등에 사용하며 숫자에 점을 찍어서 나타낸다. 서수는 1에서 19까지는 '기수 + t'의 형태이며, 20이상은 '기수 + st'의 형태를 말한다. 그러나 서수 '**erst**(첫 번째), **dritt**(세 번째), **siebt**(일곱 번째), **acht**(여덟 번째)'는 예외적인 형태를 취한다. 서수는 형용사 어미변화하며, 구체적인 대상을 지시하기 때문에 원칙적으로 정관사와 함께 사용되어야 한다.

1) 서수의 형태

1~19. : 기수 + t 예외: erst (1.) , dritt (3.) , acht (8.)
20. 이상 : 기수 + st

1. erst	11. elft
2. zweit	12. zwölf
3. dritt	13. dreizehnt
4. viert	14. vierzehnt
5. fünft	15. fünfzehnt
6. sechst	16. sechzehnt
7. siebt	17. siebzehnt
8. acht	18. achtzehnt
9. neunt	19. neunzehnt
10. zehnt	20. zwanzigst
	21. einundzwanzigst
	...
	100. hundertst
	1000. tausendst

서수를 숫자로 표시할 때는 숫자 뒤에 점(.)을 찍으며, 서수는 형용사 어미변화를 한다.

Das war mein 2. (zweiter) Versuch. 그것은 나의 두 번째 시도였다.

Ich wohne im 3. (dritten) Stock. 나는 4층에 산다.

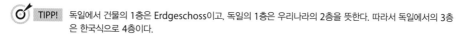 **TIPP!** 독일에서 건물의 1층은 Erdgeschoss이고, 독일의 1층은 우리나라의 2층을 뜻한다. 따라서 독일에서의 3층은 한국식으로 4층이다.

2) 날짜

독일의 날짜를 읽는 순서는 우리나라와 다르게 날짜 다음에 월을 쓰고, 날짜는 서수 형식으로 쓴다. 이때 날짜는 '~에'라는 뜻으로 사용되는 전치사 an과 함께 자주 사용되는데, 이럴 때에는 am(an+dem)+서수+en 형식으로 쓴다.

Wann bist du geboren? 너는 언제 태어났니?

Ich bin am 9. (neunten) März 1985 geboren. 나는 1985년 3월 9일에 태어났어.

Wann hat er Geburtstag? 그는 생일이 언제니?

Er hat am 22. (zweiundzwanzigsten) Oktober Geburtstag.
그의 생일은 10월 22일이야.

den 1. ersten	
den 2. zweiten	
den 3. dritten	den 19. den neunzehnten
den 4. vierten	den 20. zwanzigsten
...	den 21. einundzwanzigsten
den 7. siebten	...
den 8. achten	den 30. dreißigsten

월(月) 의 명칭은 모두 남성명사(m)이다.

Januar (1월)	Februar (2월)	März (3월)	April (4월)
Mai (5월)	Juni (6월)	Juli (7월)	August (8월)
September (9월)	Oktober (10월)	November (11월)	Dezember (12월)

요일의 명칭도 모두 남성명사(m)이다.

Montag	Dienstag	Mittwoch	Donnerstag	Freitag	Samstag	Sonntag
월요일	화요일	수요일	목요일	금요일	토요일	일요일

Welcher Tag ist heute? 오늘 무슨 요일이니?

Heute ist Sonntag. 오늘은 일요일이야.

4 화폐, 연도, 전화번호

1) 화폐

1,00€ : **ein Euro**

5,50€ : **Fünf Euro fünfzig**

2) 연도

1989년: (im Jahr) **neunzehnhundertneunundachtzig**

1099년: (im Jahr) **eintausendneunundneunzig**

2018년: (im Jahr) **zweitausendachtzehn**

3) 전화번호

0234 - 6798 **null zwei drei vier - sechs sieben neun acht**

1 다음 숫자들을 적어 보세요.

1 37 _____

2 104 _____

3 8888 _____

4 9999 _____

2 다음 시간을 일상 회화적인 표현으로 적어 보세요.

1 13:10 = _____

2 Es ist zwei Uhr dreißig. = _____

3 1:55 = _____

4 Es ist vier Uhr fünfzehn. = _____

5 06:05 = _____

접속사

접속사는 문장과 문장 또는 문장 가운데의 두 성분을 이어 주는 기능을 갖는다. 그렇기 때문에 단순한 두 문장을 연결하여 그 의미를 확대시켜 준다. 주로 사용되는 접속사들을 정확하게 암기하면서 문장의 구조를 알아보자.

1 대등(등위) 접속사

und	aber	oder	denn
그리고	그러나	또는	그 까닭은

대등 접속사는 <u>대등한 관계에 있는 문장 또는 어구들을 연결시키는 접속사를 뜻한다.</u> **동사의 위치는 변하지 않는다.**

1) und 그리고

Der Schüler ist jung und er ist auch sehr nett.

그 학생은 젊고 또한 매우 친절하다.

Ich habe zwei Brüder und er hat zwei Schwestern.

나는 두 명의 남자 형제가 있고 그는 두 명의 여자 형제가 있다.

2) aber 그러나

Ich habe am Montag Zeit, aber Peter hat keine Zeit.

나는 월요일에 시간이 있지만 Peter는 시간이 없다.

Ich möchte gern noch einen Hund, aber ich habe nur eine Katze.

나는 개 한 마리가 더 갖고 싶지만 고양이만 있다.

3) oder 또는

Ich gehe heute Bier trinken oder ich treffe mich mit meiner Freundin.

나는 오늘 맥주를 마시러 가거나 나의 여자 친구와 만날 것이다.

 TIPP! 동사 treffen은 '누구를 만나다'라는 의미를 가지는데 두 가지 방법으로 표현할 수 있습니다.
1. sich + mit + 3격 (예문 참고) 2. 4격과 함께 사용 (Ich treffe meine Freunde.)

Ich möchte meine Freunde besuchen, oder einen Ausflug machen.

나는 나의 친구들을 방문하거나, 소풍 가기를 원한다.

4) denn 그 *까닭은, 왜냐하면*

Ich gehe heute nicht zur Schule, denn ich bin krank.

나는 오늘 학교에 가지 않는다, 왜냐하면 몸이 아프기 때문이다.

Ich fahre viel mit dem Fahrrad, denn das ist sehr gesund.

나는 자전거를 많이 탄다, 왜냐하면 그것은 건강에 매우 좋기 때문이다.

2 종속접속사 (Nebensatz)

종속접속사는 <u>주문장에 부문장을 연결시키는 접속사</u>를 뜻한다. 두 문장 사이에는 콤마를 찍으며, **부문장에서는 동사가 맨 끝**으로 간다.

앞서 언급했듯이 주문장이 앞에 오면, **[주어 + 동사...,+ 종속접속사 + 주어 ... 동사]**로 정동사가 문장의 끝으로 가며, 부문장이 앞에 오면 부문장 뒤에 오는 주문장은 순서가 바뀌게 되어 **[종속접속사 + 주어 + 동사 + 동사(주문장의) 주어...]**의 순서가 된다.

wenn	als	dass	ob	während
만일 ~라면	~했을 때	~라는 것	~인지 아닌지	~하는 동안에
weil	obwohl	bis	bevor	nachdem
왜냐하면 ~이기 때문에	비록 ~일지라도	~까지	~전에	~한 후에

1) wenn 만일 ~라면

Wenn ich Zeit habe, gehe ich gern ins Theater.

나는 시간이 있으면 극장에 즐겨 간다.

2) als ~했을 때

Als ich ein Kind war, war ich sehr klein.

내가 어렸을 때, 나는 정말 작았다.

3) dass ~라는 것

Es ist klar, dass sie fleißig arbeitet.

그녀가 열심히 일하는 것은 분명하다.

4) ob ~인지 아닌지

Ich weiß nicht genau, ob es richtig oder falsch ist.

나는 그것이 옳은지 틀린지 정확히 모르겠다.

5) weil ~왜냐하면 ~이기 때문에

Ich bleibe heute zu Hause, weil ich krank bin.

나는 아프기 때문에 오늘 집에 있을 것이다.

6) obwohl 비록 ~일지라도

Obwohl ich krank bin, muss ich arbeiten.

나는 비록 아플지라도, 일을 해야 한다.

7) bis ~까지

Du sollst warten, bis ich fertig bin.

너는 내가 끝날 때까지 기다려야한다.

8) bevor ~전에

Bevor die Party vorbei war, war ich nach Hause gegangen.

파티가 끝나기 전에 나는 집으로 갔다.

9) während ~하는 동안에

Während ich lerne, kocht meine Mutter.

내가 공부를 할 동안에, 나의 엄마는 요리를 한다.

10) nachdem ~한 후에

Nachdem du weg gegangen warst, ist er gekommen.

네가 떠난 후에, 그가 왔다.

1 다음 주어진 두 문장을 대등접속사로 연결하세요.

1 Ich gehe nicht ins Kino. Ich bin krank.

→ 나는 오늘 영화관에 가지 않는다. 왜냐하면 나는 몸이 아프기 때문이다.

→ _____

2 Willst du mit mir ins Kino gehen? Hast du Lust auf ein Konzert?

→ 너는 나와 함께 영화관에 가기를 원하니, 아니면 콘서트에 가는 것에 관심이 있니?

→ _____

3 Ich komme aus Süd-Korea. Er kommt aus Japan.

→ 나는 한국에서 왔어. 그리고 그는 일본에서 왔어.

→ _____

4 Wir können bei Mia einen Film sehen. Sie hat viele DVDs.

→ 우리는 Mia네 집에서 영화를 볼 수 있어, 왜냐하면 그녀는 많은 DVD를 가지고 있어.

→ _____

5 Ich wünsche mir einen kleinen Bruder. Ich habe eine kleine Schwester.

→ 나는 나에게 남동생이 있기를 바란다. 하지만 나는 여동생이 있다.

→ _____

2 다음 빈칸에 알맞는 종속 접속사를 넣으세요.

dass	obwohl	nachdem	während
als	wenn	weil	bevor

1 _____ ich am Hauptbahnhof ankam, war der Zug schon weg.

내가 중앙역에 도착했었을 때, 기차는 이미 떠났었다.

2 _____ Sie wollen, komme ich mit.

당신이 원하시면, 나도 함께 갈게요.

3 Sie konnte nicht schlafen, _____ sie arbeiten musste.

그녀는 잘 수 없었다. 왜냐하면 그녀는 일을 해야 했기 때문이다.

4 Ich hoffe, _____ Sie bald wieder gesund sind.

나는 당신이 곧 다시 건강해지기를 소망한다.

5 Almut hört Musik, _____ sie ihr Zimmer aufräumt.

Almut는 그녀의 방을 청소하는 동안에 음악을 듣는다.

6 Ich mache eine kleine Pause, _____ ich weitergehe.

나는 계속해서 더 가기 전에 짧은 휴식을 취할 것이다.

7 _____ ich immer spare, reicht mein Geld nicht.

내가 늘 절약함에도 불구하고, 나의 돈은 충분하지 않다.

8 _____ sie ihr Studium abgeschlossen hatte, fand sie gleich einen Job.

그녀는 대학을 졸업한 후에, 바로 직업을 찾았다.

Kapitel
3

주제별 필수 어휘

Lektion 1

인적사항

Guten Tag, mein Name ist Hans.

안녕하세요, 저의 이름은 Hans입니다.

---

① **Anmeldung**

Kursart

○ Alpinskikurs ○ Snowboardkurs

○ Langlaufkurs ○ Skatingkurs

○ incl. Verleih Kursklasse _____

○ Skiausfart „Les Diablerets"

Termin _____

Teilnehmer

②	Name	③	Straße
④	PLZ, Ort	⑤	Alter
⑥	Telefon Nr.	⑦	Fax Nr.
⑧	E-mail Adresse		

Sonstige Anmerkungen

_____

_____

⑨	Datum	⑩	Unterschrift

해석 ·))▶
① 신청 ② 이름 ③ 거리 ④ 우편번호, 장소 ⑤ 나이 ⑥ 전화번호 ⑦ 팩스 번호
⑧ 이메일 주소 ⑨ 날짜 ⑩ 서명

단어

der Name n. 이름	die Musikschule n. 음악 학교
das Geschlecht n. 성별	die Anmeldung n. 신청
die Straße n. 거리	die Kursart n. 강좌 종류
die Postleitzahl (PLZ) n. 우편번호	
der Ort n. 장소	음악 관련 단어들
das Alter n. 나이	die Violine n. 바이올린
die Telefonnummer n. 전화번호	die Flöte n. 플룻
die Email-Adresse n. 이메일 주소	das Klavier n. 피아노
	der Gesang n. 성악

① **heißen**   v. ~라고 하다, 불리우다

du heißt, er heißt

heißen - hieß - geheißen

Wie heißen Sie? 성함이 무엇입니까?

Ich heiße Karl Börge. 나의 이름은 Karl Börge입니다.

Wie heißt du? 네 이름이 뭐니?

Ich bin Elena. 나는 Elena야.

② **wohnen in**   v. ~에 거주하다 *유의어 leben in   n. ~에 살다, 거주하다

du wohnst, er wohnt

wohnen - wohnte - gewohnt

Wo wohnen Sie? 당신은 어디에서 살고 계십니까?

Ich wohne in Berlin. 나는 Berlin에 살고 있습니다.

③ **sich vorstellen**   v. 소개하다, 상상하다

du stellst vor, er stellt vor

vorstellen - stellte vor - vorgestellt

Ich stelle mich vor. 나의 소개를 하겠습니다.

④ **kommen aus**   v. 출신이다

du kommst, er kommt

kommen - kam - gekommen

Ich komme aus Korea. 나는 한국에서 왔다.

⑤ **buchstabieren**   v. (낱말을) 철자하다

du buchstabierst, er buchstabiert

buchstabieren - buchstabierte - buchstabiert

Ich buchstabiere C-H-U-N-G. 나는 체–하–우–엔–게로 철자한다.

⑥ **der Vorname**   n. 이름 ***der Nachname (=der Familienname)** n. 성

Mein Vorname ist Monika. 나의 이름은 Monika이다.

⑦ **die Adresse**   n. 주소

die Straße	n. 거리
der Platz	n. 장소
die Hausnummer	n. 집 번지
die Postleitzahl	n. 우편번호
die Telefonnummer	n. 전화번호

Können Sie mir seine Adresse geben? 당신은 나에게 그의 주소를 줄 수 있습니까?

⑧ **die Stadt**   n. 도시

In welcher Stadt hast du gewohnt? 너는 어느 도시에서 살았니?

⑨ **das Land**   n. 나라

Aus welchem Land kommen Sie? 당신은 어느 나라에서 오셨습니까?

⑩ **wer**   누구

Wer sind Sie? 당신은 누구십니까?

Wer bist du? 너는 누구니?

⑪ **wie** 어떻게

Wie ist Ihr Name? 당신의 이름이 어떻게 됩니까?

Mein Name ist Angelika Huber. 나의 이름은 Angelika Huber입니다.

⑫ **wo** 어디

Wo hast du gewohnt? 너는 어디에서 살았니?

⑬ **woher** 어디에서

Woher kommen Sie, Herr Mainz? 당신은 어디 출신입니까, Mainz씨?

Aus Finnland. 핀란드 출신입니다.

⑭ **alt** a. (나이가) ～몇 살

Wie alt sind Sie? 당신은 몇 살입니까?

⑮ **wann** adv. 언제

Wann sind Sie geboren? 당신은 언제 태어났습니까?

Ich bin im Jahr 1990 geboren. 나는 1990년도에 태어났습니다.

1   성함이 무엇입니까?

_____

2   당신은 어디에서 살고 계십니까?

_____

3   나의 소개를 하겠습니다.

_____

4   당신은 몇 살인가요?

_____

5   나는 체-하-우-엔-게로 철자한다.

_____

6   너는 어디에서 살았었니?

_____

7   당신은 나에게 그의 주소를 줄 수 있습니까?

_____

8   너는 어느 도시에서 살았니?

_____

9   당신은 어느 나라에서 오셨습니까?

_____

10   당신은 언제 태어났습니까?

_____

가족과 친구

 MP3 W02

Das ist meine Mutter und mein Vater.
이 분은 나의 어머니 그리고 아버지이십니다.

② der Vater
① die Mutter
⑨ der Onkel
⑧ die Tante
⑦ die Schwester
④ die Großmutter
③ ich
⑤ der Großvater
⑥ der Bruder

해석 ꞏꞏ))▶
① 어머니 ② 아버지 ③ 나 ④ 할머니 ⑤ 할아버지 ⑥ 남자 형제
⑦ 여자 형제 ⑧ 이모, 숙모 ⑨ 삼촌, 숙부

die Großmutter n. 할머니	die Schwester n. 여자 형제
der Großvater n. 할아버지	der Bruder n. 남자 형제
die Mutter n. 엄마	die Tante n. 이모, 숙모
der Vater n. 아빠	der Onkel n. 삼촌, 숙부
die Tochter n. 딸	der Enkel n. 손주
der Sohn n. 아들	der Neffe n. 조카

① **lieben** v. 사랑하다, 좋아하다

du liebst, er liebt

lieben - liebte - geliebt

Ich liebe meine Familie. 나는 내 가족을 사랑한다.

② **besuchen** v. 방문하다

du besuchst, er besucht

besuchen - besuchte - besucht

Ich besuche oft meine Tante. 나는 자주 나의 숙모를 방문한다.

③ **nennen** v. 명명하다, ~라고 부른다

du nennst, er nennt

nennen - nannte - genannt

Meine Familie nennt mich Mia. 내 가족은 나를 Mia라고 부른다.

④ **sich freuen** v. 기뻐하다

du freust dich, er freut sich

freuen - freute - gefreut

Ich freue mich, dass meine Eltern kommen. 나는 나의 부모님이 오시는 것이 기쁘다.

⑤ **der Familienstand** n. 가족 상황

Bei Familienstand musst du „ledig" ankreuzen.

너는 가족 상황에 "미혼"이라고 × 표시를 해야 한다.

⑥ **(pl.) die Geschwister**   n. 형제, 자매, 오누이

Ich habe keine Geschwister. 나는 형제가 없습니다.

⑦ **(pl.) die Eltern**   n. 부모님

Das sind meine Eltern. 이분들은 나의 부모님이다.

⑧ **die Familie**   n. 가족

der Vater	n. 아버지	der Bruder	n. 남자 형제
die Mutter	n. 어머니	die Schwester	n. 여자 형제
der Großvater	n. 할아버지	der Opa	n. 할아버지
die Großmutter	n. 할머니	die Oma	n. 할머니
das Geschwister	n. 형제자매	die Tochter	n. 딸
das Kind	n. 어린아이	der Sohn	n. 아들
pl. die Eltern	n. 부모님	pl. die Großeltern	n. 조부모님

Meine Familie wohnt in Daegu. 내 가족은 대구에 산다.

⑨ **der Freund**   n. 남자 친구 *die Freundin   n. 여자 친구

Das ist mein Freund. 이 사람은 나의 남자 친구이다.

⑩ **(pl.) die Großeltern**   n. 조부모

Meine Großeltern leben in Japan. 나의 조부모님은 일본에 산다.

Meine Großmutter heißt Eva und meine Großmutter ist schon 80 Jahre alt.
나의 할머니는 Eva이다. 그리고 나의 할머니는 이미 80세이다.

⑪ **der Verwandte**   n. 친척

Peter besucht seine Verwandten in Frankreich.
Peter는 프랑스에 있는 그의 친척들을 방문한다.

⑫ **Wie alt...?**   몇 살?

Wie alt ist Ihr Kind? 당신의 아이는 몇 살입니까?

Mein Kind ist drei Jahre alt. 나의 아이는 세 살입니다.

Wie alt sind Ihre Kinder? 당신의 아이들은 몇 살입니까?

Acht und zehn. 8살과 10살입니다.

⑬ **Wie geht's?** 잘 지내?

gut	좋아
super	아주 좋아
sehr gut	아주 좋아
es geht	그냥 그래
nicht so gut	그렇게 좋지 않아

Wie geht es deiner Freundin? 너의 여자 친구는 어떻게 지내?

⑭ **nett** a. 친절한

Seine Mutter ist sehr nett. 그의 엄마는 아주 친절하다.

⑮ **verheiratet** a. 기혼인

ledig	a. 미혼인
verwitwet	a. 사별한
geschieden	a. 이혼한

Sind Sie verheiratet? 당신은 결혼하셨습니까?

Ja, ich bin verheiratet. 네, 저는 기혼입니다.

1 나는 내 가족을 사랑한다.

_____

2 나는 자주 나의 숙모를 방문한다.

_____

3 내 가족은 나를 Mia라고 부른다.

_____

4 당신은 결혼하셨습니까?

_____

5 당신의 아이는 몇 살입니까?

_____

6 나는 형제가 없습니다.

_____

7 이분들은 나의 부모님이다.

_____

8 내 가족은 대구에 산다.

_____

9 너의 여자 친구는 어떻게 지내?

_____

10 나의 조부모님은 일본에 산다.

_____

Ich habe Hunger.
저는 배가 고파요.

① der Käse
② das Fleisch
③ der Fisch
④ das Hänchen
⑤ der Kaffee
⑥ das Brot
⑦ die Wurst
⑧ die Milch
⑨ der Tee
⑩ der Wein

해석 ◦))▶
① 치즈 ② 고기 ③ 생선 ④ 치킨 ⑤ 커피
⑥ 빵 ⑦ 소시지 ⑧ 우유 ⑨ 차 ⑩ 와인

단어 ❞

der Apfel n. 사과	der Käse n. 치즈
die Birne n. 배	der Salat n. 샐러드
die Banane n. 바나나	der Reis n. 쌀, 밥
das Brot n. 빵	die Milch n. 우유
das Brötchen n. 작은 빵	der Saft n. 쥬스
die Butter n. 버터	der Kaffee n. 커피
das Ei n. 계란	der Tee n. 차
die Tomate n. 토마토	die Wurst n. 소시지
das Bier n. 맥주	das Obst n. 과일

① **kaufen** v. 사다

du kaufst, er kauft

kaufen - kaufte - gekauft

Ich kaufe heute einen Kuchen. 나는 오늘 케이크를 산다.

② **kosten** v. 비용이 ～얼마이다

es kostet

kosten - kostete - gekostet

Was kostet ein Apfel? 사과 한 개는 얼마인가요?

③ **verkaufen** v. 팔다

du verkaufst, er verkauft

verkaufen - verkaufte - verkauft

Ich verkaufe die Schokolade. 나는 이 초콜릿을 판매한다.

④ **helfen** v. 돕다

du hilfst, er hilft

helfen - half - geholfen

Kann ich Ihnen helfen? 제가 당신을 도와 드릴까요?

Ich möchte die Tomaten kaufen. 나는 이 토마토를 사고 싶어요.

⑤ **brauchen** v. 필요하다

du brauchst, er braucht

brauchen - brauchte - gebraucht

Ich brauche etwas zu essen. 나는 무언가 먹을 것이 필요하다.

⑥ **trinken** v. 마시다

du trinkst, er trinkt

trinken - trank - getrunken

Ich trinke nicht so gern Saft. 나는 주스를 그다지 즐겨 마시지 않는다.

⑦ **essen** v. 먹다

du isst, er isst

essen - aß - gegessen

Essen Sie gern Hähnchen? 당신은 치킨을 즐겨 먹습니까?

⑧ **das Essen** n. 음식

Das Essen schmeckt sehr gut. 음식 맛이 매우 좋다.

⑨ **(Pl.) Lebensmittel** n. 식료품

der Apfel	n. 사과	die Orange	n. 오렌지	das Bier	n. 맥주
der Kaffee	n. 커피	die Butter	n. 버터	das Fleisch	n. 고기
der Fisch	n. 생선	die Cola	n. 콜라	das Brötchen	n. 작은 빵
der Käse	n. 치즈	die Birne	n. 배	das Brot	n. 빵
der Kuchen	n. 케이크	die Milch	n. 우유	das Gemüse	n. 채소
der Saft	n. 주스	die Kartoffel	n. 감자	das Ei	n. 달걀
der Reis	n. 쌀	die Sahne	n. 크림	das Getränk	n. 마실 것
der Tee	n. 차	die Tomate	n. 토마토	das Wasser	n. 물
der Wein	n. 와인	die Traube	n. 포도	das Obst	n. 과일
der Salat	n. 샐러드	die Suppe	n. 수프	das Öl	n. 기름
der Schinken	n. 햄	die Wurst	n. 소시지	das Hähnchen	n. 치킨

Die Lebensmittel sind sehr wichtig. 식료품은 아주 중요하다.

⑩ **der Markt**   n. 시장

> der Supermarkt   n. 슈퍼마켓

Gibt es hier einen Markt? 여기 시장이 있나요?

⑪ **das Sonderangebot**   n. 특가 상품

Ich habe den Wein im Sonderangebot gekauft.
나는 그 와인을 특가 상품으로 구매했다.

⑫ **der Euro**   n. 유로

0,10 Euro	zehn Cent	10센트
1,00 Euro	ein Euro	1유로
1,10 Euro	ein Euro zehn	1유로 10

100 Gramm Käse kosten 1 Euro 10. 100g의 치즈는 1유로 10센트이다.

⑬ **wie viel...?**   얼마나 많이?

Wie viel möchten Sie? 얼마나 많이 필요하십니까?

⑭ **was**   무엇

Was ist das? 이것은 무엇입니까?

Das ist doch kein Apfel. 이것은 사과가 아니잖아요.

⑮ **sonst**   adv. 그밖에

Sonst noch etwas? 그 외에 무엇이 더 필요한가요?

Nein, danke. Das ist alles. 아니요, 감사합니다. 이것이 전부입니다.

check up

1 나는 오늘 케이크를 산다.

_____

2 사과 한 개는 얼마입니까?

_____

3 그 외에 무엇이 더 필요한가요?

_____

4 얼마나 많이 필요하십니까?

_____

5 나는 그 와인을 특가로 구매했다.

_____

6 나는 주스를 그다지 즐겨 마시지 않는다.

_____

7 당신은 치킨을 즐겨 먹습니까?

_____

8 음식 맛이 매우 좋다.

_____

9 식료품은 아주 중요하다.

_____

10 여기 시장이 있나요?

_____

레스토랑

Was möchten Sie bestellen?
무엇을 주문하시겠어요?

① Der Wein schmeckt gut!

② Möchten Sie noch etwas trinken?

③ Ich hätte gern einen Salat.

④ Guten Appetit!

해석
① 와인 맛이 좋아요! ② 마실 것을 더 드릴까요?
③ 샐러드를 하나 주세요. ④ 식사 맛있게 하세요!

die Tasse n. 찻잔	die Pizza n. 피자
der Teller n. 접시	die Spaghetti n. 스파게티
das Besteck n. 식사 도구	der Wein n. 와인
die Gabel n. 포크	die Suppe n. 수프
das Messer n. 나이프	die Soße n. 소스
der Hamburger n. 햄버거	der Kuchen n. 케이크
das Hähnchen n. 통닭 구이	das Eis n. 아이스크림
das Fleisch n. 고기	der Fisch n. 생선

① **bezahlen** v. 지불하다

du bezahlst, er bezahlt

bezahlen - bezahlte - bezahlt

Muss ich bar bezahlen? 제가 현금으로 계산해야 합니까?

② **Durst haben** v. 목마르다

du hast, er hat

haben - hatte - gehabt

Ich habe Durst. 나는 목마르다.

③ **Hunger haben** v. 배고프다

du hast, er hat

haben - hatte - gehabt

Ich habe Hunger. 나는 배고프다.

④ **haben** v. 가지고 있다

du hast, er hat

haben - hatte - gehabt

Haben Sie Salz? 당신은 소금이 있으십니까?

⑤ **schmecken**　v. 맛있다

es schmeckt

schmecken - schmeckte - geschmeckt

Das schmeckt sehr gut. 그것은 매우 맛있다.

⑥ **möchten**　v. 하려고 하다, 하고 싶다

du möchtest, er möchte

Was möchten Sie bestellen? 당신은 무엇을 주문하기 원하시나요?

⑦ **das Restaurant**　n. 레스토랑

Das Restaurant finde ich gut. 나는 이 레스토랑이 좋다고 생각한다.

⑧ **das Lieblingsessen**　n. 좋아하는 음식

Mein Lieblingsessen ist Pizza. 내가 좋아하는 음식은 피자이다.

⑨ **die Entschuldigung**　n. 변명, 구실, 용서, 이해

Entschuldigung! 실례합니다!

Das Essen ist zu kalt. 음식이 너무 차가워요.

⑩ **die Rechnung**　n. 계산서

Könnten Sie bitte die Rechnung bezahlen? 계산서를 지불해 주시겠습니까?

Ja, gern. 네. 그러죠.

⑪ **der Preis**　n. 가격

Der Preis gefällt mir. 가격이 내 마음에 든다.

⑫ **die Speisekarte**　n. 메뉴판

Bringen Sie mir bitte die Speisekarte. 저에게 메뉴판을 가져다주세요.

⑬ **eilig**　a. 긴급한, 서둘러야 하는

Ich habe es furchtbar eilig! 나는 정말 급해요!

Kann ich das Essen so schnell wie möglich bekommen?
제가 음식을 가능한 한 빨리 받을 수 있을까요?

⑭ **gut** a. 좋은

Das Essen riecht gut! 그 음식은 좋은 냄새가 나요!

⑮ **ein bisschen** 조금

Die Suppe ist ein bisschen salzig. 수프가 좀 짠 것 같아요.

1   제가 현금으로 계산해야 합니까?

_____

2   가격이 내 마음에 든다.

_____

3   나는 배고프다.

_____

4   당신은 소금이 있으십니까?

_____

5   당신은 무엇을 주문하기 원하시나요?

_____

6   저에게 메뉴판을 가져다주세요.

_____

7   나는 이 레스토랑이 좋다고 생각한다.

_____

8   내가 좋아하는 음식은 피자이다.

_____

9   실례합니다! 음식이 너무 차가워요.

_____

10 계산서를 지불해 주시겠습니까?

_____

Was sind Ihre Hobbys?

당신의 취미는 무엇입니까?

① malen
② Gitarre spielen
③ kochen
④ angeln
⑤ wandern
⑥ tanzen
⑦ reisen
⑧ meditieren
⑨ Computer spielen
⑩ lesen

해석))
① 그림 그리다 ② 기타 연주하다 ③ 요리하다 ④ 낚시하다 ⑤ 도보 여행하다
⑥ 춤추다 ⑦ 여행하다 ⑧ 명상하다 ⑨ 컴퓨터 게임 하다 ⑩ 독서하다

Fußball spielen v. 축구를 하다
Basketball spielen v. 농구를 하다
Tennis spielen v. 테니스를 치다
Tischtennis spielen v. 탁구를 하다
fotografieren v. 사진을 촬영하다
schwimmen v. 수영하다
einkaufen gehen v. 장보러 가다

tanzen v. 춤추다
kochen v. 요리하다
wandern v. 도보 여행하다, 떠돌다
ins Kino gehen v. 영화관에 가다
ins Konzert gehen v. 음악회에 가다
ins Theater gehen v. 연극을 보러 가다
Ski fahren v. 스키를 타다

① **Freund treffen** v. 친구를 만나다

du triffst, er trifft

treffen - traf - getroffen

Um 3 Uhr treffe ich meinen Freund. 나는 3시에 나의 남자 친구를 만난다.

② **ins Kino gehen** v. 영화관에 가다

du gehst, er geht

gehen - ging - gegangen

Morgen gehen wir ins Kino. 우리는 내일 영화관에 간다.

③ **Fußball spielen** v. 축구 경기를 하다

du spielst, er spielt

spielen - spielte - gespielt

der Fußball   n. 축구

Spielst du gern Fußball? 너는 축구 경기를 하는 것을 좋아하니?

④ **fernsehen** v. 텔레비전을 보다

du siehst fern, er sieht fern

fernsehen - sah fern - ferngesehen

Sehen Sie nicht so viel fern! 텔레비전을 너무 많이 보지 마세요!

⑤ **das Hobby**   n. 취미

Was ist Ihr Hobby? 당신의 취미는 무엇입니까?

⑥ **das Lied**   n. 노래

Sie hat dieses Lied gesungen. 그녀가 이 노래를 불렀다.

⑦ **der Sport**   n. 스포츠

der Baseball	n. 야구
der Basketball	n. 농구
der Fußball	n. 축구
das Eishockey	n. 아이스하키
das Golf	n. 골프
der Handball	n. 핸드볼
das Tischtennis	n. 탁구

Fußball ist die beliebteste Sportart in Deutschland.
축구는 독일에서 가장 인기 있는 운동 종목이다.

⑧ **das Tennis**   n. 테니스

Ich spiele gern Tennis. 나는 테니스 치는 것을 좋아한다.

⑨ **die Freizeit**   n. 여가

Was machen Sie in der Freizeit? 당신은 여가시간에 무엇을 합니까?

Meine Hobbys sind Lesen und E-Mails schreiben.
나의 취미는 독서와 이메일 쓰기입니다.

⑩ **das Lieblingsbuch**   n. 좋아하는 책

Mein Lieblingsbuch ist Harry Potter. 내가 가장 좋아하는 책은 Harry Potter이다.

⑪ **der Lieblingsfilm**   n. 좋아하는 영화

Mein Lieblingsfilm ist „Nemo". 내가 가장 좋아하는 영화는 "니모"이다.

⑫ **die Lieblingsmusik**   n. 좋아하는 음악

Was ist Ihre Lieblingsmusik? 당신이 가장 좋아하는 음악은 무엇입니까?

⑬ **der Film**　n. 영화

Ich habe gestern einen Film geguckt. 나는 어제 영화를 봤다.

⑭ **die Musik**　n. 음악

Möchten Sie Musik hören? 당신은 음악을 듣고 싶으세요?

⑮ **das Theater**　n. 극장, 무대, 연극

Er geht einmal im Monat ins Theater. 그는 매달 한 번씩 연극을 보러 간다.

check up

1   나는 3시에 나의 남자 친구를 만난다.

_____

2   그는 매달 한 번씩 연극을 보러 간다.

_____

3   너는 축구 경기를 하는 것을 좋아하니?

_____

4   텔레비전을 너무 많이 보지 마세요!

_____

5   당신의 취미는 무엇입니까?

_____

6   그녀가 이 노래를 불렀다.

_____

7   축구는 독일에서 가장 인기 있는 운동 종목이다.

_____

8   나는 테니스 치는 것을 좋아한다.

_____

9   당신은 여가시간에 무엇을 합니까?

_____

10 내가 가장 좋아하는 책은 Harry Potter이다.

_____

Ich stehe um 9 Uhr auf.

저는 9시에 일어납니다.

① aufstehen
② bewegen
③ essen
④ sich baden
⑤ arbeiten
⑥ putzen
⑦ Sport treiben
⑧ kochen
⑨ einkaufen

해석))》
① 일어나다 ② 움직이다 ③ 식사하다 ④ 목욕하다 ⑤ 일하다
⑥ 청소하다 ⑦ 운동하다 ⑧ 요리하다 ⑨ 장보다

aufstehen v. 일어서다	warten v. 기다리다
sprechen v. 말하다	sich freuen v. 기쁘다
schreiben v. 쓰다	essen v. 먹다
sich waschen v. 씻다, 빨래하다	denken v. 생각하다
sich anziehen v. 옷을 입다	fernsehen v. 텔레비전을 보다
sich ausziehen v. 옷을 벗다	schlafen v. 자다

① **kochen** v. 요리하다

du kochst, er kocht

kochen - kochte - gekocht

Ich koche gern. 나는 요리를 즐겨 한다.

② **kommen** v. 오다

du kommst, er kommt

kommen - kam - gekommen

Kommen Sie auch? 당신도 오나요?

Ja, gerne. Wann denn? 네, 그러죠. 그런데 언제인가요?

③ **gehen** v. 가다

du gehst, er geht

gehen - ging - gegangen

spazieren gehen	v. 산책하다

Ich gehe jetzt spazieren. 나는 지금 산책을 하러 간다.

④ **ins Bett gehen** v. 침대로 가다

du gehst, er geht

gehen - ging - gegangen

Ich gehe heute früh ins Bett. 나는 오늘 일찍 잠자리로 간다.

⑤ **(sich) treffen**   v. 만나다

du triffst, er trifft

treffen - traf - getroffen

Ich treffe in der Innenstadt meine Kollegen. 나는 시내에서 나의 동료들을 만난다.

⑥ **mitbringen**   v. 가져오다

du bringst mit, er bringt mit

mitbringen - brachte mit - mitgebracht

Ich gehe einkaufen. Soll ich dir was mitbringen?
나는 장 보러 가. 내가 너에게 무엇을 사다 줄까?

⑦ **mitmachen**   v. 함께 하다

du machst mit, er macht mit

mitmachen - machte mit - mitgemacht

Warum machen Sie nicht mit? 당신은 왜 함께 하지 않으시나요?

⑧ **putzen**   v. 청소하다

du putzt, er putzt

putzen - putzte - geputzt

Mein Vater putzt nicht gern. 나의 아버지는 청소를 즐기지 않는다.

⑨ **abholen**   v. 데리러가다, (누구를) 마중 나가다

du holst ab, er holt ab

abholen - holte ab - abgeholt

Wir müssen meinen Bruder abholen. 우리는 나의 남동생을 마중가야 한다.

⑩ **das Mittagessen**   n. 점심

Das Mittagessen war gut. 점심은 맛있었다.

⑪ **der Morgen**   n. 아침

am Morgen	아침에
jeden Morgen	매일 아침

Guten Morgen! 좋은 아침입니다!

⑫ **der Tag** n. 날

der Montag	n. 월요일
der Dienstag	n. 화요일
der Mittwoch	n. 수요일
der Donnerstag	n. 목요일
der Freitag	n. 금요일
der Samstag	n. 토요일
der Sonntag	n. 일요일

Die Woche hat 7 Tage. 한 주는 7일이다.

⑬ **der Monat** n. 달

der Januar	n. 1월
der Februar	n. 2월
der März	n. 3월
der April	n. 4월
der Mai	n. 5월
der Juni	n. 6월
der Juli	n. 7월
der August	n. 8월
der September	n. 9월
der Oktober	n. 10월
der November	n. 11월
der Dezember	n. 12월

In diesem Monat fliege ich nach Deutschland. 나는 이번 달에 독일로 간다.

⑭ **die Stunde** n. 시간

Ich bin in einer Stunde zurück. 나는 한 시간 안에 돌아올게.

⑮ **später** a. 더 늦은, 나중의, 후에 *spät a. 늦은

Es tut mir leid. Ich komme ein bisschen später. 미안해, 나는 조금 늦게 갈 것 같아.

1 나는 요리를 즐겨 한다.

_____

2 한 주는 7일이다.

_____

3 나는 지금 산책을 하러 간다.

_____

4 나는 오늘 일찍 잠자리로 간다.

_____

5 나는 시내에서 나의 동료들을 만난다.

_____

6 미안해, 나는 조금 늦게 갈 것 같아.

_____

7 나는 이번 달에 독일로 간다.

_____

8 나의 아버지는 청소를 즐기지 않는다.

_____

9 우리는 나의 남동생을 마중가야 한다.

_____

10 점심은 맛있었다.

_____

Ich habe heute Geburtstag.

나는 오늘 생일입니다.

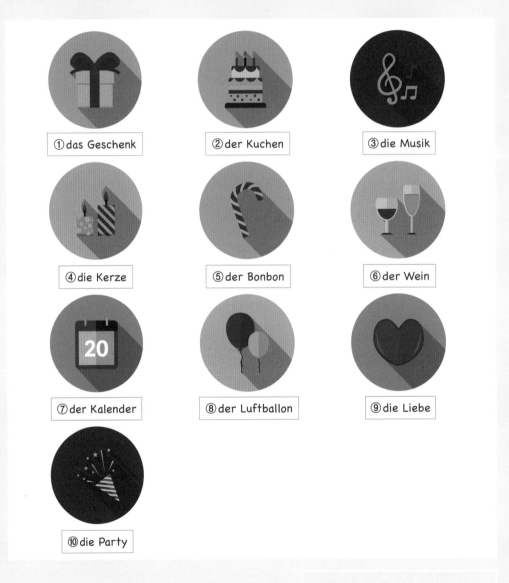

① das Geschenk

② der Kuchen

③ die Musik

④ die Kerze

⑤ der Bonbon

⑥ der Wein

⑦ der Kalender

⑧ der Luftballon

⑨ die Liebe

⑩ die Party

해석 ·))⟩
① 선물 ② 케이크 ③ 음악 ④ 양초 ⑤ 사탕
⑥ 와인 ⑦ 달력 ⑧ 풍선 ⑨ 사랑 ⑩ 파티

der Luftballon n. 풍선	der Geburtstag n. 생일
der Kuchen n. 케이크	die Blume n. 꽃
das Geschenk n. 선물	die Glückwunschkarte n. 축하 카드
die Schokolade n. 초콜릿	die Party n. 파티
der Bonbon n. 사탕	das Weihnachten n. 성탄절

① **schenken**   v. 선물하다

du schenkst, er schenkt

schenken - schenkte - geschenkt

Meiner Mutter schenke ich eine Kette. 나는 엄마에게 목걸이를 선물한다.

② **wünschen**   v. 원하다

du wünschst, er wünscht

wünschen - wünschte - gewünscht

Ich wünsche dir alles Gute. 나는 너에게 모든 일이 잘되기를 바란다.

③ **bekommen**   v. 받다, 얻다

du bekommst, er bekommt

bekommen - bekam - bekommen

Von meinem Freund habe ich eine Tasche bekommen.
나는 나의 남자 친구에게 가방을 받았다.

④ **machen**   v. 하다, 만들다

du machst, er macht

machen - machte - gemacht

Wir machen einen Salat. 우리는 샐러드를 만든다.

⑤ **danken**   v. 감사하다

du dankst, er dankt

danken - dankte - gedankt

Danke. 고맙습니다.

Vielen Dank. 정말 감사합니다.

⑥ **werden**   v. ~이 되다

du wirst, er wird

werden - wurde - geworden

Am Freitag werde ich 30 Jahre alt. 나는 금요일에 30살이 된다.

⑦ **feiern**   v. 축하하다, 축제를 벌이다, 기념하다

du feierst, er feiert

feiern - feierte - gefeiert

Ich feiere im Restaurant „Lezza". 나는 "Lezza" 레스토랑에서 파티를 한다.

⑧ **organisieren**   v. 편성하다, 조직하다

du organisierst, er organisiert

organisieren - organisierte - organisiert

Wer hat die Veranstaltung organisiert? 누가 이 행사를 편성했습니까?

⑨ **einladen**   v. 초대하다

du lädst ein, er lädt ein

einladen - lud ein - eingeladen

Ich lade Sie ein. 나는 당신을 초대합니다.

⑩ **die Briefmarke**   n. 우표

Ich habe ihr eine Briefmarke aus Korea geschenkt.
나는 그녀에게 한국에서 온 우표를 선물했다.

⑪ **die Postkarte**   n. 엽서

Ich brauche eine Postkarte. 나는 엽서 한 장이 필요하다.

⑫ **die Sendung**   n. 소포

Die Sendung ist noch nicht da. 소포는 아직 오지 않았다.

⑬ **das Paket**   n. 소포

Haben Sie mein Paket bekommen? 저의 소포를 받으셨나요?

⑭ **die Feier**   n. 축제

das Fest	n. 축제
die Hochzeit	n. 결혼식
die Party	n. 파티

Wir möchten eine große Feier machen. 우리는 큰 축제를 마련하고 싶다.

⑮ **das Geschenk**   n. 선물

Ich möchte ein Geschenk für Juna kaufen. 나는 Juna를 위한 선물을 사고 싶다.

1 나는 엄마에게 목걸이를 선물한다.

_____

2 나는 너에게 모든 일이 잘되기를 바란다.

_____

3 저의 소포를 받으셨나요?

_____

4 우리는 샐러드를 만든다.

_____

5 나는 Juna를 위한 선물을 사고 싶다.

_____

6 나는 금요일에 30살이 된다.

_____

7 나는 "Lezza" 레스토랑에서 파티를 한다.

_____

8 나는 엽서 한 장이 필요하다.

_____

9 나는 당신을 초대합니다.

_____

10 나는 그녀에게 한국에서 온 우표를 선물했다.

_____

Ich brauche ein Einzelzimmer.
저는 1인실이 하나 필요합니다.

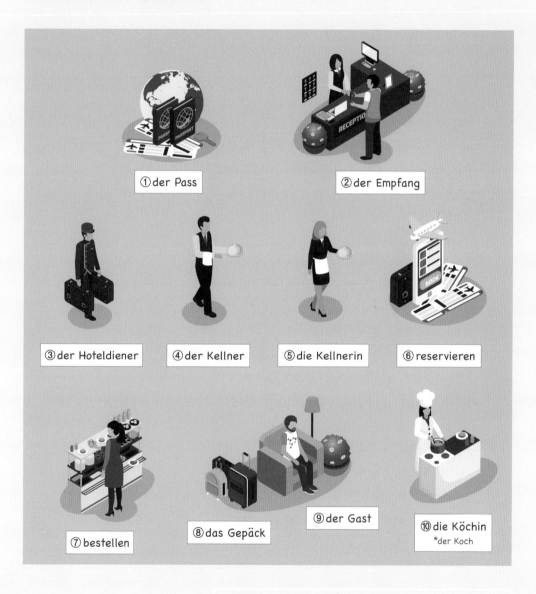

① der Pass

② der Empfang

③ der Hoteldiener

④ der Kellner

⑤ die Kellnerin

⑥ reservieren

⑦ bestellen

⑧ das Gepäck

⑨ der Gast

⑩ die Köchin
*der Koch

해석 ◦))▶
① 여권 ② 프런트 ③ 벨보이 ④ (남)웨이터 ⑤ (여)웨이터 ⑥ 예약하다
⑦ 주문하다 ⑧ 수하물 ⑨ 손님 ⑩ (여)요리사 *(남)요리사

der Gast n. 손님	das Einzelzimmer n. 1인실
der Schlüssel n. 열쇠	das Doppelzimmer n. 더블 룸
der Koffer n. 여행용 가방	die Zimmernummer n. 방 번호
die Reise n. 여행	das Frühstück n. 아침
die Übernachtung n. 숙박	der Ausweis n. 신분증
die Reservierung n. 예약	

① **abreisen** v. 떠나다

du reist ab, er reist ab

abreisen - reiste ab - abgereist

Ich werde in 3 Tagen abreisen. 나는 3일 안에 여행을 떠날 것이다.

② **reservieren** v. 예약하다

du reservierst, er reserviert

reservieren - reservierte - reserviert

Ich möchte ein Doppelzimmer reservieren. 나는 더블룸으로 예약하고 싶다.

③ **übernachten** v. 숙박하다

du übernachtest, er übernachtet

übernachten - übernachtete - übernachtet

Ich habe in einer Jugendherberge übernachtet. 나는 유스호스텔에서 숙박했다.

④ **empfehlen** v. 추천하다

du empfiehlst, er empfiehlt

empfehlen - empfahl - empfohlen

Welches Hotel können Sie mir empfehlen?

당신은 어떤 호텔을 나에게 추천해 줄 수 있습니까?

⑤ **bleiben**　v. 머물다

du bleibst, er bleibt

bleiben - blieb - geblieben

Ich bleibe im Hotel. 나는 호텔에 머무른다.

⑥ **klingeln**　v. 벨이 울리다

du klingelst, er klingelt

klingeln - klingelte - geklingelt

Es hat geklingelt. Ich muss kurz schauen, wer da ist.

벨이 울렸다. 나는 누가 거기에 있는지 잠깐 봐야만 한다.

⑦ **ausleihen**　v. 빌리다, 빌려주다

du leihst aus, er leiht aus

ausleihen - lieh aus - ausgeliehen

Was können wir hier ausleihen? 우리가 여기에서 무엇을 빌릴 수 있나요?

⑧ **die Unterkunft**　v. 숙박

Ich suche eine preiswerte Unterkunft. 나는 저렴한 숙소를 찾는다.

⑨ **das Hotel**　v. 호텔

Können Sie mir ein sauberes Hotel empfehlen?

당신은 저에게 깨끗한 호텔을 추천해 주실 수 있습니까?

⑩ **das Zimmer**　n. 방

Haben Sie noch ein Zimmer frei? 당신은 아직 방이 있습니까?

⑪ **die Reservierung**　n. 예약

Leider muss ich meine Reservierung absagen.

나는 유감스럽게도 예약을 취소해야 한다.

⑫ **die Übernachtung**　n. 숙박

Wie viel kostet eine Übernachtung mit Frühstück?

아침 식사를 포함한 숙박은 얼마입니까?

⑬ **von~ bis~** ～언제부터 ～언제까지

Ich bleibe vom 4. Januar bis 9. Januar. 나는 1월 4일부터 1월 9일까지 머무릅니다.

⑭ **offen**   a. 열려 있는

Die Tür ist offen. 그 문은 열려 있다.

⑮ **sicher**   a. 안전한, 확실한

Sind Sie sicher? Haben Sie reserviert? 확실합니까? 당신은 예약하셨나요?

check up

1 나는 3일 안에 여행을 떠날 것이다.

_____

2 나는 더블룸으로 예약하고 싶다.

_____

3 나는 유스호스텔에서 숙박했다.

_____

4 당신은 나에게 어떤 호텔을 추천해 줄 수 있습니까?

_____

5 저는 1월 4일부터 1월 9일까지 머무릅니다.

_____

6 나는 유감스럽게도 예약을 취소해야 한다.

_____

7 우리가 여기에서 무엇을 빌릴 수 있나요?

_____

8 나는 저렴한 숙소를 찾는다.

_____

9 저에게 깨끗한 호텔을 추천해 주실 수 있습니까?

_____

10 아침 식사를 포함한 숙박은 얼마입니까?

_____

Wie ist das Wetter heute?

오늘의 날씨는 어떤가요?

① der Frühling ② der Sommer ③ der Herbst ④ der Winter

⑤ die Temperatur ⑥ scheinen

⑦ blitzen ⑧ schneien

⑨ regnen ⑩ wölken

해석 ·)))
① 봄 ② 여름 ③ 가을 ④ 겨울 ⑤ 온도 ⑥ 빛나다
⑦ 번개 치다 ⑧ 눈 오다 ⑨ 비 오다 ⑩ 구름 끼다

단어

der Frühling n. 봄
der Sommer n. 여름
der Herbst n. 가을
der Winter n. 겨울

das Wetter n. 날씨
der Regen n. 비
die Wolke n. 구름
der Wind n. 바람
der Schnee n. 눈
das Gewitter n. 뇌우
der Regenbogen n. 무지개

① **regnen** v. 비가 오다

(es) regnet

regnen - regnete - geregnet

der Regen	n. 비

Es regnet. 비가 온다.

Es hat den ganzen Tag geregnet. 온종일 비가 내렸다.

② **schneien** v. 눈이 내리다

(es) schneit

schneien - schneite - geschneit

Es schneit viel im Winter. 겨울에는 눈이 많이 온다.

③ **scheinen** v. 빛나다

du scheinst, er scheint

scheinen - schien - geschienen

Heute wird die Sonne scheinen. 오늘은 태양이 빛날 것이다.

④ **das Wetter** n. 날씨

▸ Gut.	▸ Schön.	▸ Schlecht.	▸ Nicht so gut.
▸ 좋아요.	▸ 쾌청해요.	▸ 나빠요.	▸ 그렇게 좋진 않아요.

Wie ist das Wetter? 날씨가 어때?

⑤ **die Sonne** n. 태양

Die Sonne scheint. 태양이 빛난다.

⑥ **der Wind** n. 바람

In Deutschland weht oft kühler Wind. 독일에서는 자주 시원한 바람이 분다.

⑦ **die Temperatur** n. 온도

Die Temperatur ist gestiegen. 온도가 올라갔다.

⑧ **die Himmelsrichtung** n. 방향

der Osten	n. 동쪽	im Osten	동쪽에
der Westen	n. 서쪽	im Westen	서쪽에
der Süden	n. 남쪽	im Süden	남쪽에
der Norden	n. 북쪽	Im Norden	북쪽에

Die Himmelsrichtungen sind Norden, Süden, Osten, Westen.
방향은 북쪽, 남쪽, 동쪽, 서쪽이다.

⑨ **die Jahreszeit** n. 계절

der Frühling	n. 봄	im Frühling	봄에
der Sommer	n. 여름	im Sommer	여름에
der Herbst	n. 가을	im Herbst	가을에
der Winter	n. 겨울	im Winter	겨울에

Welche Jahreszeit magst du? 너는 어느 계절을 좋아하니?

⑩ **der Grad** n. 도

Im Sommer sind es circa 25 Grad. 여름에는 약 25도 정도 된다.

⑪ **der Wetterbericht** n. 일기예보

Was sagt der Wetterbericht? 일기예보에서는 뭐라고 하니?

⑫ **kalt** a. 추운

Es ist kalt. 날씨가 춥다.

⑬ **heiß**　a. 뜨거운, 더운

Gestern war es so heiß. 어제 날씨가 몹시 더웠다.

⑭ **plus**　a. 영상

Es sind Plusgrade. 영상 기온입니다.

⑮ **neblig**　a. 안개가 낀

Seit gestern ist es neblig. 어제부터 안개가 낀다.

check up

1 비가 온다.

_____

2 겨울에는 눈이 많이 온다.

_____

3 태양이 빛난다.

_____

4 날씨가 어때?

_____

5 어제 날씨가 몹시 더웠다.

_____

6 날씨가 춥다.

_____

7 온도가 올라갔다.

_____

8 일기예보에서는 뭐라고 하니?

_____

9 너는 어느 계절을 좋아하니?

_____

10 여름에는 약 25도 정도 된다.

_____

Ich fahre mit dem Bus.

저는 버스를 타고 갑니다.

① die Ampel

② das Schiff

③ das Fahrrad

④ der Zug

⑤ das Auto

⑥ die Straßenbahn

⑦ der Lastkraftwagen

⑧ der Umfallwagen

⑨ das Flugzeug

해석 ·))))
① 신호등 ② 배 ③ 자전거 ④ 기차 ⑤ 자동차
⑥ 트램 ⑦ 화물차 ⑧ 구급차 ⑨ 비행기

das Auto n. 자동차	das Fahrrad n. 자전거
das Flugzeug n. 비행기	das Motorrad n. 오토바이
der Zug n. 기차	das Taxi n. 택시
der Bus n. 버스	das Schiff n. 배, 선박
die U-bahn n. 지하철	der Lastkraftwagen n. 화물차
die Straßenbahn n. 트램	die Haltestelle n. 정류장
die Polizei n. 경찰	die Ampel n. 신호등

① **fahren** v. (무엇을) 타고 가다, 타다

du fährst, er fährt

fahren - fuhr - gefahren

Ich fahre mit dem Zug nach Frankfurt. 나는 기차를 타고 Frankfurt로 간다.

② **fliegen** v. 날다

du fliegst, er fliegt

fliegen - flog - geflogen

Ich fliege nach Berlin. 나는 Berlin으로 간다.

③ **abfliegen** v. 이륙하다, 출발하다

du fliegst ab, er fliegt ab

abfliegen - flog ab - abgeflogen

Um 5 Uhr fliegen wir ab. 우리는 5시에 이륙한다.

④ **das Ticket** n. 표

Was kostet ein Flugticket nach Japan? 일본행 항공권은 얼마니?

⑤ **die Bahn** n. 철도, 기차

Wir fahren lieber mit der Bahn. 우리는 기차를 타고 가는 것을 더 즐긴다.

⑥ **der Schalter** n. 창구

Gehen Sie bitte zum Schalter. 당신은 창구로 가세요.

⑦ **der Eingang**　n. 입구　*반대 **der Ausgang**　n. 출구

Ich weiss nicht, wo der Eingang ist. 나는 입구가 어디인지 모르겠다.

⑧ **die Bushaltestelle**　n. 버스 정류장

Wo ist die Bushaltestelle? 버스 정류장은 어디에 있니?

⑨ **das Reisebüro**　n. 여행 안내소, 여행사

Wie komme ich zum Reisebüro? 제가 어떻게 여행 안내소로 갈 수 있나요?

⑩ **der Hauptbahnhof**　n. 중앙역

Ich kaufe am Hauptbahnhof eine Fahrkarte nach Bonn.
나는 중앙역에서 Bonn으로 가는 차표를 산다.

⑪ **der Flughafen**　n. 공항

Ist der Flughafen in der Nähe? 공항이 근처에 있니?

⑫ **der Bus**　n. 버스

Wann fährt der Bus ab? 언제 버스가 출발하니?

⑬ **der Pass**　n. 여권

Ich habe meinen Pass nicht dabei. 나는 여권을 소지하고 있지 않다.

⑭ **das Auto**　n. 자동차

Fahren Sie mit dem Auto oder mit dem Zug?
당신은 자동차로 가시나요? 아니면 기차로 가시나요?

⑮ **schnell**　a. 빠른, 신속한

Der Zug ist schnell. 그 기차는 빠르다.

1   나는 기차를 타고 Frankfurt로 간다.

_____

2   당신은 자동차로 가시나요? 아니면 기차로 가시나요?

_____

3   우리는 5시에 이륙한다.

_____

4   일본행 항공권은 얼마니?

_____

5   우리는 기차를 타고 가는 것을 더 즐긴다.

_____

6   당신은 창구로 가세요.

_____

7   나는 입구가 어디인지 모르겠다.

_____

8   버스 정류장은 어디에 있니?

_____

9   공항이 근처에 있니?

_____

10   나는 중앙역에서 Bonn으로 가는 차표를 산다.

_____

기차

MP3 W11

Wann kommt der nächste Zug?
다음 기차는 언제 오나요?

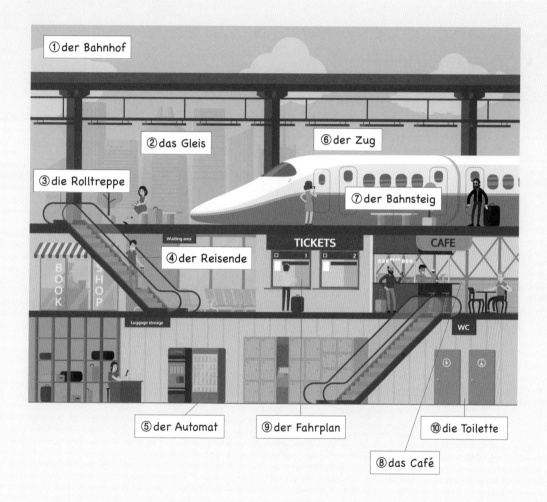

① der Bahnhof
② das Gleis
③ die Rolltreppe
④ der Reisende
⑤ der Automat
⑥ der Zug
⑦ der Bahnsteig
⑧ das Café
⑨ der Fahrplan
⑩ die Toilette

해석
① 기차역 ② 철도, 선로 ③ 에스컬레이터 ④ 여행자 ⑤ 자동판매기
⑥ 기차 ⑦ 플랫폼 ⑧ 카페 ⑨ 기차 시각표 ⑩ 화장실

der Bahnhof n. 역	die Abfahrt n. 출발
der Zug n. 기차	die Anfahrt n. 도착
das Gleis n. 게이트, 선로	aussteigen v. 내리다
der Bahnsteig n. 플랫폼	einsteigen v. 타다
der Reisende n. 여행자	umsteigen v. 환승하다

① **abfahren** v. 출발하다

du fährst ab, er fährt ab

abfahren - fuhr ab - abgefahren

Wann fährt der nächste Zug nach Aachen ab?

다음 열차는 언제 Aachen으로 출발하나요?

② **ankommen** v. 도착하다

du kommst an, er kommt an

ankommen - kam an - angekommen

Wann kommt dieser Zug in Hamburg an? 기차는 언제 Hamburg에 도착하나요?

③ **aussteigen** v. 내리다

du steigst aus, er steigt aus

aussteigen - stieg aus - ausgestiegen

Der Zug endet hier. Wir bitten alle Passagiere auszusteigen.

이곳은 종착역입니다. 승객 여러분은 모두 내려 주세요.

④ **einsteigen** v. 타다

du steigst ein, er steigt ein

einsteigen - stieg ein - eingestiegen

Bitte einsteigen! Vorsicht bei der Abfahrt des Zuges!

승차하세요! 기차가 출발할 때 주의하세요!

⑤ **umsteigen**   v. 환승하다

du steigst um, er steigt um

umsteigen - stieg um - umgestiegen

Wo muss ich umsteigen? 제가 어디에서 환승해야 하나요?

Sie müssen in Dresden umsteigen. 당신은 Dresden에서 환승하셔야 합니다.

⑥ **zurückkommen**   v. 되돌아오다

du kommst zurück, er kommt zurück

zurückkommen - kam zurück - zurückgekommen

Ich kann ohne Auto nicht zurückkommen. 나는 자동차 없이는 돌아올 수가 없다.

⑦ **das Verkehrsmittel**   n. 교통수단

der Zug	n. 열차
die U-Bahn	n. 전철
die Straßenbahn	n. 시가 전철
der Bus	n. 버스
das Taxi	n. 택시

Mit welchem Verkehrsmittel kommst du? 너는 어떤 교통수단으로 오니?

⑧ **die Durchsage**   n. 안내 방송

Ich habe die Durchsage nicht gehört. 나는 그 안내 방송을 듣지 못했다.

⑨ **der Fahrplan**   n. 운행 시간표

Sie müssen auf den Fahrplan schauen. 당신은 운행 시간표를 보아야 합니다.

⑩ **das Gleis**   n. 선로, 게이트

Auf welchem Gleis fährt der Zug ab? 어느 선로에서 기차는 출발하나요?

Auf Gleis 2. 2번 선로에서요.

⑪ **die Verspätung**   n. 연착

Hat der Zug Verspätung? 기차가 연착했나요?

⑫ **der Hauptbahnhof**   n. 중앙역

Wie lange dauert es bis zum Hauptbahnhof? 중앙역까지 얼마나 걸리나요?

⑬ **die Fahrkarte**   n. 차표

Ich möchte eine Fahrkarte nach Freiburg kaufen.
나는 Freiburg로 가는 차표 한 장을 사고 싶다.

⑭ **pünktlich**   a. 시간을 지키는, (시간 따위에) 정확한

Kommt der Zug pünktlich? 기차가 정확한 시간에 오니?

⑮ **hin und zurück**   왕복

Einfache Fahrt oder hin und zurück? 편도 아니면 왕복으로 구매하실래요?

check up

1 다음 열차는 언제 Aachen으로 출발하나요?

_____

2 너는 어떤 교통수단으로 오니?

_____

3 이곳은 종착역입니다. 승객 여러분은 모두 내려 주세요.

_____

4 승차하세요! 기차가 출발할 때 주의하세요!

_____

5 제가 어디에서 환승해야 하나요?

_____

6 나는 자동차 없이는 돌아올 수가 없다.

_____

7 나는 Freiburg로 가는 차표 한 장을 사고 싶다.

_____

8 나는 그 안내 방송을 듣지 못했다.

_____

9 당신은 운행 시간표를 보아야 합니다.

_____

10 어느 선로에서 기차는 출발하나요?

_____

Meine Haustür ist Kaputt.

현관문이 고장 났어요.

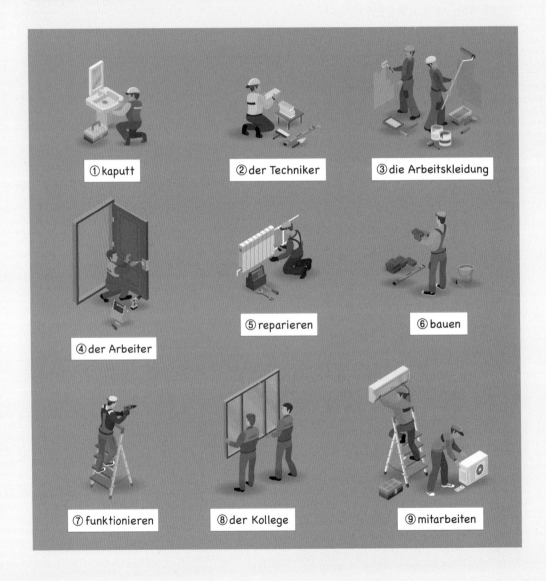

① kaputt

② der Techniker

③ die Arbeitskleidung

④ der Arbeiter

⑤ reparieren

⑥ bauen

⑦ funktionieren

⑧ der Kollege

⑨ mitarbeiten

해석 •))
① 고장 난 ② 기술자 ③ 작업복 ④ 노동자, 근로자 ⑤ 수리하다
⑥ 짓다, 건축하다 ⑦ 작동하다 ⑧ 동료 ⑨ 협력하다

das Telefon n. 전화기	**der Direktor** n. 지도자, 관리자
das Handy n. 핸드폰	**die Sekretärin** n. 여비서
der Kollege n. 동료, 동업자	**der Brief** n. 편지, 서신
die Kollegin n. 여자 동료, 동업자	**die Arbeitskleidung** n. 작업복
der Computer n. 컴퓨터	

① **tun** v. 하다, 행하다

du tust, er tut

tun - tat - getan

Was kann ich für Sie tun? 제가 당신을 위해 무엇을 도와 드릴까요?

② **bitten** v. 부탁하다

du bittest, er bittet

bitten - bat - gebeten

Ich bitte Sie, mir zu helfen. 부탁합니다, 나를 좀 도와주세요.

③ **funktionieren** v. 작동하다

du funktionierst, er funktioniert

funktionieren - funktionierte - funktioniert

Mein Handy funktioniert nicht mehr. 나의 휴대폰은 더 이상 작동하지 않는다.

④ **schicken** v. (사람을) 보내다, 파견하다

du schickst, er schickt

schicken - schickte - geschickt

Ich schicke einen Ingenieur. 나는 엔지니어를 보낸다.

⑤ **reparieren** v. 수리하다

du reparierst, er repariert

reparieren - reparierte - repariert

Bis wann können Sie das Handy reparieren?
당신은 언제까지 휴대폰을 수리해 줄 수 있습니까?

⑥ **aussein** v. (불 따위가) 꺼지다, (기계 따위가) 작동되지 않다

(es) ist aus

aus sein - war aus - ausgewesen

| auf sein | v. 열려 있다 |
| zu sein | v. 잠겨 있다 |

Das Licht war aus. 불은 꺼져 있었다.

⑦ **nachfragen** v. 문의하다, 재차 질문하다

du fragst nach, er fragt nach

nachfragen - fragte nach - nachgefragt

Fragen Sie so viel wie möglich nach! 가능한 한 많이 물어보세요!

⑧ **Bescheid sagen** v. 정보를 주다, 항의하다

du sagst, er sagt

sagen - sagte - gesagt

Sag mir bitte Bescheid, wenn der Computer kaputt ist.
컴퓨터가 고장 나게 되면, 나에게 알려줘.

⑨ **die Reparatur** n. 수리

Wie lange brauchen Sie für die Reparatur? 당신은 수리하는 데 얼마나 걸립니까?

⑩ **die Gebrauchsanweisung** n. 사용 설명서

Nehmen Sie die Gebrauchsanweisung mit.
이 사용 설명서를 함께 가지고 가십시오.

⑪ **der Techniker** n. 기술자

Können Sie mir einen Techniker schicken?
당신은 저에게 기술자 한 분을 보내 줄 수 있습니까?

⑫ **die Nummer** n. 번호

Bitte rufen Sie unter der unten angegebenen Nummer 010-0325-4329 zurück.
아래의 번호 010-0325-4329로 다시 전화 주세요.

⑬ **kaputt**   a. 고장 난

Mein Computer ist kaputt. 나의 컴퓨터는 고장이 났다.

⑭ **kostenlos**   a. 무료의, 무상의

Das Service ist kostenlos. 이 서비스는 무료이다.

⑮ **technisch**   a. 기술적인, 전문의

Es gab ein technisches Problem. 기술적인 문제가 있었다.

1   무엇을 도와드릴까요?

_____

2   나의 컴퓨터는 고장이 났다.

_____

3   나의 휴대폰은 더 이상 작동하지 않는다.

_____

4   이 서비스는 무료이다.

_____

5   당신은 언제까지 휴대폰을 수리해 줄 수 있습니까?

_____

6   당신은 저에게 기술자 한 분을 보내 줄 수 있습니까?

_____

7   가능한 한 많이 물어보세요.

_____

8   컴퓨터가 고장 나게 되면, 나에게 알려줘.

_____

9   당신은 수리하는 데 얼마나 걸립니까?

_____

10   이 사용 설명서를 함께 가지고 가십시오.

_____

Ich lerne Mathematik in der Schule.

나는 학교에서 수학을 배운다.

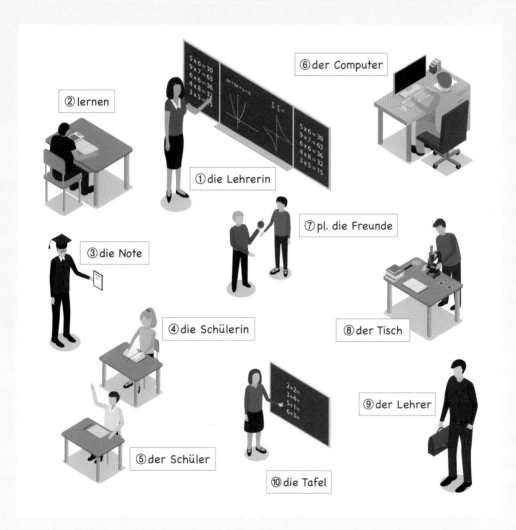

② lernen

① die Lehrerin

⑥ der Computer

③ die Note

⑦ pl. die Freunde

④ die Schülerin

⑧ der Tisch

⑤ der Schüler

⑨ der Lehrer

⑩ die Tafel

해석 ·))
① (여)선생님 ② 배우다 ③ 성적 ④ (여)학생 ⑤ (남)학생
⑥ 컴퓨터 ⑦ 친구들 ⑧ 책상 ⑨ (남)선생님 ⑩ 칠판

das Klassenzimmer n. 교실	die Lehrerin n. 여선생님
der Bleistift n. 연필	das Heft n. 공책
der Kugelschreiber n. 볼펜	das Alphabet n. 알파벳
der Tisch n. 책상	das Lehrbuch n. 교재
der Stuhl n. 의자	die Tafel n. 칠판

① **lernen** v. 배우다

du lernst, er lernt

lernen - lernte - gelernt

Ich lerne Deutsch. 나는 독일어를 배운다.

② **erklären** v. 설명하다

du erklärst, er erklärt

erklären - erklärte - erklärt

Können Sie mir das bitte erklären? 당신은 이것을 설명해 주실 수 있습니까?

③ **hören** v. 듣다

du hörst, er hört

hören - hörte - gehört

Ich höre oft Deutsche Welle, um Deutsch zu lernen.
나는 독일어를 배우기 위해서 Deutsche Welle(독일 공영라디오)를 자주 듣는다.

④ **lesen** v. 읽다

du liest, er liest

lesen - las - gelesen

Ich lese gern Comics. 나는 만화책 읽는 것을 좋아한다.

⑤ **bedeuten** v. 의미하다

es bedeutet

bedeuten - bedeutete - bedeutet

Was bedeutet das Wort? 이 단어는 무엇을 의미합니까?

⑥ **studieren** v. 공부하다

du studierst, er studiert

studieren - studierte - studiert

Was haben Sie studiert? 당신은 무엇을 전공했습니까?

Ich habe Germanistik studiert. 나는 독어독문학을 공부했습니다.

⑦ **können** m. v. 할 수 있다

du kannst, er kann

können - konnte - gekonnt

Kannst du Deutsch? 너는 독일어를 할 줄 아니?

⑧ **finden** v. 생각하다, 느끼다, 인정하다

du findest, er findet

finden - fand - gefunden

Ich finde, Deutsch ist sehr wichtig. 내가 생각하기에 독일어는 매우 중요하다.

⑨ **verstehen** v. 이해하다

du verstehst, er versteht

verstehen - verstand - verstanden

Ich verstehe dieses Wort nicht. 나는 이 단어를 이해하지 못하겠다.

⑩ **wiederholen** v. 반복하다

du wiederholst, er wiederholt

wiederholen - wiederholte - wiederholt

Können Sie das bitte wiederholen? 다시 말씀해 주시겠어요?

⑪ **die Prüfung** n. 시험

Die Prüfung ist am Donnerstag um 10 Uhr. 그 시험은 목요일 10시에 있다.

⑫ **das Studium** n. 대학 공부

Das Studium beginnt im Oktober. 학기는 10월에 시작한다.

⑬ **die Aufgabe** n. 과제, 임무

Das ist eine schwierige Aufgabe. 그것은 어려운 과제이다.

⑭ **der Raum**   n. 방

Der Unterricht findet im Raum 332 statt. 수업은 332번 방에서 있다.

⑮ **der Unterricht**   n. 수업

Heute ist der Unterricht langweilig. 오늘은 수업이 지루하다.

check up

1 나는 독일어를 배운다.

_____

2 당신은 이것을 설명해 주실 수 있습니까?

_____

3 시험은 목요일 10시에 있다.

_____

4 나는 만화책 읽는 것을 좋아한다.

_____

5 이 단어는 무엇을 의미합니까?

_____

6 당신은 무엇을 전공했습니까?

_____

7 너는 독일어를 할 줄 아니?

_____

8 그것은 어려운 과제이다.

_____

9 내가 생각하기에 독일어는 매우 중요하다.

_____

10 나는 이 단어를 이해하지 못하겠다.

_____

모의고사

- Modul 1
- Modul 2

Modul 1
모의고사 1회

Hören

Was ist richtig?

Kreuzen Sie an: a , b oder c .

Sie hören jeden Text **zweimal**.

1 **Wo ist die Sprachschule?**

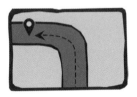 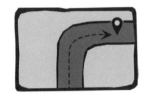 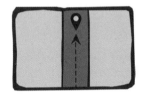

   a An der Ecke links   b An der Ecke rechts   c immer geradeaus

2 **Welche Klasse besucht Frau Hagedons Tochter?**

 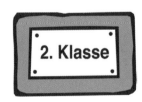 

   a Die erste Klasse   b Die zweite Klasse   c Die dritte Klasse

3 Wie lange dauert das Camping? MP3 04_03

 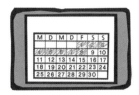 

| a | 2 Wochen | b | Eine Woche | c | 7 Wochen |

4 Wie viel muss die Studentin bezahlen? MP3 04_04

| a | 3 Euro | b | 10 Euro | c | 7 Euro |

5 Was bringt Lena mit? MP3 04_05

| a | Getränke | b | Torte | c | Pizza |

6   Wann soll der Mann das Medikament nehmen?

a   Am Morgen   b   Am Mittag   c   Am Abend

Teil 2

Kreuzen Sie an: Richtig oder *Falsch*.
Sie hören jeden Text **einmal**.

 MP3 **04**_07

7 **Heute kostet alles 9,99 Euro.**   Richtig   *Falsch*

MP3 **04**_08

8 **Der Anschlusszug nach Berlin kommt spät.**   Richtig   *Falsch*

MP3 **04**_09

9 **Die Reisenden treffen sich heute um 9 Uhr wieder.**   Richtig   *Falsch*

MP3 **04**_10

10 **Der Flug wird in 5 Minuten geschlossen.**   Richtig   *Falsch*

Teil 3

Was ist richtig?

Kreuzen Sie an: a, b oder c.

Sie hören jeden Text **zweimal**.

11 Wo treffen sich Piona und Olga?   MP3 04_11

a Im Restaurant „Nonna"

b Im Restaurant „Mexikaner"

c Am Hauptbahnhof

12 Wo muss man umsteigen?   MP3 04_12

a In Dortmund

b In Stuttgart

c In Mannheim

13 Was will Nico am Wochenende machen?   MP3 04_13

a Ins Kino gehen

b Ins Konzert gehen

c In die Disco gehen

14 Wohin möchte Hendrik fahren?   MP3 04_14

a Zur Insel

b In die Berge

c Ans Meer

15 Womit fährt heute Sabine zur Arbeit? MP3 04_15

    a Mit dem Zug

    b Mit dem Fahrrad

    c Mit dem Auto

Lesen

Teil 1

Lesen Sie die beiden Texte und die Aufgaben 1 bis 5.

Kreuzen Sie an: Richtig oder *Falsch*.

Beispiel

0   Luisa kennt schon viele Leute.   ~~Richtig~~   *Falsch*

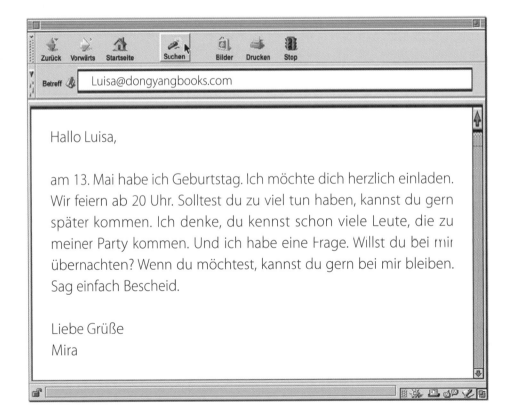

Betreff Luisa@dongyangbooks.com

Hallo Luisa,

am 13. Mai habe ich Geburtstag. Ich möchte dich herzlich einladen. Wir feiern ab 20 Uhr. Solltest du zu viel tun haben, kannst du gern später kommen. Ich denke, du kennst schon viele Leute, die zu meiner Party kommen. Und ich habe eine Frage. Willst du bei mir übernachten? Wenn du möchtest, kannst du gern bei mir bleiben. Sag einfach Bescheid.

Liebe Grüße
Mira

1   Luisa soll früh da sein.   Richtig   *Falsch*

2   Luisa muss ein Hotel reservieren.   Richtig   *Falsch*

Hallo Fabian,

wie geht's? Ich habe schon lange von dir nichts gehört.
Mir geht es gut. Und ich mache im kommenden Sommer
in Frankreich Urlaub. Du warst im letzten Sommer dort.
Deswegen möchte ich von dir ein paar Tipps bekommen.
Zum Beispiel, gute Hotels und Sehenswürdigkeiten usw.
Können wir uns bald sehen? Dann können wir darüber
reden und ein Glas Bier oder Wein trinken.

Viele Grüße
Patrick

3 Patrick will für seinen Urlaub Informationen über Frankreich bekommen. Richtig   *Falsch*

4 Patrick und Fabian waren zusammen in Frankfurt. Richtig   *Falsch*

5 Fabian möchte wieder Urlaub machen. Richtig   *Falsch*

Teil 2

Lesen Sie die Texte und die Aufgaben 6 bis 10.
Wo finden Sie Informationen? Kreuzen Sie an: a, b oder c.

Beispiel

0 **Sie sind in Köln und möchten am Abend in Frankfurt sein. Sie
möchten mit dem Zug fahren.**

vom Goethe-Institut

☒ www-reiseauskunft-bahn.de

b www.reiseportal.de

6 **Ihr Computer ist kaputt. Sie wollen ihn reparieren lassen.**

a www.computer-alles.de

b www.technik-lösen.de

7 Sie möchten mit dem Schiff eine Insel besuchen.

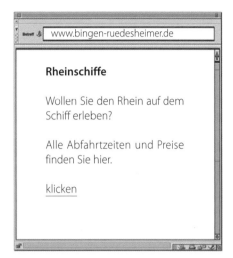

ⓐ www.schiff-insel.de

ⓑ www.bingen-ruedesheimer.de

8 Sie suchen eine ruhige Wohnung.

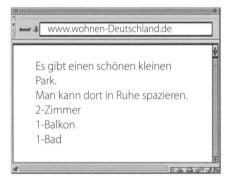

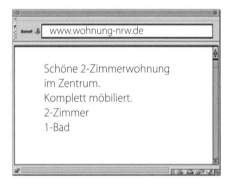

ⓐ www.wohnen-Deutschland.de

ⓑ www.wohnen-nrw.de

9 Am Wochenende möchten Sie mit 3 Freunden nach Bamberg fahren.

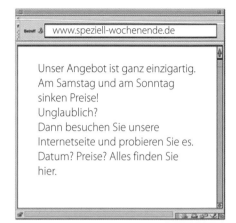

[a] www.sonderangebot-wochentags

[b] www.speziell-wochenende.de

10 Sie wollen in den Ferien Deutsch lernen.

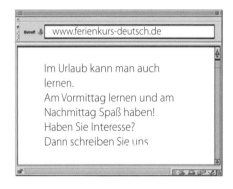

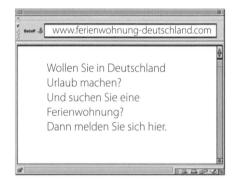

[a] www.ferienkurs-deutsch.de

[b] www.ferienwohnung-deutschland.com

Teil 3

Lesen Sie die Texte und die Aufgaben 11 bis 15.

Kreuzen Sie an: Richtig oder *Falsch* .

Beispiel An der Tür der *Sprachschule*

0   **Zum Deutsch Lernen gehen Sie in die Beethovenstraße 23.**   R̶i̶c̶h̶t̶i̶g̶   *Falsch*

> ## SPRACHZENTRUM
> Das Sprachzentrum ist umgezogen.
> Sie finden uns jetzt in der
> Beethovenstr. 23

vom Goethe-Institut

11 In dem *Tanzkurs*

> 10 Min. Pause pro Stunde.
> An der Rezeption kann man Wasser oder
> Kaffee für einen Euro bekommen.

In der Tanzschule kann man etwas zu essen kaufen.   Richtig   *Falsch*

12 An einer *Post*

Öffnungszeiten:
montags – freitags
8.00 – 12.00 und 13.00 – 20.00
samstags
8.00 – 12.00

Sie können am Freitagnachmittag bei der
Post einen Briefumschlag kaufen.

Richtig   *Falsch*

13 In der *Schule*

Liebe Schüler und Schülerinnen!

Am Samstag haben wir ein Filmfest.
Wir werden fünf gute Filme vorführen.

Auf dem Filmfestival kann man schöne Filme
sehen.

Richtig   *Falsch*

14 Im *Kaufhaus*

Sonderangebot

50% billiger kaufen.
Kaufen Sie, so viel Sie möchten.
Sie zahlen nur die Hälfte des Preises.

Man kann günstiger einkaufen. Richtig *Falsch*

15 Im *Café*

Café „Seeblick"

Öffnungszeiten

montags bis freitags 11~20 Uhr
samstags 11~17 Uhr

Am Samstag kann man um 18 Uhr im Café Richtig *Falsch*
"Seeblick" Kaffee trinken.

Schreiben

Teil 1

Auf dem Formular fehlen fünf Informationen.

Helfen Sie Ihrer Freundin und schreiben Sie die fünf Informationen in das Formular.

Am Ende schreiben Sie Ihre Lösungen bitte auf den **Antwortbogen**.

Ihr Freund, Albert Reus, möchte sich bei einem Sportverein anmelden.

Er ist 33 Jahre alt, seine Hobbys sind Schwimmen und Basketball spielen.

Er will sofort mitspielen. Er möchte bar bezahlen. Heute ist der 5. Juli.

---

portverein TUK

Anmeldung

Familienname:	Reus	(0)
Vorname:	Albert	
Straße, Hausnummer:	Hauptstr.14	
PlZ, Wohnort:	78014 Dresden	
Alter:		(1)
Interessen/ Sportarten:		(2)
Geschlecht :	☐ männlich ☐ weiblich	(3)
Zahlungsweise :	☐ bar ☐ Kreditkarte	(4)
Mitglied werden ab:		(5)

Unterschrift : *Albert Reus*

Teil 2

Sie haben Urlaub und sind an der Nordsee. Schreiben Sie an Ihre Freundin Klara:

— Warum schreiben Sie?
— Mit wem sind Sie dort?
— Wann treffen Sie sich?

> Schreiben Sie zu jedem Punkt ein bis zwei Sätze auf den Antwortbogen (circa 30 Wörter). Schreiben Sie auch eine Anrede und einen Gruß.

Sprechen

sich vorstellen

Kandidatenblätter

Name?
Alter?
Land?
Wohnort?
Sprachen?
Beruf?
Hobby?

Teil 2

Um Informationen bitten und Informationen geben.

A

Start Deutsch 1	Sprechen Teil 2
Übungssatz 01	Kandidatenblätter
Thema: Sport	

Ball

Start Deutsch 1	Sprechen Teil 2
Übungssatz 01	Kandidatenblätter
Thema: Sport	

Lieblingssport

Start Deutsch 1	Sprechen Teil 2
Übungssatz 01	Kandidatenblätter
Thema: Sport	

Abend

Start Deutsch 1	Sprechen Teil 2
Übungssatz 01	Kandidatenblätter
Thema: Sport	

Fahrrad

Start Deutsch 1	Sprechen Teil 2
Übungssatz 01	Kandidatenblätter
Thema: Sport	

Wochenende

Start Deutsch 1	Sprechen Teil 2
Übungssatz 01	Kandidatenblätter
Thema: Sport	

Schwimmen

B

Start Deutsch 1	Sprechen Teil 2
Übungssatz 01	Kandidatenblätter
Thema: Freizeit	

Hobby

Start Deutsch 1	Sprechen Teil 2
Übungssatz 01	Kandidatenblätter
Thema: Freizeit	

Reise

Start Deutsch 1	Sprechen Teil 2
Übungssatz 01	Kandidatenblätter
Thema: Freizeit	

Film

Start Deutsch 1	Sprechen Teil 2
Übungssatz 01	Kandidatenblätter
Thema: Freizeit	

Sport

Start Deutsch 1	Sprechen Teil 2
Übungssatz 01	Kandidatenblätter
Thema: Freizeit	

Fußball

Start Deutsch 1	Sprechen Teil 2
Übungssatz 01	Kandidatenblätter
Thema: Freizeit	

Wann

Teil 3

Bitte formulieren und darauf reagieren.

A

Goethe-Zertifikat A1	Sprechen Teil3
Modellsatz	Kandidatenblätter

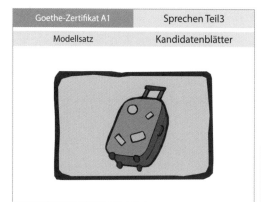

Goethe-Zertifikat A1	Sprechen Teil3
Modellsatz	Kandidatenblätter

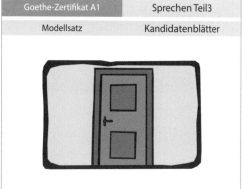

Goethe-Zertifikat A1	Sprechen Teil3
Modellsatz	Kandidatenblätter

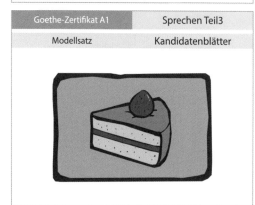

Goethe-Zertifikat A1	Sprechen Teil3
Modellsatz	Kandidatenblätter

Goethe-Zertifikat A1	Sprechen Teil3
Modellsatz	Kandidatenblätter

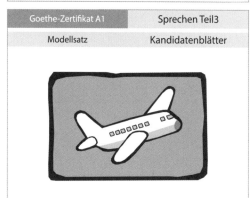

Goethe-Zertifikat A1	Sprechen Teil3
Modellsatz	Kandidatenblätter

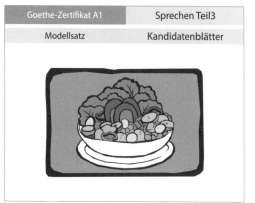

B

Goethe-Zertifikat A1   Sprechen Teil3

Modellsatz   Kandidatenblätter

Goethe-Zertifikat A1   Sprechen Teil3

Modellsatz   Kandidatenblätter

Goethe-Zertifikat A1   Sprechen Teil3

Modellsatz   Kandidatenblätter

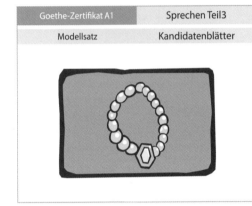

Goethe-Zertifikat A1   Sprechen Teil3

Modellsatz   Kandidatenblätter

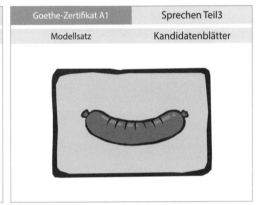

Goethe-Zertifikat A1   Sprechen Teil3

Modellsatz   Kandidatenblätter

Goethe-Zertifikat A1   Sprechen Teil3

Modellsatz   Kandidatenblätter

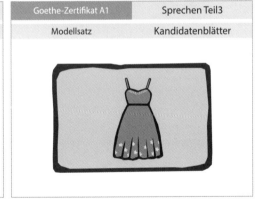

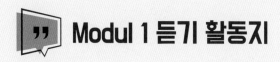

Modul 1 듣기 활동지

Teil 1

Aufgabe 1

Mann	Entschuldigung. Können Sie mir helfen? Ich suche die Sprachschule „Debeka".
Frau	Ja, gern. Das ist ① _____ _____ von hier. Gehen Sie immer ② _____. Dann gehen Sie um die Ecke gleich nach ③ _____. Und nach 50 Metern finden Sie schon sie Sprachschule.
Mann	Vielen Dank!

Aufgabe 2

Kollege	Haben Sie Kinder, Frau Hagedon?
Kollegin	Ja, eine Tochter.
Kollege	Und ① _____ _____ _____ _____?
Kollegin	Sie wird nächste Woche ② _____ _____ _____.
Kollege	Ah, dann geht sie ja bald in die erste Klasse?
Kollegin	Ja, ③ _____ _____ vergeht so schnell.

Aufgabe 3

Mann	Guten Tag, Frau Werner. ① _____ Sie dieses Jahr beim Camping ② _____?
Werner	Ja. Ich hatte letztes Jahr ③ _____ _____ _____ _____, aber endlich habe ich etwas Zeit.
Mann	Okay. Wir ④ _____ am 01.07. ab und werden bis zum 14.07. bleiben.

Aufgabe 4

Studentin	Geben Sie mir bitte eine Eintrittskarte. Wie teuer ist die Karte?
Frau	① _____ _____. Sind Sie vielleicht Studentin?
Studentin	Ja, gibt es einen Studentenrabatt?
Frau	Ja klar, Sie bekommen ② _____ _____ Studentenermäßigung. Also, dann ③ _____ _____.
Studentin	Oh, gut zu wissen. Danke schön.
Frau	Gerne, Sie haben mir 10 Euro gegeben, dann bekommen Sie ④ _____ _____ zurück.

Aufgabe 5

Florian	Hallo Lena! ① _____ _____ _____ zu Leos Party mit? Ich werde Getränke mitbringen.
Lena	Ich werde eine selbstgemachte Torte mitbringen.
Florian	Warum backst du selbst? Kauf die Torte doch einfach. Pizza finde ich auch gut.
Lena	Oh ja, das ist ② _____ _____ _____. Deshalb werde ich eine frische Torte beim Cafe „Lalaland" kaufen.
Florian	③ _____ _____!

Aufgabe 6

Apothekerin	So, hier ist das Medikament. ① _____ Sie 2 Tabletten täglich.
Kunde	Und wie ② _____ ich das nehmen?
Apothekerin	Mittags, aber immer nach dem Essen.
Kunde	Danke schön. Was ③ _____ Sie?
Apothekerin	11 Euro bitte.

Teil 2

Aufgabe 7

Liebe Kunden, alles ist reduziert. Deutscher Rotwein für ① _____ _____ und Kuchen kostet für nur ② _____ _____ Besuchen Sie uns im Untergeschoss. Das Angebot gilt nur heute.

Aufgabe 8

Meine Damen und Herren, ① _____ _____ _____ erreichen wir Aachen Hauptbahnhof. Ihr Anschlusszug nach Berlin mit planmäßiger ② _____ 12:40 Uhr hat heute 10 Minuten Verspätung. Wir bitten um Ihr Verständnis.

Aufgabe 9

Liebe Reisende, wir sind ① _____ in Freiburg. Sie können heute ② _____ _____ _____ besichtigen. Wir treffen uns morgen ③ _____ _____ _____. Vergessen Sie nicht, morgen um 9 Uhr wieder zum Bus zu kommen.

Aufgabe 10

Herr Schneider gebucht auf den Flug LH 711 nach Japan wird zum Schalter F5 gebeten. Der Flugsteig wird in 15 Minuten geschlossen. Kommen Sie bitte ① _____ _____ _____ _____ zum Schalter F5.

Teil 3

Aufgabe 11

Hallo, Olga. Eigentlich wollten wir uns im Restaurant „Nonna" treffen. Aber „Nonna" hat heute ① _____. Am besten treffen wir uns zuerst am Hbf. Von dort gehen wir ② _____ zum Restaurant „Mexikaner" oder woanders hin.

Aufgabe 12

Herzlich Willkommen am Hamburg Hauptbahnhof. Ihre Umsteigemöglichkeiten sind: Gleis 4 ICE 421 nach ① _____ Abfahrt um 15:15Uhr. Am Gleis 3 fährt der IC 2535 nach Stuttgart um15:32 Uhr fährt heute nicht. Wenn Sie nach ② _____ fahren wollen, müssen Sie in ③ _____ umsteigen.

Aufgabe 13

Hi, Nico. Hier ist Essie. Lass uns am Wochenende treffen! Ich wollte eigentlich mit dir ① _____ _____ oder ② _____ _____ _____ gehen. Aber du hast mir gesagt, dass du lieber ③ _____ _____ _____ möchtest. Da komme ich gern mit. Um wie viel Uhr treffen wir uns? Ruf mich wieder an.

Aufgabe 14

Hallo Tina. Hier Hendrick. Es geht um unseren ① _____. Wohin fahren wir dieses Jahr? Im letzten Jahr waren wir auf der Insel. Das war ziemlich langweilig und ② _____ _____ _____ zu fahren, mag ich auch nicht. Ich will diesmal ③ _____ _____ fahren.

Aufgabe 15

Guten Morgen, Herr. Müller. Hier ist Sabine Löwe. Mein Zug hatte

① _____. Ich wollte mit meinem Auto fahren. Aber das ist momentan

② _____ _____ _____. Deshalb komme ich leider ein bisschen

③ _____. Ich bitte Sie um Ihr Verständnis.

Modul 2
모의고사 2회

Hören

Teil 1

Was ist richtig?

Kreuzen Sie an: a, b oder c.

Sie hören jeden Text **zweimal**.

1 **Wann gehen David und Angelika ins Kino?**

a Am Donnerstag   b Am Samstag   c Am Sonntag

2 **Was bestellt die Frau im Restaurant?**

a Bratwurst mit Pommes   b Suppe   c Salat

3 Welchen Sport soll Karl machen?

a Basketball   b Fußball   c Gymnastik

4 Wo ist die Bushaltstelle?

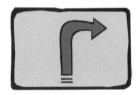

a Geradeaus dann rechts   b Geradeaus dann links   c Immer geradeaus

5 Wo wohnt Jina jetzt?

a In Frankfurt   b In Stuttgart   c In Bochum

6 Bis wann hat der Supermarkt auf?

ⓐ bis 21 Uhr   ⓑ bis 20 Uhr   ⓒ bis 19:30 Uhr

Teil 2

Kreuzen Sie an: Richtig oder *Falsch* .

Sie hören jeden Text **einmal**.

 MP3 06_07

7 **Der Zug nach Prag fährt heute nicht.**   Richtig   *Falsch*

 MP3 06_08

8 **Wochentags gibt es keinen Tanzkurs mehr.**   Richtig   *Falsch*

 MP3 06_09

9 **Die Fahrgäste müssen bis 14 Uhr da sein.**   Richtig   *Falsch*

 MP3 06_10

10 **In Würzburg hat man keinen Anschluss nach Berlin.**   Richtig   *Falsch*

Teil 3

Was ist richtig?

Kreuzen Sie an: a , b oder c .

Sie hören jeden Text **zweimal**.

11 Was ist kaputt?   MP3 06_11

a Das Handy

b Der Computer

c Das Telefon

12 Wo will Franz seine Frau treffen? MP3 06_12

a Im Kino

b Beim Konzert

c Im Café

13 Welche Nummer soll man wählen? MP3 06_13

a 03 37 38 37

b 04 73 38 73

c 04 37 38 37

14 Wann kann man Zahnpraxis Meyer wieder kontaktieren? MP3 06_14

a am 16. 2

b am 17. 2

c am 2. 2

15 Wann trifft sich Frau Mahler mit Thomas Reith?

- [a] um 14 Uhr
- [b] um 13 Uhr
- [c] um 10 Uhr

Lesen

Teil 1

Lesen Sie die beiden Texte und die Aufgaben 1 bis 5.
Kreuzen Sie an: ☐ Richtig ☐ oder ☐ *Falsch* ☐.

Beispiel

0   Oli hat Geburtstag.   ☐ Richtig ☐   ~~*Falsch*~~

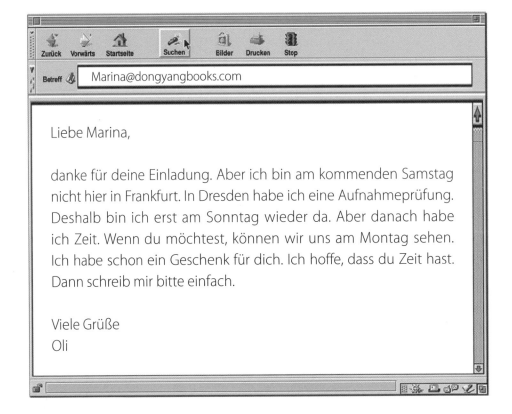

```
  Zurück  Vorwärts  Startseite    Suchen    Bilder   Drucken   Stop

  Betreff      Marina@dongyangbooks.com
```

Liebe Marina,

danke für deine Einladung. Aber ich bin am kommenden Samstag
nicht hier in Frankfurt. In Dresden habe ich eine Aufnahmeprüfung.
Deshalb bin ich erst am Sonntag wieder da. Aber danach habe
ich Zeit. Wenn du möchtest, können wir uns am Montag sehen.
Ich habe schon ein Geschenk für dich. Ich hoffe, dass du Zeit hast.
Dann schreib mir bitte einfach.

Viele Grüße
Oli

1   Oli wohnt in Dresden.   ☐ Richtig ☐   ☐ Falsch ☐

2   Oli will ihr etwas schenken.   ☐ Richtig ☐   ☐ Falsch ☐

Lieber Klaus,
ich fahre am Samstag in den Urlaub. Ein Paket für mich kommt am Montag an. Könntest du es bitte entgegennehmen? Denn am Montag bin ich nicht mehr da. Das Paket ist sehr wichtig für mich. Wenn es ankommt, könntest du es ins Haus bringen? Hättest du Zeit? Ich gebe dir meinen Wohnungsschlüssel. Vielen Dank!

Liebe Grüße
Jara

3   **Jara sucht nach dem Paket.**   Richtig   *Falsch*

4   **Jara bittet ihn, eine wichtige Sendung ins**   Richtig   *Falsch*
    Haus zu bringen.

5   **Jara will ihm etwas schenken.**   Richtig   *Falsch*

Teil 2

Lesen Sie die Texte und die Aufgaben 6 bis 10.

Wo finden Sie Informationen? Kreuzen Sie an: a, b oder c.

Beispiel

0   Sie sind in Köln und möchten am Abend in Frankfurt sein. Sie möchten mit dem Zug fahren.

vom Goethe-Institut

ⓐ www-reiseauskunft-bahn.de

b www.reiseportal.de

6   Sie möchten für Ihren Sohn eine neue Jeans kaufen.

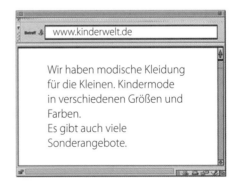

a www.kids-sport.de

b www.kinderwelt.de

7 **Sie sind in Wien und wollen mit dem Zug am Mittag in München sein.**

a www.reiseauskunft.bahn.de

b www.alle-reise.de

8 **Sie möchten einen günstigen Koffer im Internet kaufen.**

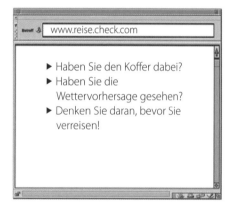

a www.online-shop.de

b www.reise.check.com

9 **Sie suchen eine billige Ferienwohnung.**

a www.wohnung-finden.de

b www.wohnung-suchen

10 **Sie essen kein Fleisch.**

a www.salat.marie.de

b www.party.com

Teil 3

Lesen Sie die Texte und die Aufgaben 11 bis 15.

Kreuzen Sie an: Richtig oder *Falsch* .

Beispiel An der Tür der *Sprachschule*

0   **Zum Deutschlernen gehen Sie in die**   ~~Richtig~~   *Falsch*
    Beethovenstraße 23.

SPRACHZENTRUM

Das Sprachzentrum ist umgezogen.
Sie finden uns jetzt in der
Beethovenstr. 23

vom Goethe-Institut

11 An einer *Bäckerei*

Gesucht:

Mitarbeiter/Mitarbeiterin
Am Samstag von 9-18 Uhr
Am Sonntag von 10-16 Uhr

In der Bäckerei wird ein Mitarbeiter für das   Richtig   *Falsch*
Wochenende gesucht.

12 Am Eingang eines *Restaurants*

Restaurant
Sushi-Haus

wegen Renovierung bis zum 31.05. geschlossen.

Das Restaurant macht ab dem 01.06. wieder auf.

Richtig   *Falsch*

13 Bei einer *Bank*

Commerzbank

Öffnungszeiten
Wir haben für Sie täglich
von Montag bis Freitag um 9-17 Uhr
und am Samstag um 9-12 Uhr geöffnet.

Sie können sonntagvormittags bei der Bank Geld überweisen.

Richtig   *Falsch*

14 Im *Hotel*

Hotel Galerie

Sie können täglich von 6-10 Uhr frühstücken,
sonntags von 8-10 Uhr.
Im 5. Stock haben wir einen Frühstückssaal.

**Man kann jeden Morgen um 7 Uhr
frühstücken.**

Richtig   *Falsch*

---

15 Beim *Zahnarzt*

Dr. Schröder

Sprechstunde

Mo-Mi 9-12 Uhr, 14-16 Uhr
Fr 9-12 Uhr

**Sie können freitagnachmittags zur
Sprechstunde gehen.**

Richtig   *Falsch*

Schreiben

Teil 1

Auf dem Formular fehlen fünf Informationen.

Helfen Sie Ihrer Freundin und schreiben Sie die fünf Informationen in das Formular.

Am Ende schreiben Sie Ihre Lösungen bitte auf den **Antwortbogen**.

Ihr Freund, Emir Jakov möchte das Buch „Grammatik Übung für A1" im Internet bestellen. Er hat keine Kreditkarte. Er wohnt Berliner Platz 34 in Kassel. Er ist am 5. Mai 1983 geboren.

Buchbestellung
Anmeldung

Familienname:	Jakov	(0)
Vorname:	Emir	
Straße:		(1)
Postleitzahl, Wohnort:	34224	(2)
Geburtsdatum :		(3)
Bestellung :		(4)
Zahlungsweise :	☐ bar (bei Empfang) ☐ Kreditkarte	(5)

Unterschrift : *Emir Jakov*

Teil 2

Sie wollen im Winter in Köln einen Sprachkurs besuchen. Schreiben Sie an die Sprachschule.

— Warum schreiben Sie?
— Welcher Kurs?
— Wie viel kostet der Kurs?

Schreiben Sie zu jedem Punkt ein bis zwei Sätze auf den Antwortbogen (circa 30 Wörter). Schreiben Sie auch eine Anrede und einen Gruß.

Sprechen

Teil 1

sich vorstellen

Kandidatenblätter

Name?
Alter?
Land?
Wohnort?
Sprachen?
Beruf?
Hobby?

Teil 2

Um Informationen bitten und Informationen geben.

A

Start Deutsch 1	Sprechen Teil 2
Übungssatz 01	Kandidatenblätter
Thema: Beruf	

Kollegen

Start Deutsch 1	Sprechen Teil 2
Übungssatz 01	Kandidatenblätter
Thema: Beruf	

Aufgaben

Start Deutsch 1	Sprechen Teil 2
Übungssatz 01	Kandidatenblätter
Thema: Beruf	

Arbeitszeit

Start Deutsch 1	Sprechen Teil 2
Übungssatz 01	Kandidatenblätter
Thema: Beruf	

Arbeitsplatz

Start Deutsch 1	Sprechen Teil 2
Übungssatz 01	Kandidatenblätter
Thema: Beruf	

Traum

Start Deutsch 1	Sprechen Teil 2
Übungssatz 01	Kandidatenblätter
Thema: Beruf	

Abend

B

Start Deutsch 1	Sprechen Teil 2
Übungssatz 01	Kandidatenblätter
Thema: Einkaufen	

Stadtplan

Start Deutsch 1	Sprechen Teil 2
Übungssatz 01	Kandidatenblätter
Thema: Einkaufen	

Gemüse

Start Deutsch 1	Sprechen Teil 2
Übungssatz 01	Kandidatenblätter
Thema: Einkaufen	

Frühstück

Start Deutsch 1	Sprechen Teil 2
Übungssatz 01	Kandidatenblätter
Thema: Einkaufen	

Schuhe

Start Deutsch 1	Sprechen Teil 2
Übungssatz 01	Kandidatenblätter
Thema: Einkaufen	

Kleidung

Start Deutsch 1	Sprechen Teil 2
Übungssatz 01	Kandidatenblätter
Thema: Einkaufen	

Montag

Teil 3

Bitte formulieren und darauf reagieren.

A

Goethe-Zertifikat A1	Sprechen Teil3
Modellsatz	Kandidatenblätter

Goethe-Zertifikat A1	Sprechen Teil3
Modellsatz	Kandidatenblätter

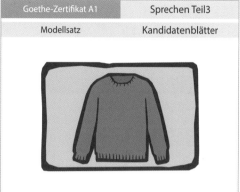

Goethe-Zertifikat A1	Sprechen Teil3
Modellsatz	Kandidatenblätter

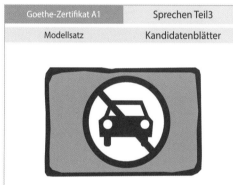

Goethe-Zertifikat A1	Sprechen Teil3
Modellsatz	Kandidatenblätter

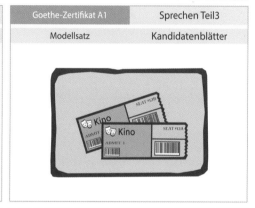

Goethe-Zertifikat A1	Sprechen Teil3
Modellsatz	Kandidatenblätter

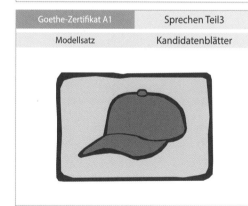

Goethe-Zertifikat A1	Sprechen Teil3
Modellsatz	Kandidatenblätter

B

Goethe-Zertifikat A1　　Sprechen Teil3

Modellsatz　　Kandidatenblätter

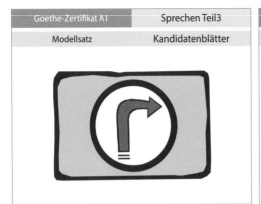

Goethe-Zertifikat A1　　Sprechen Teil3

Modellsatz　　Kandidatenblätter

Goethe-Zertifikat A1　　Sprechen Teil3

Modellsatz　　Kandidatenblätter

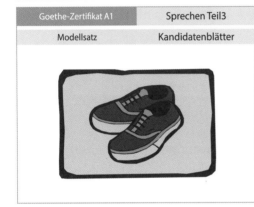

Goethe-Zertifikat A1　　Sprechen Teil3

Modellsatz　　Kandidatenblätter

Goethe-Zertifikat A1　　Sprechen Teil3

Modellsatz　　Kandidatenblätter

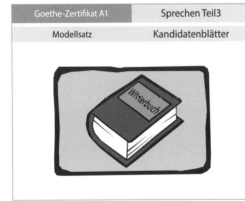

Goethe-Zertifikat A1　　Sprechen Teil3

Modellsatz　　Kandidatenblätter

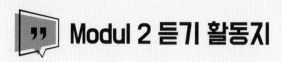

Modul 2 듣기 활동지

Teil 1

Aufgabe 1

David	Hallo, Angelika, Hast du Lust, heute ① _____ _____ _____ _____?
Angelika	Nein, heute nicht. Aber vielleicht ② _____ _____?
David	Oh, Am Samstagabend habe ich einen Termin. Geht es ③ _____ _____?
Angelika	Ja, das ist super. Heute ist Donnerstag dann sehen wir uns am Sonntag den 6. Juni.

Aufgabe 2

Kellner	Guten Tag. Was darf es sein?
Frau	Ich hätte gern einen ① _____ mit Lachs.
Kellner	Gerne. Aber schauen Sie mal. Hier sind unsere Tagesgerichte für heute.
Frau	Oh, das ist noch günstiger. Dann nehme ich davon. Ich nehme dann die ② _____ mit Pommes.
Kellner	Ja, gern. Sie können die ③ _____ umsonst bekommen,
Frau	Gut, ich nehme noch ein Glas ④ _____.

Aufgabe 3

Karl	Ich war gestern beim Arzt. Er sagte, dass ich mehr ① _____ machen soll.
Miriam	Wirklich? Dann wollen wir zusammen ② _____ oder Basketball spielen? Am Wochenende hätte ich Zeit.
Karl	Nein, mein Arzt sagt, Fußball ist nicht gut für mich. Ich muss ③ _____ machen. Das ist ④ _____ für mich.

Aufgabe 4

Frau	Guten Tag, ich suche die Bushaltestelle der Linie 8 zum Düsseldorf Flughafen. Wie komme ich zur ① _____?
Mann	Gehen Sie einfach ca. 300 Meter ② _____. Dann können Sie die Haltestelle bereits sehen.
Frau	③ _____ _____.

Aufgabe 5

Andreas	Hallo Jina!
Jina	Hi Andrea, toll, dass ich dich hier sehe! Wohnst du ① _____ _____ in Bochum?
Andreas	Ja, wie immer. Und du? Wohnst du noch in Frankfurt?
Jina	Nein, ② _____ _____. Aber meine Eltern wohnen immer noch hier. Und ③ _____ besuche ich sie.
Andreas	Wo wohnst du dann jetzt?
Jina	In Süddeutschland. Seit 2 Jahren bin ich in Stuttgart.

Aufgabe 6

Mira   Tim, weißt du, wann der Supermarkt schließt?

Tim   Nein, das weiß ich nicht genau. Aber ich denke ① _____ _____

_____.

Mira   Um 20 Uhr? Ich frage mal... Oh, du hast Recht. Ich dachte, der

Supermarkt ist ② _____ _____ _____ auf.

Teil 2

Aufgabe 7

Der Zug nach Prag ① _____ heute wegen des schlechten Wetters ②

_____. Ich wiederhole. Der Zug nach Prag ③ _____ heute leider

④ _____. Bitte informieren Sie sich über die nächste Fahrt an der

Information.

Aufgabe 8

Liebe Besucher und Besucherinnen des Tanzkurses, an den Wochentagen

① _____ wir keine Kurse mehr. Wenn Sie weiter ② _____

möchten, müssen Sie am Wochenende kommen. Sie können sich heute

schon ③ _____.

Aufgabe 9

Liebe Fahrgäste, wir kommen gleich in Kassel an. Wir ① _____ für Sie

eine Stunde. Sie können jetzt ② _____ oder auf die Toilette gehen.

Dann ③ _____ wir uns wieder um 14 Uhr am Bus, aber bitte

④ _____ Sie pünktlich.

Aufgabe 10

① _____ _____ _____ _____ erreichen wir Würzburg.

Nach Berlin haben Sie folgende Umsteigemöglichkeit: ICE 4213 von Gleis 4,

planmäßige Abfahrt ② _____ _____. Aber dieser Zug kommt

heute ③ _____ _____ später.

Teil 3

Aufgabe 11

Lukas, kannst du mir bitte mal helfen? Mein Handy funktioniert ① _____ _____ nicht. Gestern habe ich dir eine E-mail geschrieben. Aber bis jetzt habe ich ② _____ _____ _____. Deswegen ③ _____ ich dich ④ _____.

Aufgabe 12

Hi Schatz! Erinnerst du dich noch, dass wir heute ins Konzert gehen wollten. ① _____ dem Konzert möchte ich mit dir Kaffee trinken. Am besten treffen wir uns ② _____ im Cafe. ③ _____ dem Konzert können wir etwas zusammen essen gehen. Am Sonntag können wir wie sonst auch ins Kino gehen.

Aufgabe 13

Hier ist der Ansagedienst der deutschen Telekom. Die Rufnummer des Teilnehmers hat sich ① _____. Nun können Sie die Telefonauskunft unter der Nummer 04 37 38 37 ② _____. Ich wiederhole 04 37 38 37.

Aufgabe 14

Hier ist die Zahnpraxis Meyer. Sie haben die Rufnummer 062-34 53 22 33 gewählt. Wir haben vom ① _____ _____ bis zum ② _____ _____ Urlaub. Ab dem ③ _____ _____ sind wir wieder erreichbar.

Aufgabe 15

Guten Tag, Frau Mahler, Thomas Reith hier. Am Montag habe ich zwischen

① _____ _____ _____ _____ einen Termin. Aber nach

② _____ _____ hätte ich Zeit für Sie. Wir können uns um

③ _____ _____ treffen.

연습문제 정답

Kapitel 2 문법

Lektion 1 명사와 관사

1
1. der
2. das
3. das
4. die
5. der
6. der
7. die
8. dem
9. einen
10. das

2
1. die Hunde
2. die Blumen
3. die Schülerinnen
4. die Türen
5. die Zeitungen

Lektion 2 인칭대명사 소유대명사

1
1. mein
2. mein
3. Ihre
4. sein
5. Ihre

2
1. mir
2. ihm
3. ihn
4. ihr
5. sie

3
1. Seine, Ihre
2. Sein, Ihr
3. Seine, Ihre
4. Seine, Ihre
5. Sein, Ihr

Lektion 3 동사 변화(기본 동사와 규칙동사)

1
1. bin
2. Hast
3. arbeitet
4. regnet
5. wandert

2
1. kommen
2. Wohnt
3. heißt
4. antwortet
5. besuche

3
1. lernt
2. trinkt
3. braucht
4. Arbeitest
5. Klingeln

Lektion 4 불규칙 동사 변화

1
1. läufst
2. fällt
3. schläfst
4. trägt
5. treten

2
1. hält
2. Nimmst
3. liest
4. sieht
5. empfehle
6. sprichst
7. Isst
8. qibt
9. trifft
10. Weißt

Lektion 5 문장 구조

1
1. dir
2. meiner Freundin
3. meiner Tochter ein Fahrrad
4. ihrem Freund eine Tasse
5. mir

2
1. seinen　　2. X
3. meinem　　4. einen
5. eine

Lektion 6 의문문과 부정문

1
1. Lernt　　2. Geht
3. Isst　　4. heißt
5. ist

2
1. Wer　　2. Wessen
3. Wohin　　4. Woher
5. Wann　　6. Warum
7. Wie　　8. Was
9. Wo　　10. Welche

3
1. Brauchst du ein Auto?
2. Gehst du ins Kino?
3. Hast du Hunger?
4. Kommt er nicht aus Deutschland?
5. Sie kann leider nicht gut Englisch.

4
1. keinen　　2. nicht
3. keine　　4. kein
5. nicht

5
1. Das ist nicht sehr billig.
2. Ich gehe heute nicht zur Party.
3. Ich muss das nicht machen.
4. Sie hat das nicht gewusst.
5. Es ist nicht warm.

Lektion 7 화법조동사

1
1. ④　　2. ②
3. ③　　4. ③
5. ③

2
1. können　　2. muss
3. Darf　　4. will
5. Mögt

Lektion 8 명령법

1
1. Lern(e)　　2. Fahr / Geh
3. Lies　　4. Sprich
5. Lauf(e)

2
1. ③　　2. ①
3. ①　　4. ④
5. ②

3
1. Machen Sie bitte den Wein auf!
2. Bringen Sie bitte einen Stuhl!
3. Kaufen Sie bitte ein Buch!
4. Schauen Sie bitte auf die Uhr!
5. Reparieren Sie bitte die CD!

인적사항

1 Wie heißen Sie? / Was ist Ihr Name?
2 Wo wohnen Sie?
3 Ich stelle mich vor.
4 Wie alt sind Sie?
5 Ich buchstabiere C-H-U-N-G.
6 Wo hast du gewohnt?
7 Können Sie mir seine Adresse geben?
8 In welcher Stadt hast du gewohnt?
9 Aus welchem Land kommen Sie? / Woher kommen Sie?
10 Wann sind Sie geboren?

 가족과 친구

1 Ich liebe meine Familie.
2 Ich besuche oft meine Tante.
3 Meine Familie nennt mich Mia.
4 Sind Sie verheiratet?
5 Wie alt ist Ihr Kind?
6 Ich habe keine Geschwister.
7 Das sind meine Eltern.
8 Meine Familie wohnt in Daegu.
9 Wie geht es deiner Freundin?
10 Meine Großeltern leben / wohnen in Japan.

Lektion 9 수사

1 1. siebenunddreißig
   2. (ein)hundertvier
   3. achttausendachthundertachtundachtzig
   4. neuntausendneunhundertneununddneunzig

2 1. zehn nach eins
   2. halb drei
   3. fünf vor zwei
   4. viertel nach vier
   5. fünf nach sechs

Lektion 10 접속사

1 1. Ich gehe nicht ins Kino, denn ich bin krank.
   2. Willst du mit mir ins Kino gehen, oder hast du Lust auf ein Konzert?
   3. Ich komme aus Südkorea und er kommt aus Japan.
   4. Wir können bei Mia einen Flim sehen, denn sie hat viele DVDs.
   5. Ich wünsche mir einen Bruder, aber ich habe eine kleine Schwester.

2 1. Als   2. Wenn
   3. weil   4. dass
   5. während   6. bevor
   7. Obwohl   8. Nachdem

Lektion 3 음식

1 Ich kaufe heute einen Kuchen.
2 Was kostet ein Apfel?
3 Sonst noch etwas?
4 Wie viel möchten / brauchen Sie?
5 Ich habe den Wein im Sonderangebot gekauft.
6 Ich trinke nicht so gern Saft.
7 Essen Sie gern Hähnchen?
8 Das Essen schmeckt sehr gut.
9 Die Lebensmittel sind sehr wichtig.
10 Gibt es hier einen Markt?

 Lektion 4 레스토랑

1 Muss/ Soll ich bar bezahlen?
2 Der Preis gefällt mir.
3 Ich habe Hunger.
4 Haben Sie Salz?
5 Was möchten Sie bestellen?
6 Bringen Sie mir bitte die Speisekarte.
7 Das Restaurant finde ich gut.
8 Mein Lieblingsessen ist Pizza.
9 Entschuldigung! Das Essen ist zu kalt.
10 Könnten Sie bitte die Rechnung bezahlen?

 Lektion 5 취미

1 Um 3 Uhr treffe ich meinen Freund.
2 Er geht einmal im Monat ins Theater.
3 Spielst du gern Fußball?
4 Sehen Sie nicht so viel fern!
5 Was ist Ihr Hobby?
6 Sie hat dieses Lied gesungen.
7 Fußball ist die beliebteste Sportart in Deutschland.
8 Ich spiele gern Tennis.
9 Was machen Sie in der Freizeit?
10 Mein Lieblingsbuch ist Harry Potter.

 Lektion 6 일상

1 Ich koche gern.
2 Die Woche hat 7 Tage.
3 Ich gehe jetzt spazieren.
4 Ich gehe heute früh ins Bett.
5 Ich treffe in der Innenstadt meine Kollegen.
6 Es tut mir Leid. Ich komme ein bisschen später.
7 In diesem Monat fliege ich nach Deutschland,
8 Mein Vater putzt nicht gern.
9 Wir müssen meinen Bruder abholen.
10 Das Mittagessen war gut.

Lektion 7 축제

1 Meiner Mutter schenke ich eine Kette.
2 Ich wünsche dir alles Gute.
3 Haben Sie mein Paket bekommen?
4 Wir machen einen Salat.
5 Ich möchte ein Geschenk für Juna kaufen.
6 Am Freitag werde ich 30 Jahre alt.
7 Ich feiere im Restaurant „Lezza".
8 Ich brauche eine Postkarte.
9 Ich lade Sie ein.
10 Ich habe ihr eine Briefmarke aus Korea geschenkt.

 Lektion 8 호텔

1 Ich werde in 3 Tagen abreisen.
2 Ich möchte ein Doppelzimmer reservieren.
3 Ich habe in einer Jugendherberge übernachtet.
4 Welches Hotel können Sie mir empfehlen?
5 Ich bleibe vom 4. Januar bis 9. Januar.
6 Leider muss ich meine Reservierung absagen.
7 Was können wir hier ausleihen?
8 Ich suche eine preiswerte Unterkunft.
9 Können Sie mir ein sauberes Hotel empfehlen?
10 Wie viel / Was kostet eine Übernachtung mit Frühstück?

 Lektion 9 날씨

1 Es regnet.
2 Es schneit viel im Winter.
3 Die Sonne scheint.
4 Wie ist das Wetter?
5 Gestern war es so heiß.
6 Es / Das Wetter ist kalt.
7 Die Temperatur ist gestiegen.
8 Was sagt der Wetterbericht?
9 Welche Jahreszeit magst du?
10 Im Sommer sind es circa 25 Grad.

 Lektion 10 교통

1 Ich fahre mit dem Zug nach Frankfurt.
2 Fahren Sie mit dem Auto oder mit dem Zug?
3 Um 5 Uhr fliegen wir ab.
4 Was kostet ein Flugticket nach Japan?
5 Wir fahren lieber mit der Bahn.
6 Gehen Sie bitte zum Schalter.
7 Ich weiß nicht, wo der Eingang ist.
8 Wo ist die Bushaltestelle?
9 Ist der Flughafen in der Nähe?
10 Ich kaufe am Hauptbahnhof eine Fahrkarte nach Bonn.

Lektion 11 기차

1 Wann fährt der nächste Zug nach Aachen ab?

2 Mit welchem Verkehrsmittel kommst du?

3 Der Zug endet hier. Wir bitten alle Passagiere auszusteigen.

4 Bitte einsteigen! Vorsicht bei der Abfahrt des Zuges!

5 Wo muss ich umsteigen?

6 Ich kann ohne Auto nicht zurückkommen.

7 Ich möchte eine Fahrkarte nach Freiburg kaufen.

8 Ich habe die Durchsage nicht gehört.

9 Sie müssen auf den Fahrplan schauen.

10 Auf welchem Gleis fährt der Zug ab?

Lektion 12 수리

1 Was kann ich für Sie tun?

2 Mein Computer ist kaputt.

3 Mein Handy funktioniert nicht mehr.

4 Das Service ist kostenlos.

5 Bis wann können Sie das Handy reparieren?

6 Können Sie mir einen Techniker schicken?

7 Fragen Sie so viel wie möglich nach!

8 Sag mir bitte Bescheid, wenn der Computer kaputt ist.

9 Wie lange brauchen Sie für die Reparatur?

10 Nehmen Sie die Gebrauchsanweisung mit.

Lektion 13 학업

1 Ich lerne Deutsch.

2 Können Sie mir das bitte erklären?

3 Die Prüfung ist am Donnerstag um 10 Uhr.

4 Ich lese gern Comics.

5 Was bedeutet das Wort?

6 Was haben Sie studiert?

7 Kannst du Deutsch?

8 Das ist eine schwierige Aufgabe.

9 Ich finde, Deutsch ist sehr wichtig.

10 Ich verstehe dieses Wort nicht.

ZERTIFIKAT
DEUTSCH
독일어 능력시험

모의고사
해설

A1

Modul 1
모의고사 1회

Hören 듣기

유형1

무엇이 정답일까요?
a, b, c 중에 정답에 × 표시를 하세요.
본문은 두 번 듣게 됩니다.

1 어학원은 어디에 있는가?

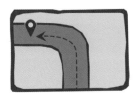 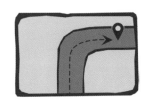 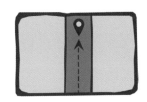

ⓐ 모퉁이에서 왼쪽에   b 모퉁이에서 오른쪽에   c 계속 직진

Aufgabe 1

Skript

Mann Entschuldigung. Können Sie mir helfen? Ich suche die Sprachschule „Debeka."

Frau Ja, gern. Das ist nicht weit von hier. Gehen Sie immer geradeaus. Dann gehen Sie um die Ecke gleich nach links. Und nach 50 Metern finden Sie schon die Sprachschule.

Mann Vielen Dank!

해석

Mann 실례합니다. 저를 좀 도와주실 수 있나요? 저는 어학원 "Debeka"를 찾고 있어요.

Frau 네, 그럼요. 그곳은 여기서 멀지 않아요. 계속해서 직진으로 가세요. 그 다음 모퉁이에서 왼쪽으로 가세요. 그리고 50m를 가시면 당신은 이미 어학원을 발견할 수 있을 거예요.

Mann 매우 감사합니다!

어휘 helfen [v.] 돕다 | **die Sprachschule** [n.] 어학원 | **weit** [adv.] 먼 | **geradeaus** [adv.] 직진 | **um die Ecke** 모퉁이에서

2 Hagedon 부인의 딸은 몇 학년이 되는가?

ⓐ 1학년   ⓑ 2학년   ⓒ 3학년

Aufgabe 2

Skript

Kollege	Haben Sie Kinder, Frau Hagedon?
Kollegin	Ja, eine Tochter.
Kollege	Und wie alt ist sie?
Kollegin	Sie wird nächste Woche 7 Jahre alt.
Kollege	Ah, dann geht sie ja bald in die erste Klasse?
Kollegin	Ja, die Zeit vergeht so schnell.

해석

Kollege	자녀가 있으신가요, Hagedon 부인?
Kollegin	네, 딸이 하나 있어요.
Kollege	그리고 그녀는 몇 살인가요?
Kollegin	그녀는 다음 주에 7살이 돼요.
Kollege	아, 그럼 곧 1학년이 되겠네요.
Kollegin	네, 시간이 참 빨리 가네요.

어휘   **die Tochter** [n.] 딸 | **wie alt** 몇 살 | **werden** [v.] ~이 되다 | **nächste Woche** 다음 주 | **die erste Klasse** 1학년 | **vergehen** [v.] (시간이) 지나가다, 사라지다

3 캠핑은 얼마나 오래 걸리는가?

ⓐ 2주   b 1주   c 7주

Aufgabe 3

Skript	
Mann	Guten Tag, Frau Werner. Machen Sie dieses Jahr beim Camping mit?
Werner	Ja. Ich hatte letztes Jahr so viel zu tun, aber endlich habe ich etwas Zeit.
Mann	Okay. Wir fahren am 01.07. ab und werden bis zum 14.7. bleiben.

해석	
Mann	안녕하세요, Werner 부인. 올해 캠핑을 함께 하시나요?
Werner	네. 저는 작년에는 너무 바빴어요, 하지만 이제 드디어 시간이 조금 생겼어요.
Mann	좋아요. 저희는 7월 1일에 출발해요. 그리고 7월 14일까지 머무를 거예요.

어휘   **das Camping** [n.] 캠핑 Ⅰ **letztes Jahr** 작년에 Ⅰ **endlich** [adv.] 드디어 Ⅰ **abfahren** [v.] 출발하다

4 여학생은 얼마를 계산해야 하는가?

ⓐ 3유로   ⓑ 10유로   ⓧ 7유로

Aufgabe 4

Skript

Studentin	Geben Sie mir bitte eine Eintrittskarte. Wie teuer ist die Karte?
Mann	10 Euro. Sind Sie vielleicht Studentin?
Studentin	Ja, gibt es einen Studentenrabatt?
Mann	Ja klar, Sie bekommen 30% Studentenermäßigung. Also, dann 7 Euro.
Studentin	Oh, gut zu wissen. Danke schön.
Mann	Gerne. Sie haben mir 10 Euro gegeben, dann bekommen Sie 3 Euro zurück.

해석

Studentin	입장권 하나 주세요. 티켓은 얼마입니까?
Mann	10 유로예요. 혹시 학생이세요?
Studentin	네, 혹시 학생 할인이 있나요?
Mann	네, 그럼요. 당신은 30퍼센트 학생 할인을 받을 수 있어요. 그럼, 7유로가 되겠네요.
Studentin	오, 알게 되어 좋네요. 감사합니다.
Mann	천만에요, 당신은 10유로를 주셨네요. 그럼 3유로 거스름돈을 받으세요.

어휘   **die Eintrittskarte** [n.] 입장권 **ι vielleicht** [adv.] 혹시, 어쩌면 **ι der Studentenrabatt** [n.] 학생 할인 **ι**
die Studentenermäßigung [n.] 학생 할인 **ι wissen** [v.] 알다

5   Lena는 무엇을 가지고 오는가?

a 음료수   b̶ 케이크   c 피자

Aufgabe 5

Skript

Florian	Hallo Lena! Was bringst du zu Leos Party mit? Ich werde Getränke mitbringen.
Lena	Ich werde eine selbstgemachte Torte mitbringen.
Florian	Warum backst du selbst? Kauf die Torte doch einfach. Pizza finde ich auch gut.
Lena	Oh ja, das ist eine gute Idee. Deshalb werde ich eine frische Torte beim Cafe „Lalaland" kaufen.
Florian	Ja, bestens!

해석

Florian	안녕 Lena! Leo의 파티에 무엇을 가지고 가니? 나는 마실 것을 가져갈 거야.
Lena	나는 직접 만든 쇼트케이크를 가져갈 거야.
Florian	너는 왜 직접 구우려고 해? 그냥 쇼트케이크를 구매해. 피자도 나는 좋다고 생각해.
Lena	오, 그거 좋은 생각이다. 나는 그럼 갓 구운 쇼트케이크를 "Lalaland" 카페에서 살 거야.
Florian	그래, 최고야!

어휘   **mitbringen** [v.] 가져오다 ㅣ **die Torte** [n.] 쇼트케이크 ㅣ **selbstgemacht** [a] 자기가 만든, 직접 만든 ㅣ **brauchen** [v.] 사용하다 ㅣ **kaufen** [v.] 사다 ㅣ **schmecken** [v.] 맛있다

6   남자는 언제 약을 먹어야 하는가?

a 아침에   b 점심에   c 저녁에

Aufgabe 6

Skript

Apothekerin   So, hier ist das Medikament. Nehmen Sie 2 Tabletten täglich.
Kunde   Und wie soll ich das nehmen?
Apothekerin   Mittags, aber immer nach dem Essen.
Kunde   Danke schön. Was bekommen Sie?
Apothekerin   11 Euro bitte.

해석

Apothekerin   자, 여기 약이 나왔습니다. 매일 2알씩 복용하세요.
Kunde   제가 어떻게 복용하면 되나요?
Apothekerin   점심에요. 하지만 항상 식후에요.
Kunde   감사합니다. 얼마입니까?
Apothekerin   11유로입니다.

어휘   **täglich** [adj.] 매일 ㅣ **das Medikament** [n.] 약 ㅣ **die Tablette** [n.] 알약

유형 2

맞으면 Richtig에 틀리면 Falsch에 × 표시를 하세요.
본문은 한 번 듣게 됩니다. 이제 문제를 들어 봅시다.

7   오늘은 모든 것이 **9유로 99센트**이다.   Richtig   ~~Falsch~~

8   베를린행 연결 기차는 늦게 온다.   ~~Richtig~~   Falsch

9   여행객들은 오늘 9시에 다시 만난다.   Richtig   ~~Falsch~~

10   비행기는 **5분** 안에 문을 닫는다.   Richtig   ~~Falsch~~

> **어휘**   **der Anschlusszug** [n.] 연결 기차 | **die Reisenden** [n.] 여행객 | **geschlossen** [a.] 닫힌

Aufgabe 7

> **Skript**
>
> Liebe Kunden, alles ist reduziert. Deutscher Rotwein für 9,99 Euro und Kuchen kostet für nur 10,50 Euro. Besuchen Sie uns im Untergeschoss. Das Angebot gilt nur heute.
>
> **해석**
>
> 사랑하는 고객 여러분, 모든 것을 할인합니다. 독일의 레드와인이 9유로 99센트이며, 케이크는 단지 10유로 50센트입니다. 지하로 방문해 주세요. 이벤트는 단지 오늘만 유효합니다.

> **어휘**   **der Kunde** [n.] 고객 (pl. Kunden) | **reduzieren** [v.] 감소하다, 할인하다 | **der Rotwein** [n.] 레드와인 | **der Kuchen** [n.] 케이크 | **besuchen** [v.] 방문하다 | **im Untergeschoss** 지하에서 | **gelten** [v.] 유효하다

Aufgabe 8

Skript

Meine Damen und Herren, in wenigen Minuten erreichen wir Aachen Hauptbahnhof. Ihr Anschlusszug nach Berlin mit planmäßiger Abfahrtzeit 12:40 Uhr hat heute 10 Minuten Verspätung. Wir bitten um Ihr Verständnis.

해석

신사 숙녀 여러분, 우리는 조금 있으면 예정대로 Aachen 중앙역에 도착합니다. 당신의 Berlin행 연결 기차는 12시 40분에 출발할 계획이었으나, 오늘은 10분 연착되었습니다. 우리는 당신의 이해를 부탁드립니다.

어휘 **in wenigen Minuten** 조금 있으면 | **erreichen** [v.] 도착하다, 다다르다 | **der Anschlusszug** [n.] 연결 기차 | **planmäßig** [a.] 계획대로, 예정대로 | **das Verständnis** [n.] 이해

Aufgabe 9

Skript

Liebe Reisende, wir sind gleich in Freiburg. Sie können heute allein die Stadt besichtigen. Wir treffen uns morgen um 9 Uhr. Vergessen Sie nicht, morgen um 9 Uhr wieder zum Bus zu kommen.

해석

여행객 여러분, 우리는 곧 Freiburg에 도착합니다. 오늘은 혼자 도시를 구경하실 수 있습니다. 우리는 내일 9시에 만나겠습니다. 내일 오전 9시까지 다시 버스로 오는 것을 잊지 마세요.

어휘 **gleich** [adv.] 곧 | **besichtigen** [v.] 구경하다 | **sich treffen** [v.] 만나다 | **vergessen** [v.] 잊다

Aufgabe 10

Herr Schneider gebucht auf den Flug LH 711 nach Japan wird zum Schalter F5 gebeten. Der Flugsteig wird in 15 Minuten geschlossen. Kommen Sie bitte so schnell wie möglich zum Schalter F5.

해석

루프트한자 711 비행기 일본행을 예약하신 Schneider씨, F5 창구로 오시기를 부탁합니다. 비행기 탑승구는 15분 안에 닫힙니다. 가능한 한 빨리 F5 창구로 오세요.

어휘 **gebucht** [a.] 예약된 ǀ **zum Schalter** 창구로 ǀ **so schnell wie möglich** 가능한 한 빨리 ǀ **nach** [prp.] ～로 (3격 전치사)

유형 3

무엇이 정답일까요?

a, b, c 중에서 정답에 × 표시를 하세요.

본문은 두 번 듣게 됩니다.

11 Simon과 Olga는 어디에서 만나는가?

- a 레스토랑 "Nonna"에서
- b 레스토랑 "Mexikaner"에서
- ⊠ 중앙역에서

Aufgabe 11

Skript

Hallo, Olga. Eigentlich wollten wir uns im Restaurant „Nonna" treffen. Aber „Nonna" hat heute zu. Am besten treffen wir uns zuerst am Hbf. Von dort gehen wir zusammen zum Restaurant „Mexikaner" oder woanders hin.

해석

안녕, Olga. 우리 원래 "Nonna" 레스토랑에서 만나기로 했었잖아. 하지만 "Nonna"는 오늘 문을 닫는대. 가장 좋은 건 우리 일단 중앙역에서 만나자. 그곳에서 함께 레스토랑 "Mexikaner" 식당을 가거나, 어디 다른 곳으로 가자.

어휘 **eigentlich** [adv.] 원래, 실제로 I **denken** [v.] 생각하다 I **zuerst** [adv.] 맨 먼저 I **zusammen** [adv.] 함께, 같이 I **woanders** [adv.] 어딘가 다른 곳에서

12 어디에서 환승을 해야 하는가?

- a Dortmund에서
- b Stuttgart에서
- ⊠ Mannheim에서

Aufgabe 12

Skript

Herzlich Willkommen am Hamburg Hauptbahnhof. Ihre Umsteigemöglichkeiten sind: Gleis 4 ICE 421 nach Dortmund Abfahrt um 15:15 Uhr. Am Gleis 3 fährt der IC 2535 nach Stuttgart um 15:32 Uhr heute nicht. Wenn Sie nach Stuttgart fahren wollen, müssen Sie in Mannheim umsteigen.

해석

Hamburg 중앙역에 오신 것을 진심으로 환영합니다. 당신의 환승 수단으로는 4번 게이트에 ICE 421 오후 15시 15분에 출발하는 Dortmund행 기차가 있습니다. 3번 게이트에 오후 15시 32분 Stuttgart행 IC 2535 기차는 오늘 운행하지 않습니다. Stuttgart에 가기 원하신다면, Mannheim에서 갈아타셔야 합니다.

어휘 **die Umsteigemöglichkeit** [n.] 환승 수단, 환승 가능성 | **müssen** [v.] ~해야 한다(화법 조동사) | **umsteigen** [v.] 환승하다

---

13 Nico는 주말에 무엇을 하길 원하는가?

- a 영화관에 간다
- b 콘서트에 간다
- c 클럽에 간다

Aufgabe 13

Skript

Hi, Nico. Hier ist Essie. Lass uns am Wochenende treffen! Ich wollte eigentlich mit dir ins Kino oder in die Disko gehen. Aber du hast mir gesagt, dass du lieber ins Konzert gehen möchtest. Da komme ich gern mit. Um wie viel Uhr treffen wir uns? Ruf mich wieder an.

해석

안녕, Nico. Essie야. 우리 주말에 만나자! 나는 사실 너와 함께 영화관 또는 클럽에 가고 싶었어. 하지만 너는 차라리 콘서트에 가고 싶다고 했었지. 나는 기꺼이 같이 갈래. 우리 몇 시에 만날까? 나에게 다시 전화해 줘.

어휘 **am Wochenende** 주말에 | **lieber** [adv.] ~보다, 더 좋은 (gern의 비교급) | **wollen** [v.] ~을 원하다 (화법조동사) | **ins Konzert** 콘서트로 | **auch** [adv.] ~도, 또한

14 Hendrik은 어디로 가고 싶어 하는가?

- a 섬으로
- b 산으로
- ☒ 바다로

Aufgabe 14

Skript

Hallo Tina. Hier Hendrik. Es geht um unseren Urlaub. Wohin fahren wir dieses Jahr? Im letzten Jahr waren wir auf der Insel. Das war ziemlich langweilig und in die Berge zu fahren, mag ich auch nicht. Ich will diesmal ans Meer fahren.

해석

안녕, Tina. Hendrik이야. 우리의 휴가에 관한 일이야. 우리 올해는 어디로 가지? 작년에는 우리 섬에 있었잖아. 그건 꽤 지루했었어. 그리고 산으로 가는 것도 나는 좋아하지 않아. 나는 이번에는 바다로 가고 싶어.

어휘 **es geht um** ～때문이다, ～에 관한 일이다 | **dieses Jahr** 올해 | **die Insel** [n.] 섬 | **ziemlich** [adv.] 꽤 | **langweilig** [a.] 지루한 | **diesmal** [adv.] 이번에는 | **ans Meer** 바다로

---

15 Sabine는 오늘 무엇을 타고 출근했는가?

- ☒ 기차를 타고
- b 자전거를 타고
- c 자동차를 타고

Aufgabe 15

Skript

Guten Morgen, Herr Müller. Hier ist Sabine Löwe. Mein Zug hatte Verspätung. Ich wollte mit meinem Auto fahren. Aber das ist momentan in der Reparatur. Deshalb komme ich leider ein bisschen später. Ich bitte Sie um Ihr Verständnis.

해석

안녕하세요, Müller씨. Sabine Löwe에요. 저의 기차가 연착되었어요. 나는 자동차를 타고 가려고 했어요. 하지만 그것은 현재 수리 중이에요. 그래서 유감이지만 조금 늦게 갑니다. 이해해 주시기를 바랍니다.

어휘 **die Verspätung** [n.] 연착 | **momentan** [a.] 현재의 | **die Reparatur** [n.] 수리 | **das Verständnis** [n.] 이해

Lesen 읽기

유형 1

2개의 본문과 1~5번까지의 문제를 읽으세요.
맞으면 Richtig에 틀리면 Falsch에 × 표시를 하세요.

Beispiel

0 **Luisa**는 벌써 많은 사람들을 안다.

~~Richtig~~   *Falsch*

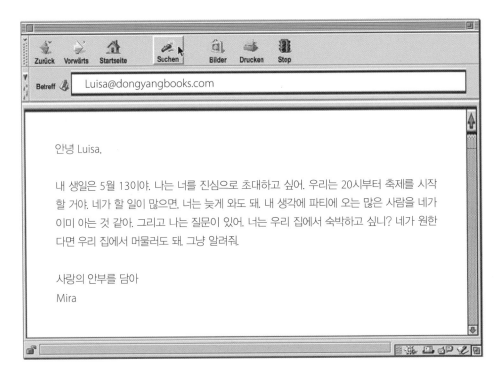

안녕 Luisa,

내 생일은 5월 13이야. 나는 너를 진심으로 초대하고 싶어. 우리는 20시부터 축제를 시작할 거야. 네가 할 일이 많으면, 너는 늦게 와도 돼. 내 생각에 파티에 오는 많은 사람을 네가 이미 아는 것 같아. 그리고 나는 질문이 있어. 너는 우리 집에서 숙박하고 싶니? 네가 원한다면 우리 집에서 머물러도 돼. 그냥 알려줘.

사랑의 안부를 담아
Mira

> **어휘** **kennen** [v.] 알다 | **schon** [adv.] 벌써, 이미 | **die Geburtstagsparty** [n.] 생일 파티 | **herzlich** [adv.] 진심으로 | **feiern** [v.] 축하하다, 축제하다 | **schon** [adv.] 벌써, 이미 | **wünschen** [v.] 원하다, 바라다 | **die Kette** [n.] 목걸이 | **bei mir** 나에게 | **übernachten** [v.] 숙박하다 | **warten** [v.] 기다리다 | **reservieren** [v.] 예약하다

1   **Luisa**는 일찍 와야 합니다. | Richtig | ~~Falsch~~

2   **Luisa**는 호텔을 예약해야만 합니다. | Richtig | ~~Falsch~~

안녕 Fabian,

잘 지내? 나는 오랫동안 너에 대해 아무것도 듣지 못했어. 나는 잘 지내. 그리고 나는 다가오는 여름에 프랑스에서 휴가를 보내. 너는 작년 여름에 그곳에 있었잖아. 그래서 나는 너에게 몇 가지 조언을 얻고 싶어. 예를 들어, 좋은 호텔이나 명소 그리고 기타 등등... 우리 곧 만날 수 있을까? 그럼 우리는 그것에 대하여 이야기를 나눌 수 있고 맥주나 와인을 한 잔 마실 수 있어.

많은 안부를 담아
Patrick

어휘 **Wie geht's?** 잘 지내? ǀ **lange** [adv.] 오래 ǀ **nichts** [prn.] 아무것도 ～않다 ǀ **haben...gehört** 들었다 (hören의 현재완료) ǀ **im kommenden Sommer** 다가오는 여름에 ǀ **im letzten Sommer** 작년 여름 ǀ **deswegen** [cj.] 그 때문에 ǀ **bekommen** [v.] 받다 ǀ **die Sehenswürdigkeit** [n.] 명소, 볼거리 ǀ **der Urlaub** [n.] 휴가

3   **Patrick**은 그의 휴가를 위해 프랑스에 대한 휴가 정보를   ~~Richtig~~ | Falsch |
받고 싶어 합니다.

4   **Patrick**과 **Fabian**은 함께 **Frankfurt**에 있었습니다. | Richtig | ~~Falsch~~

5   **Fabian**은 다시 휴가를 보내고 싶어 합니다. | Richtig | ~~Falsch~~

유형 2

본문과 6~10번까지의 문제를 읽으세요.
정보는 어디에서 찾을 수 있나요? a 또는 b에서 정답을 찾아 × 표시를 하세요.

Beispiel

0 당신은 **Köln**에 있고 저녁에는 **Frankfurt**에 있기를 원합니다. 당신은 기차를 타고 가고 싶습니다.

vom Goethe-Institut

 a

어휘 **der Bahnhof** [n.] 기차역 ┃ **die Zeit** [n.] 시간 ┃ **die Dauer** [n.] 걸리는 시간 ┃ **das Gleis** [n.] 선로, 게이트

6 당신의 컴퓨터는 고장 났습니다. 당신은 그것을 수리하고 싶습니다.

정답 b

어휘 **kaputt** [a.] 고장 난 | **reparieren** [v.] 수리를 맡기다 | **der Drucker** [n.] 인쇄기 | **das Notebook** [n.] 노트북 | **das Tablet** [n.] 태블릿 | **die Software** [n.] 소프트웨어 | **die Reparatur** [n.] 수리 | **der Kühlschrank** [n.] 냉장고 | **die Waschmaschine** [n.] 세탁기 | **gebraucht** [a.] 중고의 | **das Gerät** [n.] 기계 | **technisch** [a.] 기술적인 | **das Problem** [n.] 문제 | **lösen** [v.] 풀다, 해결하다

7 당신은 배를 타고 섬을 방문하고 싶습니다.

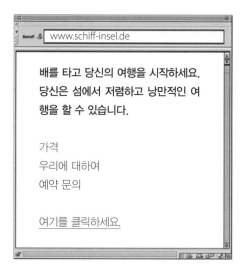

정답 a

어휘 **die Insel** [n.] 섬 | **das Schiff** [n.] 배 | **günstig** [a.] 저렴한 | **romantisch** [a.] 낭만적인 | **genießen** [v.] 즐기다 | **die Abfahrtszeit** [n.] 출발 시각 | **der Preis** [n.] 가격, 값 | **die Buchung** [n.] 예약

8 당신은 조용한 집을 찾고 있습니다.

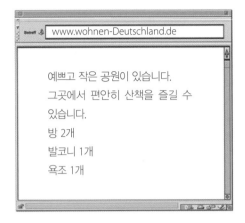

예쁘고 작은 공원이 있습니다.
그곳에서 편안히 산책을 즐길 수
있습니다.
방 2개
발코니 1개
욕조 1개

방이 2개인 예쁜 집
시내에 위치.
모든 가구가 구비되어 있음.
방 2개
욕조 1개

정답 a

어휘 **suchen** [v.] 찾다 | **ruhig** [a.] 조용한, 평안한 | **in Ruhe** 편안히 | **spazieren** [v.] 산책하다 | **das Zentrum** [n.] 시내 | **möbliert** [a.] 가구가 딸린

9 당신은 주말에 **3**명의 친구와 **Bamberg**에 가기를 원합니다.

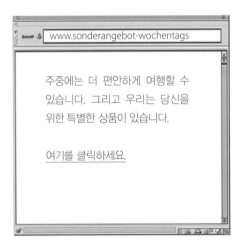
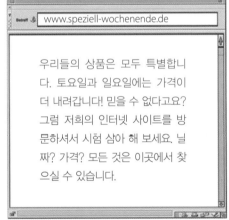

주중에는 더 편안하게 여행할 수
있습니다. 그리고 우리는 당신을
위한 특별한 상품이 있습니다.

여기를 클릭하세요.

우리들의 상품은 모두 특별합니
다. 토요일과 일요일에는 가격이
더 내려갑니다! 믿을 수 없다고요?
그럼 저희의 인터넷 사이트를 방
문하셔서 시험 삼아 해 보세요. 날
짜? 가격? 모든 것은 이곳에서 찾
으실 수 있습니다.

정답 b

어휘 **Am Wochenende** 주말에 | **das Sonderangebot** [n.] 특가 | **das Angebot** [n.] 제안, 제시, 상품 | **ganz** [a.] 전체의 | **speziell** [a.] 특별한 | **günstiger** [a.] 더 저렴한 (günstig의 비교급) | **unglaublich** [a.] 믿을 수 없는 | **probieren** [v.] 시험 삼아 해 보다, 시험하다 | **das Datum** [n.] 날짜

10 당신은 휴가 중에 독일어를 배우고 싶습니다.

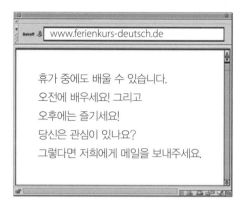

www.ferienkurs-deutsch.de

휴가 중에도 배울 수 있습니다.
오전에 배우세요! 그리고
오후에는 즐기세요!
당신은 관심이 있나요?
그렇다면 저희에게 메일을 보내주세요.

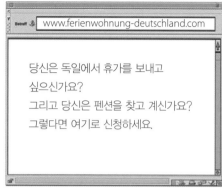

www.ferienwohnung-deutschland.com

당신은 독일에서 휴가를 보내고
싶으신가요?
그리고 당신은 펜션을 찾고 계신가요?
그렇다면 여기로 신청하세요.

정답 a

어휘 **(pl.) die Ferien** [n.] 방학 ㅣ **vormittags** 오전에 ㅣ **lernen** [v.] 배우다 ㅣ **nachmittags** 오후에
ㅣ **spielen** [v.] 놀다 ㅣ **schreiben** [v.] 쓰다 ㅣ **die Ferienwohnung** [n.] 펜션 ㅣ **anmelden** [v.]
신청하다

유형 3

본문과 11~15번까지의 문제를 읽으세요.
맞으면 Richtig에 틀리면 Falsch에 × 표시를 하세요.

Beispiel 어학원 문 앞에

0 독일어를 배우려면 Beethoven 거리 23번지로 가야   ~~Richtig~~   *Falsch*
   합니다.

> ## 어학원
>
> 어학원이 이전했습니다.
> 당신은 이제 Beethoven 거리 23번지에서
> 우리를 만날 수 있습니다.

vom Goethe-Institut

어휘 **das Sprachzentrum** [n.] 어학원, 어학 센터 | **sein...umgezogen** [v.] 이사 갔다 (umziehen의 현재완료) |
finden [v.] 발견하다

11 댄스 강의에서

> 한 시간마다 10분의 휴식
> 프런트에서
> 물과 커피를 1유로에 받을 수 있다.

댄스 학원에서는 먹을 것을 구매할 수 있습니다.   Richtig   ~~*Falsch*~~

어휘 **der Tanzkurs** [n.] 댄스 강좌 | **die Pause** [n.] 쉬는 시간 | **die Rezeption** [n.] 프런트 | **das Wasser** [n.]
물 | **der Kaffee** [n.] 커피

12 우체국에서

오픈 시간:

매주 월요일 – 금요일
8:00 – 12:00 그리고 13:00 – 20:00
매주 토요일
8:00 – 12:00

당신은 금요일 오후에 우체국에서 봉투를 살 수 있습니다.　　~~Richtig~~　　*Falsch*

어휘　**die Öffnungszeit** [n.] 오픈 시간 | **der Briefumschlag** [n.] 편지 봉투

13 학교에서

친애하는 학생 여러분!

토요일에는 영화 축제가 있습니다.
우리는 5개의 좋은 영화를
상영할 것입니다.

영화 축제에서 좋은 영화를 볼 수 있습니다.　　~~Richtig~~　　*Falsch*

어휘　**das Filmfest** [n.] 영화 축제 | **werden** [v.] ~이 되다 | **vorführen** [v.] 상영하다

14 백화점에서

특가세일

50% 더 저렴하게 구매하세요.
당신이 원하시는 만큼 구매하세요!
가격의 반만 지불하세요.

좀 더 저렴하게 구매할 수 있습니다. | Richtig | | Falsch |

어휘 **das Kaufhaus** [n.] 백화점 | **zahlen** [v.] 계산하다 | **die Hälfte** [n.] 절반

15 카페에서

„Seeblick" 카페

오픈시간

매주 월요일부터 금요일까지 11~20시
매주 토요일에 11~17시

토요일에 카페 "Seeblick"에서 오후 6시에 커피를 마실
수 있습니다. | Richtig | | ~~Falsch~~ |

어휘 **am Samstag** 토요일에 | **um** [prp.] ~시에 | **trinken** [v.] 마시다

Schreiben 쓰기

유형 1

양식에는 5개의 정보가 빠져 있습니다.
당신의 친구를 도와주시고 5개의 빈칸에 정보들을 채워서 서식을 완성하세요.
마지막에는 당신의 답을 해답지에 적으세요.

당신의 친구 Albert Reus는 스포츠 클럽에 가입하기를 원합니다. 그는 33살이고,
그의 취미는 수영하기와 농구입니다. 그는 바로 함께 운동하기를 원합니다.
그는 현금으로 결제하기를 원합니다. 오늘은 7월 5일입니다.

운동 동호회 TUK

등록

성:	Reus		(0)
이름:	Albert		
거리명, 집 번호:	Hauptstr.14		
우편번호, 사는 도시:	78014	Dresden	
나이:	33 Jahre alt		(1)
흥미/ 운동 종목:	Schwimmen und Basketball spielen		(2)
성별:	남자 ⊠	여자 ☐	(3)
결제 방법:	현금 ⊠	신용카드 ☐	(4)
동호회에 함께 합니까?	~부터	05. Juli	(5)

서명: *Albert Reus*

유형 2

당신은 휴가 중이고 북해에 있습니다. 당신은 당신의 친구 Klara에게 편지를 쓰세요.

— 당신이 편지를 쓰는 이유는 무엇입니까?
— 누구와 함께 합니까?
— 서로 언제 만납니까?

각 제시문에 관한 1~2개의 문장을 약 30개의 단어를 사용하여 답안지에 적으세요.
호칭과 안부도 적으세요.

예시 답안

Liebe Klara,
ich bin jetzt an der Nordsee mit meiner Familie. Ich schwimme jeden Tag und treffe nette Leute.
Ich werde noch 4 Tage hier bleiben. Wenn ich wieder in Berlin bin, möchte ich dich sehen. Wann
hast du Zeit?

Liebe Grüße
Elena

해석

친애하는 Klara에게,
나는 지금 내 가족과 함께 북해에 있어. 나는 매일 수영을 하고 친절한 사람들을 만나. 나는 이곳에서 4일
을 더 머무를 거야. 내가 다시 Berlin에 가면 너를 만나고 싶어. 너는 언제 시간이 있니?

사랑의 안부를 담아
Elena

어휘 **jetzt** [adv.] 지금 ǀ **schwimmen** [v.] 수영하다 ǀ **nett** [a.] 친절한

학생 답안

Liebe Klara,

wie geht es dir? Ich bin an der Nordsee mit meinem Freund. Ich bin sehr glücklich, weil ich Urlaub habe. Und ich möchte wieder mit dir hierher kommen. Hast du im August Zeit? Ich vermisse dich!

Viele Grüße
Nicola

해석

친애하는 Klara에게,
너는 어떻게 지내니? 나는 지금 내 친구와 북해에 있어. 나는 휴가 중이라 너무 행복해. 그리고 나는 너와 함께 다시 이곳에 오고 싶어. 너는 8월에 시간이 있니? 나는 네가 그리워!

많은 안부를 담아
Nicola

어휘 **glücklich** [a.] 행복한 | **möchten** [v.] ~을 원하다 (mögen의 접속법 2식) | **vermissen** [v.] 그리워하다

Sprechen 말하기

유형 1

자신을 소개합니다.

※ 효과적인 말하기 학습을 위하여 먼저 녹음된 예문을 듣고 참고하여 연습하세요. 파이널 합격 체크북에 녹음된
  예문이 수록되어 있습니다.

응시자 시험지

이름?
나이?
나라?
사는 곳?
언어?
직업?
취미?

유형 2

상대방의 정보에 대해 질문하고 정보 주기.

하나의 주제를 가지고 질문을 하고, 질문에 대한 대답을 해야 합니다.
당신은 파트너와 함께 대화를 합니다.

답안 A

Start Deutsch 1	Sprechen Teil 2
Übungssatz 01	Kandidatenblätter
Thema: 운동	

공

예시 답안

A: Magst du Fußball?
B: Nein, ich mag Tischtennis.

해석

A: 축구를 좋아하니?
B: 아니, 나는 탁구를 좋아해.

Start Deutsch 1	Sprechen Teil 2
Übungssatz 01	Kandidatenblätter
Thema: 운동	

가장 좋아하는 운동

예시 답안

A: Was ist Ihr Lieblingssport?
B: Mein Lieblingssport ist Fußball.

해석

A: 당신이 가장 좋아하는 운동은 무엇입니까?
B: 제가 가장 좋아하는 운동은 축구입니다.

Start Deutsch 1	Sprechen Teil 2
Übungssatz 01	Kandidatenblätter
Thema: 운동	

저녁

예시 답안

A: Warum machen Sie am Abend Sport?
B: Weil ich nur am Abend Zeit habe.

해석

A: 당신은 왜 저녁에 운동하나요?
B: 왜냐하면 저는 저녁에만 시간이 있어요.

Start Deutsch 1	Sprechen Teil 2
Übungssatz 01	Kandidatenblätter
Thema: 운동	

자전거

예시 답안

A: Wohin fahren Sie mit dem Fahrrad?
B: Ich fahre mit dem Fahrrad zum Park.

해석

A: 당신은 자전거를 타고 어디로 가나요?
B: 저는 자전거를 타고 공원으로 갑니다.

<table>
<tr><td>

Thema: 운동

주말

예시 답안

A: Machen Sie am Wochenende Sport?

B: Ich mache keinen Sport.

해석

A: 주말에 운동하나요?

B: 저는 운동을 하지 않아요.

</td><td>

Thema: 운동

수영

예시 답안

A: Wo haben Sie schwimmen gelernt?

B: Ich habe es 3 Jahre lang in der Schule gelernt.

해석

A: 당신은 어디에서 수영하는 것을 배웠나요?

B: 저는 3년 동안 학교에서 수영을 배웠어요.

</td></tr>
</table>

답안 B

<table>
<tr><td>

Thema: 여가시간

취미

예시 답안

A: Was ist Ihr Hobby?

B: Mein Hobby ist Lesen.

해석

A: 당신의 취미는 무엇입니까?

B: 저의 취미는 독서입니다.

</td><td>

Thema: 여가시간

여행

예시 답안

A: Wie oft reisen Sie?

B: Zweimal pro Jahr.

해석

A: 당신은 얼마나 자주 여행을 합니까?

B: 한 해에 두 번이요.

</td></tr>
</table>

영화

예시 답안

A: Welche Filme magst du?

B: Ich mag Liebesfilme.

해석

A: 너는 어떤 영화를 좋아하니?

B: 나는 멜로 영화를 좋아해.

운동

예시 답안

A: Welchen Sport mögen Sie?

B: Ich mag Basketball.

해석

A: 당신은 어떤 운동을 좋아하세요?

B: 저는 농구를 좋아해요.

축구

예시 답안

A: Wann spielen Sie Fußball?

B: Ich spiele am Wochenende Fußball.

해석

A: 당신은 언제 축구를 하나요?

B: 저는 주말에 축구를 합니다.

언제

예시 답안

A: Wann gehen Sie ins Konzert?

B: Ich gehe am Samstag ins Konzert.

해석

A: 당신은 언제 콘서트에 가나요?

B: 저는 토요일에 콘서트에 갑니다.

유형 3

그림에 대하여 표현하고 거기에 대해 반응해 보세요.

그림 카드를 보고 답하는 문제입니다. 한 그룹 안에서 돌아가면서 부탁을 하고,
그 부탁에 대해 대답을 하세요.

답안 A

Goethe-Zertifikat A1	Sprechen Teil3
Modellsatz	Kandidatenblätter

예시 답안

1. der Koffer

A: Suche deinen Koffer!

B: Ja, ich suche ihn.

해석

1. 트렁크, 여행 가방

A: 너의 트렁크를 찾아!

B: 응, 나는 그것을 찾을게.

Goethe-Zertifikat A1	Sprechen Teil3
Modellsatz	Kandidatenblätter

예시 답안

2. die Tür

A: Machen Sie bitte die Tür auf!

B: Ja, ich mache sie auf.

해석

2. 문

A: 문을 열어 주세요!

B: 네, 제가 문을 열게요.

예시 답안

3. der Kuchen

A: Nehmen Sie ein Stück Kuchen!

B: Nein, ich mag keinen Kuchen.

해석

3. 케이크

A: 케이크 한 조각을 드세요!

B: 싫어요, 저는 그 케이크를 좋아하지 않아요.

예시 답안

4. Essensverbot

A: Hier darf man nicht essen.

B: Dann werde ich hier nicht essen.

해석

4. 음식 금지

A: 이곳에서는 음식을 드시면 안 됩니다.

B: 저는 그럼 이곳에서 먹지 않을게요.

예시 답안

5. das Flugzeug

A: Buchen Sie ein Ticket nach Japan!

B: Nein, ich will nach Deutschland.

해석

5. 비행기

A: 일본으로 가는 표를 예약하세요!

B: 싫어요, 저는 독일에 갈래요.

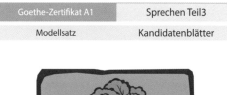

예시 답안

6. der Salat

A: Bringen Sie bitte einen Salat mit!

B: Ja, das mache ich auf jeden Fall.

해석

6. 샐러드

A: 샐러드 하나를 가져와 주세요!

B: 네, 제가 그것을 분명히 할게요.

답안 B

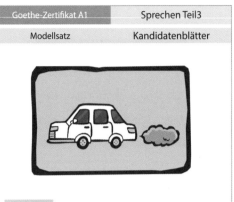

예시 답안

1. der Kaffee

A: Trinken Sie nicht so viel Kaffee!

B: Gut, ich werde weniger Kaffee trinken.

해석

1. 커피

A: 커피를 그렇게 많이 마시지 마세요!

B: 좋아요, 저는 커피를 덜 마실게요.

예시 답안

2. das Auto

A: Fahr doch mit dem Auto!

B: Nein, ich fahre mit dem Bus.

해석

2. 자동차

A: 자동차를 타고 가!

B: 싫어, 나는 버스를 탈 거야.

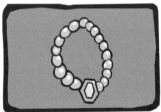

예시 답안

3. die Kette

A: Nehmen Sie bitte die Kette ab!

B: Ja, die habe ich schon abgenommen.

해석

3. 목걸이

A: 목걸이를 빼세요.

B: 네, 저는 그것을 이미 뺐습니다.

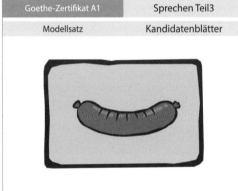

예시 답안

4. die Wurst

A: Grille die Würste!

B: Ja, ich grille sie.

해석

4. 소시지

A: 소시지를 구워 줘!

B: 응, 내가 그것을 구울게!

예시 답안

5. der Kugelschreiber

A: Schreiben Sie mit dem Kugelschreiber!

B: Ja, das mache ich.

해석

5. 볼펜

A: 볼펜으로 쓰세요!

B: 네, 그럴게요.

예시 답안

6. das Kleid

A: Ziehen Sie das Kleid an!

B: Ja, ich ziehe es gleich an.

해석

6. 원피스

A: 이 원피스를 입으세요!

B: 네, 곧 원피스를 입을게요.

모의고사 1 듣기 활동지 정답 및 어휘

Teil 1

Aufgabe 1

답 ① nicht weit ② geradeaus ③ links

어휘 **weit** [adv.] 먼 | **geradeaus** [adv.] 직진 | **links** 왼쪽으로

Aufgabe 2

답 ① wie alt ist sie ② 7 Jahre alt ③ die Zeit

어휘 **wie alt** 몇 살~ | **7 Jahre alt** 7살이다 | **die Zeit** [n.] 시간

Aufgabe 3

답 ① Machen ② mit ③ so viel zu tun ④ fahren

어휘 **mitmachen** [v.] 함께 하다 | **so viel zu tun** [v.] 할 일이 많다 | **fahren** [v.] 타다

Aufgabe 4

답 ① 10 Euro ② 30 Prozent ③ 7 Euro ④ 3 Euro

어휘 **zehn Euro** 10유로 | **dreißig Prozent** 30퍼센트 | **sieben Euro** 7유로 | **drei Euro** 3유로

Aufgabe 5

답 ① Was bringst du ② eine gute Idee ③ Ja, bestens

어휘 **mitbringen** [v.] 가져오다 | **die Idee** [n.] 의견, 아이디어 | **bestens** [a.] 될 수 있는 대로 좋게

Aufgabe 6

답 ① Nehmen ② soll ③ bekommen

어휘 **nehmen** [v.] (약을) 복용하다 | **sollen** [v.] 해야 한다 | **bekommen** [v.] 받다

Teil 2

Aufgabe 7

답 ① 9,99 Euro ② 10,50 Euro

어휘 **neun Euro neunundneunzig** 9유로 99 | **Zehn Euro fünfzig** 10유로 50

Aufgabe 8

답 ① in wenigen Minuten ② Abfahrt

어휘 **in wenigen Minuten** 조금 있으면 | **die Abfahrt** [n.] 출발

Aufgabe 9

답 ① gleich ② allein die stadt ③ um 9 Uhr

어휘 **gleich** [adv.] 곧, 즉시 | **allein** [a.] 혼자서 | **um 9 Uhr** 9시에

Aufgabe 10

답 ① so schnell wie möglich

어휘 **so schnell wie möglich** 가능한 한 빨리

Teil 3

Aufgabe 11

답 ① zu ② zusammen

어휘 **zuhaben** (문 등을) 닫아 놓은 상태이다 | **zusammen** [adv.] 함께, 같이

Aufgabe 12

답 ① Dortmund ② Stuttgart ③ Mannheim

어휘 **Dortmund** 도르트문트 (지명) | **Stuttgart** 슈투트가르트 (지명) | **Mannheim** 만하임 (지명)

Aufgabe 13

답 ① ins Kino ② in die Disko ③ ins Konzert gehen

어휘 **ins Kino gehen** 영화관을 가다 | **in die Disko** 클럽에 | **ins Konzert gehen** 콘서트를 가다

Aufgabe 14

답 ① Urlaub ② in die Berge ③ ans Meer

어휘 **der Urlaub** [n.] 휴가 | **in die Berge** 산으로 | **ans Meer** 바다로

Aufgabe 15

답 ① Verspätung ② in der Reparatur ③ später

어휘 **die Verspätung** [n.] 연착 | **die Reparatur** [n.] 수리 | **später** [a.] 더 늦은 (spät의 비교급)

Modul 2
모의고사 2회

Hören 듣기

유형 1

무엇이 정답일까요?

a, b, c 중에 정답에 × 표시를 하세요.

본문은 두 번 듣게 됩니다.

1 David와 Angelika는 언제 영화관에 가는가?

a 목요일에 b 토요일에 ☒ 일요일에

Aufgabe 1

Skript

David Hallo, Angelika, hast du Lust, heute ins Kino zu gehen?

Angelika Nein, heute nicht. Aber vielleicht am Samstagabend?

David Oh, am Samstagabend habe ich einen Termin. Geht es am Sonntag?

Angelika Ja, das ist super. Heute ist Donnerstag, dann sehen wir uns am Sonntag den 6. Juni.

해석

David Angelika야, 안녕. 오늘 영화관에 갈래?

Angelika 아니, 오늘은 안 돼. 혹시 토요일 저녁은 어때?

David 오, 토요일 저녁에는 내가 일정이 있어. 일요일은 어때?

Angelika 응, 그거 아주 좋지. 오늘은 목요일이야. 그럼 우리 6월 6일 일요일에 보자.

> **어휘** **die Lust** [n.] 소망, 의욕 | **ins Kino** 영화관에 | **am Samstagabend** 토요일 저녁에 | **der Donnerstag**
> [n.] 목요일

2 여자는 식당에서 무엇을 주문하는가?

ⓐ 구운 소시지와 감자튀김 ⓑ 수프 ⓒ 샐러드

Aufgabe 2

Skript

Kellner	Guten Tag. Was darf es sein?
Frau	Ich hätte gern einen Salat mit Lachs.
Kellner	Gerne. Aber schauen Sie mal. Hier sind unsere Tagesgerichte für heute.
Frau	Oh, das ist noch günstiger. Dann nehme ich davon. Ich nehme dann die Bratwurst mit Pommes.
Kellner	Ja, gern. Sie können die Suppe umsonst bekommen,
Frau	Gut, ich nehme noch ein Glas Wasser.

해석

Kellner	안녕하세요, 무엇을 드릴까요?
Frau	저는 연어를 곁들인 샐러드를 주문할게요.
Kellner	기꺼이요. 그래도 한 번 보세요. 여기 오늘의 메뉴가 있어요.
Frau	오, 이게 더 저렴하네요. 그럼 저는 그중에서 주문할게요. 저는 그럼 감자튀김을 곁들인 구운 소시지로 할게요.
Kellner	네, 좋아요. 그리고 당신은 수프를 무료로 받으실 수 있어요.
Frau	좋아요. 저는 물 한 잔 더 주문할게요.

어휘 **ich hätte gern** ∼을 원해요 (haben의 접속법 2식) | **der Lachs** [n.] 연어 | **das Tagesgericht** [n.] 오늘의 요리 | **dürfen** [v.] ∼해도 좋다 (화법조동사) | **günstiger** [a.] 더 저렴한(günstig의 비교급) | **die Bratwurst** [n.] 구운 소시지 | **die Pommes** [n.] 감자튀김 | **trinken** [v.] 마시다 | **ein Glas Wasser** 물 한 잔

3 Karl은 어떤 운동을 해야 하는가?

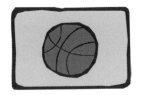  

ⓐ 농구   ⓑ 축구   ⓧ 체조

Aufgabe 3

Skript

Karl   Ich war gestern beim Arzt. Er sagte, dass ich mehr Sport machen soll.

Miriam Wirklich? Wollen wir dann zusammen Fußball oder Basketball spielen? Am Wochenende hätte ich Zeit.

Karl   Nein, mein Arzt sagte, Fußball ist nicht gut für mich. Ich muss Gymnastik machen. Das ist besser für mich.

해석

Karl   나는 어제 의사 선생님을 만났어. 의사 선생님이 나에게 운동을 더 많이 해야 한다고 했어.

Miriam 정말? 그럼 우리 함께 축구 아니면 농구를 할까? 나는 주말에 시간이 있어.

Karl   아니야, 나의 의사가 말하길 축구는 나에게 맞지 않는대. 나는 체조를 해야 해. 그것이 나에게 더 좋을 거야.

어휘   **mehr** [adv.] 더 많이 (viel의 비교급) ǀ **der Fußball** [n.] 축구 ǀ **der Basketball** [n.] 농구 ǀ **die Gymnastik** [n.] 체조 ǀ **für mich** 나를 위해

4   정류장이 어디에 있는가?

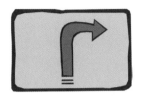　　

ⓐ 곧장 가다가 오른쪽으로　　ⓑ 곧장 가다가 왼쪽으로　　ⓒ 계속 직진

Aufgabe 4

Skript

Frau　Guten Tag, ich suche die Bushaltestelle der Linie 8 zum Düsseldorf Flughafen. Wie komme ich zur Bushaltestelle?

Mann　Gehen Sie einfach ca. 300 Meter geradeaus. Dann können Sie die Haltestelle bereits sehen.

Frau　Vielen Dank.

해석

Frau　안녕하세요, 저는 Düsseldorf 공항으로 가는 8번 라인 버스 정류장을 찾고 있어요. 어떻게 정류장까지 갈 수 있나요?

Mann　300m 정도 직진하세요. 그러면 당신은 바로 정류장을 볼 수 있습니다.

Frau　매우 감사합니다.

어휘　**die Bushaltestelle** [n.] 버스 정류장 ｜ **der Flughafen** [n.] 공항 ｜ **die Haltestelle** [n.] 정류장 ｜ **ca.** (= circa) 약, 대략

5   Jina는 지금 어디에 사는가?

ⓐ Frankfurt에서   ⓑ Stuttgart에서   ⓒ Bochum에서

Aufgabe 5

Skript

Andreas	Hallo Jina!
Jina	Hi Andreas, toll, dass ich dich hier sehe! Wohnst du immer noch in Bochum?
Andreas	Ja, wie immer. Und du? Wohnst du noch in Frankfurt?
Jina	Nein, nicht mehr. Aber meine Eltern wohnen immer noch hier. Und manchmal besuche ich sie.
Andreas	Wo wohnst du dann jetzt?
Jina	In Süddeutschland. Seit 2 Jahren bin ich in Stuttgart.

해석

Andreas	안녕 Jina!
Jina	안녕 Andreas, 멋지다. 여기서 너를 보다니! 너는 아직도 Bochum에 사니?
Andreas	응. 언제나 같지. 그리고 너는? 너는 아직도 Frankfurt에 사니?
Jina	아니, 더 이상 거기 살지 않아. 하지만 우리 부모님이 아직 여전히 거기에 사셔. 그래서 가끔 그들을 방문해.
Andreas	그럼 너는 지금 어디에 살아?
Jina	남부 독일에 있어. 2년 전부터 나는 Stuttgart에 있어.

어휘 **wie immer** 언제나처럼 ｜ **wohnen** [v.] 살다 ｜ **manchmal** [adv.] 가끔 ｜ **immer noch** 아직도 ｜ **in Süddeutschland** 남독에서 ｜ **seit** ~이래로 [prp.] (3격 전치사)

6　언제까지 슈퍼마켓은 여는가?

ⓐ 저녁 9시까지　　　　ⓑ 저녁 8시까지　　　　ⓒ 저녁 7시 반까지

Aufgabe 6

Mira　Tim, weißt du, wann der Supermarkt schließt?

Tim　Nein, das weiß ich nicht genau. Aber ich denke um 20 Uhr.

Mira　Um 20 Uhr? Ich frage mal... Oh, du hast Recht. Ich dachte, der Supermarkt ist bis 21 Uhr auf.

해석

Mira　Tim, 너는 언제 슈퍼마켓이 문을 닫는지 아니?

Tim　아니, 나는 정확하게는 몰라. 하지만 내 생각에는 20시일 거야.

Mira　20시에? 내가 한 번 물어볼게... 오, 네가 맞았어. 나는 슈퍼마켓이 21시까지 문을 연다고 생각했었어.

어휘　**schließen** [v.] 닫다 | **dachte** [v.] 생각했다 (denken의 과거) | **Recht haben** 옳다, 맞다

유형 2

맞으면 Richtig에 틀리면 Falsch에 × 표시를 하세요.
본문은 한 번 듣게 됩니다. 이제 문제를 들어 봅시다.

7   Prag로 가는 기차는 오늘 운행하지 않는다.   ~~Richtig~~   *Falsch*

8   평일에는 댄스 강좌가 더 이상 없다.   ~~Richtig~~   *Falsch*

9   승객들은 14시까지 와야 한다.   ~~Richtig~~   *Falsch*

10 **Würzburg**에서는 **Berlin**으로 연결되는 기차가 없다.   Richtig   ~~*Falsch*~~

어휘 **nach Prag** 프라하로 | **wochentags** 평일에 | **der Tanzkurs** [n.] 댄스 강좌 | **pünktlich** [a.] (시간 따위에) 정확한

Aufgabe 7

Skript

Der Zug nach Prag fällt heute wegen des schlechten Wetters aus. Ich wiederhole. Der Zug nach Prag fällt heute leider aus. Bitte informieren Sie sich über die nächste Fahrt an der Information.

해석

프라하로 가는 기차는 좋지 않은 날씨 때문에 오늘 운행이 취소됩니다. 다시 말씀드립니다. 프라하로 가는 기차는 유감스럽게도 오늘 운행이 취소됩니다. 당신은 안내소에서 다음 운행에 대한 정보를 얻으세요.

어휘 **wegen des Wetters** 날씨 때문에 | **ausfallen** [v.] (예정된 것이) 취소되다 | **wiederholen** [v.] 반복하다 | **sich informieren über** ~조회하다, 정보를 수집하다

Aufgabe 8

Skript

Liebe Besucher und Besucherinnen des Tanzkurses, an den Wochentagen haben wir keine Kurse mehr. Wenn Sie weiter lernen möchten, müssen Sie am Wochenende kommen. Sie können sich heute schon anmelden.

해석

댄스 강좌에 방문해 주신 신사 숙녀 여러분, 평일에는 더 이상 강좌가 없습니다. 당신이 계속 배우시길 원한다면 주말에 오셔야 합니다. 당신은 이미 오늘부터 등록하실 수 있습니다.

어휘 **An den Wochentagen** 평일에 ㅣ **lernen** [v.] 배우다 ㅣ **möchten** [v.] 원하다 (mögen의 접속법 2식) ㅣ **sollen** [v.] ~하는 것이 좋다

Aufgabe 9

Skript

Liebe Fahrgäste, wir kommen gleich in Kassel an. Wir halten für Sie eine Stunde. Sie können jetzt essen oder auf die Toilette gehen. Dann treffen wir uns wieder um 14 Uhr am Bus, aber bitte seien Sie pünktlich.

해석

친애하는 승객 여러분, 우리는 곧 Kassel에 도착합니다. 우리는 당신을 위해 1시간 동안 정차하겠습니다. 당신은 이제 식사하거나 화장실에 갈 수 있습니다. 그럼 우리는 다시 14시에 버스에서 만나겠습니다. 하지만 정확한 시간에 오시길 부탁드립니다.

어휘 **ankommen** [v.] 도착하다 ㅣ **halten** [v.] 정차하다 ㅣ **die Toilette** [n.] 화장실 ㅣ **pünktlich** [a.] (시간 따위에) 정확한

Aufgabe 10

In ein paar Minuten erreichen wir Würzburg. Nach Berlin haben Sie folgende Umsteigemöglichkeit: ICE 4213 von Gleis 4, planmäßige Abfahrt um 15:25 Uhr. Aber dieser Zug kommt heute 10 Minuten später.

해석

우리는 몇 분 안에 Würzburg에 도착합니다. 당신이 Berlin으로 가시려면 다음과 같은 환승 가능성이 있습니다. 4번 게이트에서 예정된 출발 시각이 오후 15시 25분인 ICE 4213입니다. 하지만 이 기차는 오늘 10분 정도 늦게 옵니다.

어휘 **erreichen** [v.] 도달하다 | **folgend** [a.] 다음의 | **die Umsteigemöglichkeit** [n.] 환승 가능성 | **gleich** [adv.] 곧 | **planmäßig** [a.] 예정대로, 계획대로 | **später** [a.] 더 늦게 (spät의 비교급)

유형 3

무엇이 정답일까요?

a, b, c 중에서 정답에 × 표시를 하세요.

본문은 두 번 듣게 됩니다.

11 무엇이 고장 났는가?

- ⓧ 핸드폰
- b 컴퓨터
- c 전화기

Aufgabe 11

Skript

Lukas, kannst du mir bitte mal helfen? Mein Handy funktioniert seit gestern nicht. Gestern habe ich dir eine E-Mail geschrieben. Aber bis jetzt habe ich keine Antwort bekommen. Deswegen rufe ich dich an.

해석

Lukas, 너 나를 좀 도와줄 수 있니? 내 휴대폰이 어제부터 작동하지 않아. 나는 어제 너에게 이메일을 썼어. 하지만 지금까지 답장을 받지 못했어. 그래서 내가 전화하는 거야.

어휘 **das Handy** [n.] 핸드폰 | **funktionieren** [v.] 작동하다 | **seit** [prp.] ~이래로 (3격 전치사) | **gestern** [adv.] 어제 | **haben...geschrieben** [v.] 썼다 (schreiben의 현재완료)

12 Franz는 그의 부인을 어디에서 만나려고 하는가?

- a 영화관에서
- b 콘서트에서
- ⓧ 카페에서

Aufgabe 12

Hi Schatz! Erinnerst du dich noch, dass wir heute ins Konzert gehen wollten. Vor dem Konzert möchte ich mit dir Kaffee trinken. Am besten treffen wir uns zuerst im Cafe. Nach dem Konzert können wir etwas zusammen essen gehen. Am Sonntag können wir wie sonst auch ins Kino gehen.

해석

안녕, 자기야! 우리 오늘 콘서트에 가기로 했던 것을 아직 기억하지? 콘서트 시작 전에 나는 너와 커피를 마시고 싶어. 가장 좋은 건 우리 먼저 카페에서 만나자. 콘서트가 끝난 후에는 우리 무언가를 함께 먹으러 가자. 일요일에는 우리 언제나 그랬듯이 영화관에 가자.

어휘 **sich erinnern** [v.] 기억하다 | **ins Konzert** 콘서트로 | **vor** [prp.] ~전에 | **trinken** [v.] 마시다 | **essen** [v.] 먹다 | **zusammen** [adv.] 함께

---

13 어떤 번호로 전화를 해야 하는가?

- ⓐ 03 37 38 37
- ⓑ 04 73 38 73
- ⓧ 04 37 38 37

Aufgabe 13

Hier ist der Ansagedienst der deutschen Telekom. Die Rufnummer des Teilnehmers hat sich geändert. Nun können Sie die Telefonauskunft unter der Nummer 04 37 38 37 erreichen. Ich wiederhole 04 37 38 37.

해석

여기는 독일 Telekom 안내국입니다. 전화 거신 분의 전화번호가 변경되었습니다. 이제 당신은 전화 안내소에서 아래의 번호 04 37 38 37로 연락하실 수 있습니다. 다시 한 번 반복합니다. 04 37 38 37입니다.

어휘 **der Ansagedienst** [n.] 안내국 | **die Rufnummer** [n.] 전화번호 | **der Teilnehmer** [n.] 관리자, 참가자 | **haben...geändert** [v.] 변경했다 (ändern의 현재완료) | **die Auskunft** [n.] 안내소, 알림, 정보 | **erreichen** [v.] 무엇에 닿다, 다다르다

14 Meyer 치과에 언제 다시 연락할 수
있는가?

- [a] 2월 16일에
- [b̶] 2월 17일에
- [c] 2월 2일에

Aufgabe 14

Skript

Hier ist die Zahnpraxis Meyer. Sie haben die Rufnummer 062-34 53 22 33 gewählt. Wir haben vom
2. 2 bis zum 16. 2 Urlaub. Ab dem 17. 2 sind wir wieder erreichbar.

해석

안녕하세요, Meyer 치과입니다. 당신은 062–34 53 22 33 번호로 전화를 주셨습니다. 우리 병원은 2월 2
일부터 2월 16일까지 휴가입니다. 2월 17일부터 저희와 다시 연락이 가능합니다.

어휘 **die Zahnpraxis** [n.] 치과 | **die Rufnummer** [n.] 전화번호 | **wieder** [adv.] 다시 | **haben...gewählt**
[v.] 전화번호를 눌렀다 (wählen의 현재완료) | **erreichbar** [a.] 연락이 되는

15 Mahler 부인은 언제 **Thomas Reith**와
만나는가?

- [a̶] 14시에
- [b] 13시에
- [c] 10시에

Aufgabe 15

Skript

Guten Tag, Frau Mahler, Thomas Reith hier. Am Montag habe ich zwischen 9 und 10 Uhr einen
Termin. Aber nach 13 Uhr hätte ich Zeit für Sie. Wir können uns um 14 Uhr treffen.

해석

안녕하세요, Mahler부인. 저는 Thomas Reith예요. 저는 월요일에는 9시와 10시 사이에 약속이 있어요.
하지만 13시 이후에는 당신을 위한 시간이 있어요. 우리는 14시에 만날 수 있습니다.

어휘 **der Montag** [n.] 월요일 | **zwischen** [prp.] ～사이에 | **treffen** [v.] 만나다

Lesen 읽기

유형 1

2개의 본문과 1~5번까지의 문제를 읽으세요.
맞으면 Richtig에 틀리면 Falsch에 × 표시를 하세요.

Beispiel

0 **Oli**는 생일입니다.　　　　　　　　　　　　　　　　| Richtig |　　~~Falsch~~

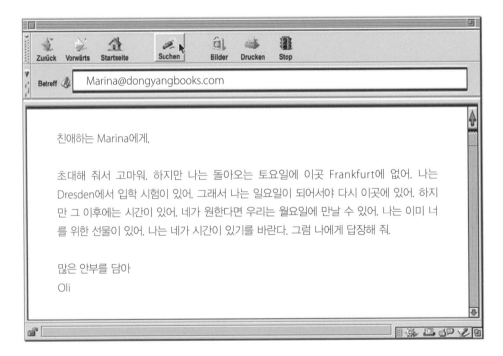

친애하는 Marina에게,

초대해 줘서 고마워. 하지만 나는 돌아오는 토요일에 이곳 Frankfurt에 없어. 나는 Dresden에서 입학 시험이 있어. 그래서 나는 일요일이 되어서야 다시 이곳에 있어. 하지만 그 이후에는 시간이 있어. 네가 원한다면 우리는 월요일에 만날 수 있어. 나는 이미 너를 위한 선물이 있어. 나는 네가 시간이 있기를 바란다. 그럼 나에게 답장해 줘.

많은 안부를 담아
Oli

> **어휘** **am kommenden Samstag** 다가오는 토요일에 ┃ **die Aufnahmeprüfung** [n.] 입학 시험 ┃ **erst** [a.] 비로소, 처음으로 ┃ **danach** [adv.] 그 다음에 ┃ **das Geschenk** [n.] 선물 ┃ **schenken** [v.] 선물하다

1 Oli는 Dresden에 삽니다.   Richtig   ~~Falsch~~

2 Oli는 그녀에게 무엇인가 선물하고 싶어 합니다.   ~~Richtig~~   Falsch

친애하는 Klaus에게,

나는 토요일에 휴가를 가. 나에게 월요일에 소포 하나가 도착 할거야. 네가 그 소포를 받아 줄 수 있니? 왜냐하면 월요일에 나는 더 이상 이곳에 없어. 이 소 포는 나에게 매우 중요한 거야. 그것이 도착하면, 그것을 집 안에 들여 줄 수 있 니? 너 시간이 있을 것 같아? 내가 너에게 내 집 열쇠를 줄게. 매우 고마워!

사랑의 안부를 담아
Jara

어휘 **das Paket** [n.] 소포 | **entgegennehmen** [v.] 받다, 받아들이다 | **der Wohnungschlüssel** [n.] 집 열쇠 | **suchen** [v.] 찾다 | **bitten** [v.] 부탁하다 | **bringen** [v.] 가지고 오다, 나르다

3 Jara는 소포를 찾습니다.   Richtig   ~~Falsch~~

4 Jara는 중요한 소포를 집 안으로 가지고 들어와 달라고 부탁합니다.   ~~Richtig~~   Falsch

5 Jara는 그에게 무언가를 선물하고 싶어 합니다.   Richtig   ~~Falsch~~

유형 2

본문과 6~10번까지의 문제를 읽으세요.

정보는 어디에서 찾을 수 있나요? a 또는 b에서 정답을 찾아 × 표시를 하세요.

Beispiel

0   당신은 **Köln**에 있고 저녁에는 **Frankfurt**에 있기를 원합니다. 당신은 기차를 타고 가고 싶습니다.

vom Goethe-Institut

정답   a

어휘   **der Bahnhof** [n.] 기차역 | **die Zeit** [n.] 시간 | **die Dauer** [n.] 걸리는 시간 | **das Gleis** [n.] 선로, 게이트

---

6   당신은 아들을 위해 새로운 청바지를 사고 싶습니다.

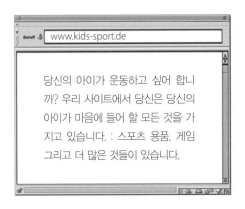

정답 b

어휘 **gefallen** [v.] 마음에 들다 | **der Sportartikel** [n.] 스포츠 용품 | **modisch** [a.] 유행의, 신식의

7 당신은 **Wien**에 있습니다. 그리고 기차를 타고 낮에 **München**에 도착해야 합니다.

정답 b

어휘 **der Bahnhof** [n.] 역 | **die Dauer** [n.] (걸리는) 시간

8 당신은 인터넷에서 저렴한 여행 가방을 구매하고 싶습니다.

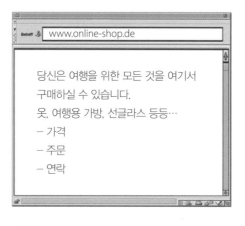

정답 a

어휘 **der Koffer** [n.] 여행 가방 | **die Kleidung** [n.] 옷 | **das Gepäck** [n.] 배낭, 수하물 | **die Sonnenbrille** [n.] 선글라스 | **verreisen** [v.] 여행을 떠나다 | **denken** [v.] 생각하다 | **dabei haben** [v.] 가지고 있다 | **die Wettervorhersage** [n.] 일기예보

9 당신은 저렴한 펜션을 찾고 있습니다.

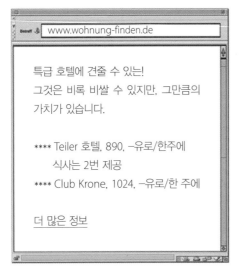

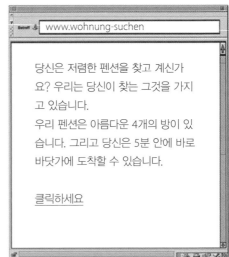

정답 b

어휘 **das Luxushotel** [n.] 특급 호텔 | **ähnlich** [a.] ~에 견줄 수 있는 | **geniessen** [v.] 즐기다 | **zwar** [adv.] 비록 ~이지만 | **sich lohnen** [v.] ~가치가 있다 | **die Ferienwohnung** [n.] 별장, 펜션 | **direkt** [adv.] 바로 | **am Meer** 바닷가에

10 당신은 고기를 먹지 않습니다.

정답 a

어휘 **der Salat** [n.] 샐러드 | **das Fleisch** [n.] 고기 | **(pl.) die Obstsorten** [n.] 과일 | **das Büffet** [n.] 뷔페 | **bereit** [a.] 준비가 된 | **genießen** [v.] 즐기다. 맛보다. 시식하다

유형 3

본문과 11~15번까지의 문제를 읽으세요.
맞으면 Richtig에 틀리면 Falsch에 × 표시를 하세요.

Beispiel 어학원 문 앞에

0   독일어를 배우려면 당신은 **Beethoven** 거리 23번지로   ~~Richtig~~   *Falsch*
    가야 합니다.

> # 어학원
>
> 어학원이 이전했습니다.
> 당신은 이제 **Beethoven** 거리 23번지에서
> 우리를 만날 수 있습니다.

vom Goethe-Institut

> **어휘** **das Sprachzentrum** [n.] 어학원, 어학 센터 | **sein...umgezogen** [v.] 이사 갔다 (umziehen의 현재완료) |
> **finden** [v.] 발견하다

11   빵집에서

> ### 찾습니다:
>
> 직원(남자) / 직원(여자)
> 토요일에 9시부터 18시까지
> 일요일에 10시부터 16시까지

빵집에서는 주말을 위한 직원을 찾습니다.   ~~Richtig~~   *Falsch*

> **어휘** **der Mitrarbeiter** [n.] 직원 | **die Bäckerei** [n.] 빵집

12 레스토랑의 입구에서

식당

Sushi-Haus

수리 때문에 05.31일까지
문을 닫습니다.

그 레스토랑은 6월 1일부터 다시 문을 엽니다.   ~~Richtig~~   *Falsch*

어휘 **das Restaurant** [n.] 식당 | **wegen** [prp.] ~때문에 | **die Renovierung** [n.] 개선. 수리 | **geschlossen**
[a.] 닫은 | **aufmachen** [v.] 열다

13 은행에서

Commerz은행

오픈시간

우리는 당신을 위해 매일
월요일–금요일 9–17시에
또한 토요일 9–12시에 영업합니다.

당신은 일요일 오전에 은행에서 돈을 송금할 수 있습니다.   Richtig   ~~Falsch~~

어휘 **die Öffnungszeit** [n.] 오픈 시간 | **die Bank** [n.] 은행 | **überweisen** [v.] 송금하다

14 호텔에서

> ### 호텔 Galerie
>
> 당신은 매일 6–10시까지,
> 일요일에는 8–10시 까지
> 아침 식사를 할 수 있습니다.
>
> 우리는 5층(한국식 6층)에
> 조식 홀이 마련되어 있습니다.

매일 아침 **7**시에 아침 식사를 할 수 있습니다.　　　Richtig　　　*Falsch*

어휘　**täglich** [a.] 매일 | **frühstücken** [v.] 아침을 먹다 | **der Stock** [n.] 층 | **der Frühstückssaal** [n.] 조식 홀
| **jeden Morgen** 매일 아침

15 치과에서

> ### *Schröder 의사 선생님*
>
> *면담 시간*
>
> 월요일 – 수요일 9–12시, 14–16시
> 금요일 9–12시

당신은 금요일 오후에 면담 시간에 갈 수 있습니다.　　　Richtig　　　*Falsch*

어휘　**der Zahnarzt** [n.] 치과 의사 | **die Sprechstunde** [n.] 진료[진찰] 시간

Schreiben 쓰기

유형 1

양식에는 5개의 정보가 빠져 있습니다.

당신의 친구를 도와주시고 5개의 빈칸에 채워서 서식을 완성하세요.

마지막에는 당신의 답을 해답지에 적으세요.

당신의 친구, Emir Jakov은 "A1을 위한 문법 연습 책"을 인터넷으로 주문하려고 합니다.
그는 신용카드가 없습니다. 그는 Kassel에 있는 Berliner Platz 34번지에 살고 있습니다.
그는 1983년 5월 5일에 태어났습니다.

책 주문

등록

성:	Jakov	(0)
이름:	Emir	
거리명, 집 번호:	Berliner Platz 34	(1)
우편번호, 사는 도시:	344224 Kassel	(2)
출생일:	5. Mai 1983	(3)
주문:	Grammatik Übung für A1	(4)
결제 방법:	☒ 현금 ☐ 신용카드	(5)

서명: *Emir Jakov*

유형 2

당신은 겨울에 Köln에서 어학 강좌를 들으려고 합니다. 어학원에 메일을 쓰세요.

— 당신이 편지를 쓰는 이유는 무엇입니까?
— 어떤 강의를 듣습니까?
— 가격은 어떻게 됩니까?

각 제시문에 관한 1~2개의 문장을 약 30개의 단어를 사용하여 답안지에 적으세요.
호칭과 안부도 적으세요.

예시 답안

Sehr geehrte Damen und Herren,
im Winter mache ich eine Reise nach Deutschland. Und ich will auch Deutsch lernen. Wann beginnt der Kurs und wie viel kostet das? Ich hoffe, dass ich teilnehmen kann.

Mit freundlichen Grüßen
Maria Meyer

해석

존경하는 신사 숙녀 여러분에게,
저는 겨울에 독일을 여행합니다. 그리고 저는 독일어도 배우고 싶습니다. 수업은 언제 시작하나요? 그리고 수강료는 얼마인가요? 저는 제가 참여할 수 있기를 소망합니다.

친절한 안부를 담아
Maria Meyer 드림

어휘 geehrt [a.] 존경하는 | die Reise [n.] 여행 | wollen [v.] ~을 원하다 (화법조동사) | lernen [v.] 배우다 | kosten [v.] 값이 ~로 되다 | der Preis [n.] 가격 | teilnehmen [v.] 참여하다

Hallo!

Ich komme aus Korea. Ich möchte einen Sprachkurs besuchen. Und ich habe ein paar Fragen. Wie viel kostet der Sprachkurs für einen Monat? Ich kann noch nicht gut Deutsch aber ich möchte bald die A1 Prüfung machen. Wann findet die nächste Prüfung statt?

Mit freundlichen Grüßen
Micha Bauer

해석

안녕하세요,
저는 한국에서 왔습니다. 저는 어학 강좌를 듣고 싶어요. 그리고 몇 가지 질문이 있습니다. 어학 강좌의 수강료는 한 달에 얼마인가요? 저는 아직 독일어를 잘하지 못해요 하지만 곧 A1 시험을 치고 싶습니다. 다음 시험은 언제 있나요?

친절한 안부를 담아
Micha Bauer

어휘 **der Sprachkurs** [n.] 어학 강좌, 어학 코스 | **besuchen** [v.] 다니다 | **bald** [adv.] 곧, 금방 | **stattfinden** [v.] 개최하다, 열리다

Sprechen 말하기

유형 1

자신을 소개합니다.

※ 효과적인 말하기 학습을 위하여 먼저 녹음된 예문을 듣고 참고하여 연습하세요. 파이널 합격 체크북에 녹음된
   예문이 수록되어 있습니다.

응시자 시험지

이름?
나이?
나라?
거주지?
언어?
직업?
취미?

유형 2

상대방의 정보에 대해 질문하고 정보 주기.

하나의 주제를 가지고 질문을 하고, 질문에 대한 대답을 해야 합니다.
당신은 파트너와 함께 대화를 합니다.

답안 A

Start Deutsch 1	Sprechen Teil 2
Übungssatz 01	Kandidatenblätter
Thema: 직업	

동료

예시 답안

A: Wie viele Kollegen haben Sie?
B: Ungefähr 20 Kollegen habe ich.

해석

A: 당신은 얼마나 많은 동료가 있나요?
B: 저는 약 20명의 동료가 있습니다.

Start Deutsch 1	Sprechen Teil 2
Übungssatz 01	Kandidatenblätter
Thema: 직업	

임무

예시 답안

A: Welche Aufgaben haben Sie?
B: Ich verkaufe Waren.

해석

A: 당신은 어떤 임무를 가지고 있나요?
B: 저는 물건들을 판매합니다.

Start Deutsch 1	Sprechen Teil 2
Übungssatz 01	Kandidatenblätter
Thema: 직업	

근무 시간

예시 답안

A: Von wann bis wann arbeiten Sie?
B: Ich arbeite von 9 Uhr bis 18 Uhr.

해석

A: 당신은 언제부터 언제까지 일하시나요?
B: 저는 9시부터 18시까지 일해요.

Start Deutsch 1	Sprechen Teil 2
Übungssatz 01	Kandidatenblätter
Thema: 직업	

근무 장소

예시 답안

A: Wo arbeiten Sie?
B: Ich arbeite im Kaufhaus.

해석

A: 당신은 어디서 일하시나요?
B: 저는 백화점에서 일합니다.

꿈

예시 답안

A: Was war Ihr Traumberuf?

B: Mein Traumberuf war Lehrer.

해석

A: 당신의 장래희망은 무엇이었나요?

B: 저의 장래희망은 선생님이었습니다.

저녁

예시 답안

A: Was machen Sie nach der Arbeit?

B: Ich treffe meine Freundin.

해석

A: 당신은 일이 끝난 후에 무엇을 하나요?

B: 저는 저의 여자친구를 만납니다.

답안 B

도시 지도

예시 답안

A: Haben Sie für die Reise einen Stadtplan gekauft?

B: Ja, er ist nützlich.

해석

A: 당신은 여행을 위해 도시 지도를 구매하셨나요?

B: 네, 그것은 유용합니다.

야채

예시 답안

A: Kaufen Sie auch Gemüse?

B: Natürlich! Beim Kochen ist Gemüse wichtig.

해석

A: 당신은 야채도 구매하시나요?

B: 당연하죠! 요리할 때 야채는 중요합니다.

Start Deutsch 1 | Sprechen Teil 2
Übungssatz 01 | Kandidatenblätter
Thema: 구매

아침 식사

예시 답안

A: Was Kaufen Sie fürs Frühstück ein?

B: Normalerweise kaufe ich Brot, Käse und Obst ein.

해석

A: 당신은 아침 식사로 무엇을 구매하나요?

B: 저는 보통 빵, 치즈, 과일을 삽니다.

Start Deutsch 1 | Sprechen Teil 2
Übungssatz 01 | Kandidatenblätter
Thema: 구매

신발

예시 답안

A: Wie viele Schuhe haben Sie in letzter Zeit gekauft?

B: Nicht so viele.

해석

A: 당신은 최근에 얼마나 많은 신발을 샀나요?

B: 많이 사지는 않았어요.

Start Deutsch 1 | Sprechen Teil 2
Übungssatz 01 | Kandidatenblätter
Thema: 구매

의류

예시 답안

A: Kaufen Sie oft Kleidung ein?

B: Ja, zweimal im Monat gehe ich einkaufen.

해석

A: 당신은 옷을 자주 사나요?

B. 네, 저는 매달 두 번 구매를 합니다.

Start Deutsch 1 | Sprechen Teil 2
Übungssatz 01 | Kandidatenblätter
Thema: 구매

월요일

예시 답안

A: Gehen Sie am Montag einkaufen?

B: Ja, ich will mit meiner Mutter ins Kaufhaus gehen.

해석

A: 당신은 월요일에 쇼핑하러 가시나요?

B: 네, 저는 엄마와 함께 백화점에 갈 거예요.

유형 3

 MP3 07_03

그림에 대하여 표현하고 거기에 대해 반응해 보세요.

그림 카드를 보고 답하는 문제입니다. 한 그룹 안에서 돌아가면서 부탁을 하고,
그 부탁에 대해 대답을 하세요.

답안 A

예시 답안

1. das Bier

A: Bestelle ein Glas Bier!

B: Das habe ich schon bestellt.

해석

1. 맥주

A: 맥주 한 잔 주문해!

B: 나는 이미 맥주를 주문했어.

예시 답안

2. der Pullover

A: Tragen Sie den Pullover!

B: Ja, den mag ich sehr.

해석

2. 스웨터

A: 그 스웨터를 입으세요!

B: 네, 나는 그것을 매우 좋아해요.

예시 답안

3. Parkverbot

A: Hier darf man nicht parken!

B: Das habe ich nicht gewusst.

해석

3. 주차금지

A: 이곳에서는 주차하시면 안 됩니다!

B: 저는 그것을 몰랐습니다.

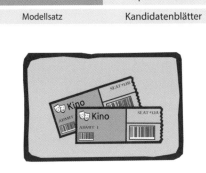

예시 답안

4. die Kinokarte

A: Kaufen Sie schnell eine Kinokarte!

B: Ja, gern.

해석

4. 영화 티켓

A: 영화 티켓을 빨리 사세요!

B: 네, 좋아요.

예시 답안

5. der Hut

A: Hängen Sie bitte den Hut an die Wand!

B: Ja, das ist eine gute Idee.

해석

5. 모자

A: 그 모자를 벽에 걸으세요!

B: 네, 그것은 좋은 생각이에요.

예시 답안

6. das Fahrrad

A: Verkaufen Sie mir Ihr Fahrrad!

B: Nein, das verkaufe ich nicht.

해석

6. 자전거

A: 당신의 자전거를 저에게 판매하세요!

B: 안 돼요, 저는 그것을 팔지 않아요.

답안 B

예시 답안

1. Verkehrsschild

A: Hier darf man nicht abbiegen!

B: Vielen dank für die Information.

해석

1. 교통 표지판

A: 이곳에서는 방향을 바꾸면 안 됩니다!

B: 정보를 주셔서 매우 감사합니다.

예시 답안

2. der Hund

A: Gehen Sie mit Ihrem Hund spazieren!

B: Das mache ich jeden Abend.

해석

2. 개

A: 당신의 개와 함께 산책하세요!

B: 저는 그것을 매일 저녁에 해요.

예시 답안

3. die Schuhe

A: Tragen Sie die Schuhe!

B: Nein, sie sind zu groß für mich.

해석

3. 신발

A: 그 신발을 신으세요!

B: 안 돼요, 그것은 저에게 너무 커요.

예시 답안

4. die Zeitung

A: Lesen Sie bitte jeden Tag die Zeitung!

B: Hmmm. Aber die Zeitung ist langweilig.

해석

4. 신문

A: 매일 신문을 읽으세요!

B: 흠. 하지만 신문은 지루해요.

예시 답안

5. das Wörterbuch

A: Bringen Sie bitte das Wörterbuch mit!

B: Ja, ich bringe es mit.

해석

5. 사전

A: 사전을 가지고 오세요!

B: 네, 제가 그것을 가지고 가겠습니다.

예시 답안

6. der Geldbeutel

A: Passen Sie auf Ihren Geldbeutel auf!

B: Okay. Das ist wichtig.

해석

6. 지갑

A: 당신의 지갑을 주의하세요!

B: 알겠어요. 그것은 중요해요.

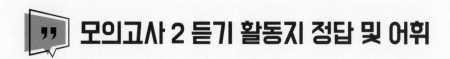

모의고사 2 듣기 활동지 정답 및 어휘

Teil 1

Aufgabe 1

답 ① ins Kino zu gehen ② am Samstagabend ③ am Sonntag

어휘 **ins Kino zu gehen** 영화관에 가다 | **am Samstagabend** 토요일 저녁에 | **der Sonntag** [n.] 일요일

Aufgabe 2

답 ① Salat ② Bratwurst ③ Suppe ④ Wasser

어휘 **der Salat** [n.] 샐러드 | **die Bratwurst** [n.] 구운 소시지 | **die Suppe** [n.] 수프 | **das Wasser** [n.] 물

Aufgabe 3

답 ① Sport ② Fußball ③ Gymnastik ④ besser

어휘 **der Sport** [n.] 운동 | **der Fußball** [n.] 축구 | **die Gymnastik** [n.] 체조 | **besser** [a.] 더 좋은

Aufgabe 4

답 ① Haltestelle ② geradeaus ③ Vielen Dank

어휘 **die Haltestelle** [n.] 정류장 | **geradeaus** [adv.] 똑바로, 곧장 | **besser** [a.] 더 좋은

Aufgabe 5

답 ① immer noch ② nicht mehr ③ manchmal

어휘 **immer noch** 아직도 | **nicht mehr** 더 이상 아닌 | **manchmal** [adv.] 가끔

Aufgabe 6

답 ① um 20 Uhr ② bis 21 Uhr

어휘 **um zwanzig Uhr** 20시에 | **bis einundzwanzig Uhr** 21시까지

Teil 2

Aufgabe 7

답 ① fällt ② aus ③ fällt ④ aus

어휘 **ausfallen** [v.] (예정된 것이) 취소되다

Aufgabe 8

답 ① haben ② lernen ③ anmelden

어휘 **haben** [v.] 가지다 | **lernen** [v.] 배우다 | **anmelden** [v.] 등록하다

Aufgabe 9

답 ① halten ② essen ③ treffen ④ seien

어휘 **halten** [v.] 멈추다 | **essen** [v.] 먹다 | **treffen** [v.] 만나다 | **sein** [v.] 있다

Aufgabe 10

답 ① In ein paar Minuten ② um 15:25 Uhr ③ 10 Minuten

어휘 **In ein paar Minuten** 잠시 후에 | **um fünfzehn Uhr fünfundzwanzig** 15시 25분에 | **zehn Minuten** 10분

Teil 3

Aufgabe 11

답 ① seit gestern ② keine Antwort bekommen ④ rufe ⑤ an

어휘 **seit gestern** 어제부터 | **keine Antwort** 답변 없이 | **bekommen** [v.] 받다 | **anrufen** [v.] 전화하다

Aufgabe 12

답 ① Vor ② zuerst ③ Nach

어휘 **vor** [prp.] ~전에 | **zuerst** [adv.] 맨 먼저 | **nach** [prp.] ~후에

Aufgabe 13

답 ① geändert ② erreichen

어휘 **haben...geändert** [v.] 변경했다 (ändern의 현재완료) | **erreichen** [v.] 연결이 되다

Aufgabe 14

답 ① zweiten Februar ② sechzehnten Februar ③ siebzehnten Februar

어휘 **zweiten Februar** 2월 2일 | **sechzehnten Februar** 2월 16일 | **siebzehnten Februar** 2월 17일

Aufgabe 15

답 ① 9 und 10 Uhr ② 13 Uhr ③ 14 Uhr

어휘 **neun und zehn Uhr** 9시 그리고 10시 | **dreizehn Uhr** 13시 | **vierzehn Uhr** 14시

동양북스 채널에서 더 많은 도서
더 많은 이야기를 만나보세요!

 ▶ 유튜브

 ◉ 인스타그램

 blog 블로그

 🄿 포스트

 🅵 페이스북

 💬 카카오뷰

외국어 출판 45년의 신뢰
외국어 전문 출판 그룹
동양북스가 만드는 책은 다릅니다.

45년의 쉼 없는 노력과 도전으로 책 만들기에 최선을 다해온
동양북스는 오늘도 미래의 가치에 투자하고 있습니다.
대한민국의 내일을 생각하는 도전 정신과 믿음으로 최선을 다하겠습니다.

📖 **동양북스**